真理の工場

科学技術の社会的研究

福島真人

東京大学出版会

marang Sanae
Kaliyan *tresna* sawiyar samodra

Factory of Truth:
A Social Study of Contemporary Science and Technology
Masato Fukushima
University of Tokyo Press
ISBN978-4-13-030209-8

はしがき

我々が今生きる社会は、毎日、いや毎分、毎秒といったペースで新たなモノや事実が生み出され、それがまさに洪水のように日々の生活を押し流していく、そんな社会である。こうしたモノや事実を生み出していく中心の一つが、科学技術の力である。この様な認識をもとに、知識が湧出する源泉の一つである研究の現場と、それと相互作用するいくつかの関係領域の一部を記述的・理論的に分析したのが本書である。当然の事ながら、関係する領域は多種多様であり、近年話題の産学連携の現場といったものも、こうした関係領域の一つである。他方、本書ではどちらかというと、研究と政治（あるいは政策）との関係により焦点を当てている。

前書『学習の生態学——リスク・実験・高信頼性』では、医療現場や高信頼性組織といった様々な現場におけるある種の「実験可能性」、つまり試行錯誤を通じての学習の可能性という問題が探求の対象であったが、前書ではあくまでメタファーとして使われていた「実験」という言葉が、本書の基本テーマとなっている。いわば科学の一部の実践的な活動の理解を通じて、社会における実験とは何なのかというのが、本書の中心的な課題である。

科学技術という括り方は、余りに大雑把で誤解を招きやすいと同時に、当然それへのアプローチも多様であり、その中には思弁的なものから、ジャーナリスティックなものまで含まれる。ここでは国際的に、「社会的研究」（social studies）（あるいはもっと単純にスタディーズ）と呼ばれる学際的なアプローチを中心に議論を展開している。現在、こうしたアプローチの対象は、医療、都市、文化といった古典的な対象から、リスクや金融、更にはデザインといった範囲にまで及んでいるが、これは従来の社会科学内の境界線を越える問題が次々と登場しているからである。本書でも、対象を接写する民族誌的な手法、組織論、歴史分析、更に理論的な討論を併用しており、本書の対象も、ある代表的な研究所の生命科学系のラボからより大きな国家的な政策に至る一連の領域が含まれている。ここでの議論は全体として生命科学や創薬研究の観察を中心に展開しているが、他の分野との比較研究等は、別の機会に譲りたい。

又次の梗概で述べるように、ここで取り扱われるテーマも、研究のプロセスにおける複数の戦略の選択の問題から、知識の産出を支えるインフラ的な装置の問題、更には前書とも関連する、リスク管理的な側面等を含んでいる。知識の産出現場が持つ多様な側面を、ミクロとマクロ両方の視点から探ってみたのが本書の特徴である。こうした「経験的な」科学技術研究は、海外では非常に活発であるが、本邦では未発達である。その意味では、本書は「科学技術の社会的研究」（social studies of science and technology）あるいは「科学技術研究」（science and technology studies: STS）の一つの流れであるが、現場での学習論、リスク管理、政策論、あるいはイノベーション研究といった分野とも関係が深い。そうした分野との議論の繋がりも期待したい。

本書は大きく四部構成になっている。序章「実験室を観察する」は、科学技術の社会的研究で主導的な役割を果たして来たラボラトリー研究、つまり科学的実践のミクロ観察にまつわる様な理論的、実践的問題を本書との関わりの深い分野を中心に詳述している。

第Ⅰ部「研究実践のミクロ分析」は、こうした理論的な背景を前提に、ラボレベルにおける諸問題、例えば研究過程での戦略選択、研究組織が持つ意味論上の諸問題、異なる分野における学際的な協力の際におこるミクロの諸問題といったテーマが取り扱われる。ここでは特に生命科学（創薬研究）に関わる事例が詳細に扱われる。

第Ⅱ部「研究実践のマクロ分析」は、こうしたミクロの実践を、より大きな政治経済的な文脈の中でとらえる論考を集めたものである。ここでは特に、創薬等に関連したいくつかのマクロ領域（例えば天然物化学、構造ゲノム研究、創薬データベースといった）が分析の対象となり、特に政策との関わりを中心に、その動態を歴史的にみるアプローチが中心となる。

第Ⅲ部「リスク、組織、研究体制」は、前書『学習の生態学』と通底するテーマ群、例えば組織事故とリスク管理、責任の分散の問題、あるいは技術による身体のエンハンスメントの管理といった一般的な議論を展開する章をまとめている。最後の章では更に、この本の表題ともなっている、科学研究の「工場化」とでも言えるテーマについて、そのインパクトを一般的に論じている。また巻末には附論として救命センターのリスク管理論を掲載しているが、前書との継続性を読みとってもらう為である。

本書に関係する経験を積む中で、つくづく印象に残ったのは「科学に於いては、毎日が産業革命だ」という、ある研究者の名言である。「科学革命」という言い方はクーンの議論で有名になったが、寧ろこの「産業革命」という言い方から、まるで唯物史観の「手工業から機械化、あるいは更にフォーディズムへ」

といったイメージを一瞬抱いたからである。しかし二四時間体制で稼働するゲノムのシークエンサーやその他の自動化された装置を現場で見てみると、この言い方が実にリアルだと感じる事も多かった。『真理の工場』というタイトルは、まさに日夜夥しい量の真理を生産する工場的なシステム、そしてその中に生きる我々という、必ずしも非現実的と最早言えないイメージに基づいている。ＡＩでノーベル賞という話が真顔で語られる現在、完全自動化された科学、といった話が日常的なものになる日も、そう遠くないのかもしれない。そうなれば、我々はみな肉体労働からも、精神労働からも解放されて、理想の社会に住めるという訳である。どんな社会だろうか？

真理の工場　目次

凡例

・本書における（年月日）の表示は、関係するインタビューの日付を示す。

序章　実験室を観察する
科学技術の社会的研究への道程

序　科学と社会を再考する

科学（あるいは科学技術としても良いが）と社会の関係という、最近よく耳にする議論の組み立て方には、ある種の落とし穴が潜んでいる。それは片方に科学、もう一方に社会を置き、あたかもそれらが別々のものの様に並列して論じているからである。この図式では、この二つの概念がひどく単純化されているのと同時に、これらが二つの異なる実体であるという誤解も招きかねない。

この様な単純化を避け、経験的な社会科学的データの蓄積を通じてこの問題を再検討しようと試みてきたのが、一般に「科学技術についての社会的研究」（social studies of science and technology）と呼ばれる分野である。ここで言う「社会的研究」とは、「社会科学を横断した研究」の意味であり、こうしたアプローチの対象には都市から医療、あるいは近年ではアートやデザインまで、様々なものが含まれる。その科学技術バージョンがここで取り上げる研究動向である。[1] 実際本書で援用されている方法も、質的な民族誌的研究に加えて、歴史的な分析、更に政策過程、組織理論、学習理論といったものも参照されており、その意味での「社会的研究」なのである。

こうしたアプローチから見ると、科学と社会の接点という、巷間に膾炙する言い方には、ライル流に言うと、ある種のカテゴリー・ミステークの様な問題がある。つまり社会というのは何か科学の外側にあり、科学の内側から何かが染み出すと、その接点を通過して、社会に問題を起こすという理解である。これは科学者自身がよく採用する考え方で、科学業界の内と外という、分かりやすいが、誤解も招きやすい考え方である。そもそも、社会的研究という観点から言えば、科学という営為そのものが深く社会的（あるいは文化的）なものである。ここで言う社会は、まずもって集合的な活動という意味であり、ラボという組織、再現実験から査読、学会に至るまで、科学的実践はまさにそうした集合的活動の総体である。いまだに邦訳されてないフレック風に言えば、それは独自の「思考のスタイル」（Denkstil）を持つ「思考集団」（Denkkolektiv）からなっている（Fleck 1981）。クーンが後にそのパラダイム論を作る為に参照したフレックのこの議論では、デュルケームの『分類の未開形態』が参照文献に挙げられているが、後者は未開社会の事例を取り上げつつ、認識の社会的起源を論じた本である。まさにフレックは、科学的思考の集合性を強調する為に、社会人類学・社会学の古典的理論を援用しているのである。

科学技術の社会的研究は、原則的にフレックのこの洞察に基づいていると言っていい（それ故国際学会にもフレック賞がある）。だとすれば、科学的実践のどのフェーズも皆社会的なのであり、その意味で多くの社会科学的な研究の視点を経由して、科学技術実践を観察すると、様々な興味深い特性が見えてくる。

こうした流れのルーツとしては、戦前における科学史の興隆に続き、科学技術のダイナミズムを、定量的な手法によって解析する事を試みた「科学の科学」(science of science)、つまり科学論文の数量的なダイナミズムを分析する事で、その法則性を探求しようとする試みがあり(例えばゴールドスミス＋マカイ 1969)、これは科学計量学として、現在に至るまで、かなりの影響力を維持している。また科学者共同体というのがどういう特性を持つかという問いに対する初期の社会学的研究として、機能主義社会学マートンのそれがあるが、科学者が守るべきと信じられた四つの規範として、科学社会の共同性、普遍性、利害からの自由、組織的懐疑といった項目を抽出している(Merton 1973)。

1　ラボラトリーと社会の間

(1) ラボラトリー研究の系譜

こうした研究に対して、本書で重視するのは、科学的実践のよりリアルな動きを現場のレベルで理解しようとする研究の流れであり、欧米に於いては一九七〇年代後半から盛んになる。その中で、定性的、記述的な方法の一つが、所謂ラボラトリー(実験室、研究室)研究である。二〇〇五年にカリフォルニア州のパサデナで行われた国際会議では、ラボラトリー研究三〇周年と称して、ラトゥール、リンチ、クノール＝セティナ、トラウィークという四人組が「如何にして我々はラボラトリーを発見したか」という趣旨のシンポジウムを行った。しかし勿論これは、ラボラトリーを社会研究上の対象として「発見」した、という意味である。この四人の理論的背景は、社会学、文化人類学、エスノメソドロジーと多様であり、その手法や対象もかなり異なっている。前者三人はほぼ同時期に（偶然に）カリフォルニア州のバイオ系ラボで長期間に渡る社会的調査を行っているが、トラウィークの研究対象は日本の核物理学者達である。又前者三人の対象は観察する科学実践そのものであるが、トラウィークのそれは寧ろ「日本人」論の延長に近い。(2)

前者三人も、科学実践の扱い方にはかなりの差がある。リンチはエスノメソドロジストであり、細胞生物学系のラボ実践のごく細密な一部分、例えば画像データを前に、アーティファクトと正しいデータをより分けるプロセスでの会話の分析を行っている。他方クノール＝セティナは、テキスト論的なアプローチから、観察する科学実践と、テキストとしての論文が成立する過程を詳しく分析している。

この中で、最も影響力があったのはラトゥールとウールガーの『実験室の生活』（Latour & Woolgar 1979）である。ただし実際に現場で調査を行ったのは、ラトゥールだけである。ラトゥールは後にアクター・ネットワーク理論の主要な唱道者の一人となるが、この時点ではまだブルデュー社会学の影響を強く受けているという点が興味深い。(3)

ラトゥールは、強いカトリック系（ドミニコ修道会）の伝統を持つ家族に育ち、哲学でのフランス全国コンクールで優勝すると同時に、プロテスタント神学者であるブルトマンについて論じた神学の学位を持つという特異な経歴の持ち主であり（Latour 2010）、博士論文終了後アフリカに海外協力隊として出向いている。この時の経験から自らの事を人類学者と呼んでいる。その地で知り合った同郷（フランス、ディジョン出身）の研究者ギヤマンから、自分のラボで研究してみないかと誘いを受け、カリフォルニアに赴いている。

ギヤマンは、脳下垂体視床下部から出る甲状腺刺激ホルモン放出ホルモンの成分分析で一九七七年にノーベル生理医学賞を取っているが、彼とシャリーというアメリカ人学者との壮烈なノーベル賞争いについては、ウェイドという科学ジャーナリストがその詳細を描いている（ウェイド 1984）。こうした科学ジャーナリズムと、ラボラトリー研究の違いは、その記述のスタイルに明確に現れる。ラトゥールらが目指したのは、そうした派手なドラマの記録ではなく、科学研究の民族誌的研究、つまり日常レベルのルーティンの記述である。

ギヤマンは、ソーク研究所という、アメリカに於けるトップクラスのバイオ系研究所にラボを持つが、ラトゥールはそこに二年程滞在して、ラボでの日常的な科学実践を逐一観察している。その活動の中心は、当該ホルモンのアミノ酸配列を決定する事である。この書でラトゥールらは、後の科学技術の社会的研究に大きな影響を与えた一連の観点を呈示している。一つは実験室が、様々なデータを生み出す装置に満ちており、自然界の多様な姿が一連のデータに変換されるプロセスの重要性である。この装置群の一つを、彼は「銘記の為の道具」（inscription device）と呼んでいる。inscription とは、銘記する、書き込む、といった意味であるが、様々な実験装置を通じて、自然界の姿が inscribe され、データとして変換される過程の重要性をここでは強調している。多様なノイズを除去すると同時に、データの曖昧な性質を如何に正しく解決するかが、実験室での重要な仕事として詳細に観察記述される。

研究プロセスで生じる解釈の多義性が、最終的にはすっきりまとまり、曖昧さを残さない形でラボ外に流通する。それが論文であり、これをラトゥールらは「不変の可動物」（immutable mobiles）と呼んでいる。ラボ内の研究プロセスでは、曖昧なデータ、錯綜する解釈、様々な議論といった、行きつ戻りつの過程が繰り広げられるが、それが論文という形に収束すると、それはある種の固定化された形式を持ち（immutable）、しかもそれは、学問的ネットワークに従って、世界中に流通する様になる（mobile）。この論文形成の過程そのものに、実験室が持つ、他の社会的実践（例えば工場におけるモノの生産）とは異なる独自の特性がある。又ある意味、科学以外の知識生産のあり方（例えば伝統的知識）との違いも、この過程そのものに由来すると彼らは主張する。

又ラトゥールらが描く科学者は激しい論争のさなかにあり、勝つか負けるかの厳しい戦いに曝されている。これはギヤマンが、シャリーとの熾烈な競争に明け暮れていたという背景にも影響を受けているが、そこでは科学実践における論争が重視され、それがしばしば戦争メタファー(4)によって語られる。こうした傾向は、彼の後の著作（ラトゥール 1993）等でも繰り返され、科学の二つの顔、則ち、論争で激しく対立する科学の顔と、論争が終結すると、その過去については忘却し、最初から事実だけがあった様に振る舞う科学の顔、という形で示される。更に現在でも科学界における多様な論争をマッピングし、それによって科学のダイナミズムを観察するという方法をよく用いている。又、科学者が優れた研究成果を挙げ、科学界で信用を増していくサイクルの事を「クレジット・サイクル」と呼び、その為の戦略をラトゥールらは詳しく記述している。

この著作は、その後の科学の社会的研究に大きな影響を与えたが、今読むといくつか興味深い特性が見て取れる。まず第一に、この時期はラトゥールはまだアクター・ネットワーク理論陣営（その創設者はパリ高等鉱山学院のカロンである）に参加しておらず、その枠組みは、かなりブルデュー的であるという点である。ブルデュー社会学の特徴の一つは、特定の価値を共有する社会的な場（界、champs）に埋め込まれたアクター達が、そこでの優越（それを彼は象徴資本と呼ぶ）をめぐって競い合うという姿であり、ブルデューはベルベル族からホモ・アカデミクスに至るまで、この枠組みで分析している（ブルデュー 1990; ブルデュー＋パスロン 1991）。クレジット・サイクルという考え方自体、科学「界」におけるクレジット（象徴資本）の増大という形の競争という風に読み替える事が出来る。

しかしこうしたブルデュー社会学的な色彩は、時間が経つにつれて弱まってくる。その証左の一つが、この『実験室の生活』の一九七九年初版と、一九八六年第二版の副題の違いである。初版では、The Social Construction of Scientific Facts（科学的事実の「社会的」構築）という副題だったのが、第二版になると Social が抜けて The Construction of Scientific Facts という形で、ただの構築と変わっている。と同時にラトゥール本人も自分は、構築主義者ではあるが、「社会」構築主義者ではない、とその立ち位置を変化させていく。初版では、科学的事実は社会的に構築されるという議論に引っ張られているが、後に科学者達の批判を受けて、社会的に構築という考え方自体を修正し、社会と自然の「対称性」（symmetry）、つまり分析に際して、社会的要因と、自然的要因を同じ重要性を付与して分析する、というアクター・ネットワーク理論流の言い方に変化していくのである[5]（ラトゥール 1993）。

更に近年、ラトゥールはフランスの美学者であるスリヨーの影響を受けた、存在様式論（mode of existence）を展開し、科学や宗教といった領域それぞれに独自の存在様式があると主張する様になる（Latour 2013）。実はラトゥールの用語法、特に inscription といった、一つ間違えれば宗教的なニュアンスがある用語を彼があえて選んだ理由もここにある。そもそもこの用語は、カトリック思想家であるペギーの用語である（ペギー 1977）。ここで暗示されているのは、聖書における真理の銘記（inscription）とは異なる形の独自のinscriptionが科学界には存在するという、異なる真理形態の様態と比較を前提とした用語法であった訳で、全ては社会的な構築に還元出来るという、社会構築主義とは全く異なる発想に由来していたのである。

ともあれ、こうした実験室についての記述的研究は、この後様々な研究を産み出していく事になる。ここで主に取り扱われたのが、バイオ系のラボであったのは、ある意味興味深い偶然である。と言うのももともと理論物理学者であったクーンのパラダイム論が、基本的に理論物理学における理論の変化をモデルに科学のダイナミズムを科学革命という形で記述していたのに対して（クーン 1971）、こうした実験系の科学の詳細な研究は、理論科学の動きとは必ずしも一致しない、実験系科学の独自のダイミナズムを描き出したからである。生物学は、物理学に於ける様な強靱な理論の伝統があるとは言えないし、理論生物学が予測し実験生物学が確証するという関係になっていない。寧ろ近年では、技術の更新によってもたらされる大量のデータ駆動型科学（data driven science）の特徴は何か、といった議論すら盛んになっている（第10章参照）。

実際ハッキングの様な科学史家は、理論に従属する実験という従来の観念を強く批判してきたし（ハッキング 1986）、又物理学史家のガリソンは、理論の流れとは別の、実験装置の変化による科学的実践の歴史的な変化に注目している（Galison 1997）。こうした動向も、ラボラトリー研究の活性化と相互に関係している。

(2) ラボからラボ間関係へ

こうした研究に関連して重要な論点は、ラボ間の相互関係である。コリンズの議論がその一つの例であるが、特に有名なのは、再現実験（replication）が持つ独自の複雑さについての彼の分析である。科学的実験は、一つのラボの研究結果だけでは確定されず、他のラボでの再現実験による検証が必要である。だがこの再現というのはかなり複雑な問題を含むとコリンズは主張する。例えばもしAというラボが、ある装置Xを使い結果を出したが、Bというラボがそれと類似したX^+という装置でそれを否定した場合、A側は、Bの言うX^+はAの装置Xとは異なっているから、そもそも同じ実験とは言えないと主張し得るという訳である。勿論B側は、X^+は装置Xと同じと主張するので、ここに水掛け論が生じる。それを仲裁するには第三者であるCが彼の装置X^{++}で更に再実験する必要があるが、これも原理的に同じ問題点がある。ここで興味深いのは、それぞれのラボにある独自の装置や機械の使用法に対して、何を「同じ」とするかという問題である。本書第8章で詳述するデータ捏造事件の分析は、まさにこの再現実験に潜む複雑な問題の裏をかいた出来事だと言えるのである。

コリンズのもう一つの重要な指摘は、こうした装置は、その使用に関するある種の独特の修練を必要とし、単に論文に記述された研究方法だけでは、それを再現出来ない事もままあるという点である。これは実験過程における熟練と暗黙知の重要性への言及であり、当然ポラニーの議論の再評価にも繋がってくる（ポラニー 1985; 野中・竹内 1996; 福島 2001）（第2章参照）。

コリンズのこの論点は、後に更に拡大される。例えばフジムラは、ガン研究に関する様々な学説（例えば化学説やウィルス説）が、ある時を境に原ガン遺伝子（proto-oncogene）説に収斂していく様子を「バンドワゴン」と呼び、これが成立した背景として、原ガン遺伝子という学説と、それを分析する為のリコンビナントＤＮＡ技術というセットが、「理論と方法の標準化されたパッケージ」という形で多くの研究者に採用され、研究が「やれる様になった」（doable）と主張している。「やれる」とは研究が一定時間内に成果を挙げると予測出来る事の意味であり、それがバンドワゴンを支えるのである（Fujimura 1997）。本書で後述するケーススタディは全体として、こうした「やれる事」（doability）がうまく確保出来ないケースに関係しており、フジムラの事例とは逆の方向性を示している。

ラボにおける特定装置の役割の詳細な分析は、科学史家のシンらの言う研究テクノロジー（research technology）についての興味深い研究をも生み出している。その論点は多様であり、例えばこうした実験装置の開発者達（research technologist）は、研究者なのか技術者なのかというアイデンティティの曖昧さがあるという点や、装置を開発する企業と学界との関係、装置のマーケットの問題（その装置を誰にどう売るか、目的別の特殊性と汎用化の問題等）、装置間の標準化と競争といった論点が挙げられる。（Joerges & Shinn 2001）。本書で取り上げるいくつかの事例もこうした研究テクノロジーの革新と深く関係している。

キーティングとカンブロシオは、こうした研究動向を更に押し進めてきたが、初期にはモノクローナル抗体を中心とし（Cambrosio & Keating 1995）、後にはリンパ球の表面マーカー／白血病タイピング（Immuno-phenotyping）検査技術といった特定の技術を共有する広範なラボ群が比較的自律的な領域を形成し、その中で、理論的背景、中心的な分析装置、標準化と規制を共有する構造が作られると指摘し、それを「（生物医学的）プラットフォーム」と呼んでいる（Keating & Cambrosio 2003）。このプラットフォームは、基礎研究と臨床研究を繋ぐ巨大な社会的空間であり、もはや特定のラボというよりは、膨大な数のラボが同時並行的に研究を進める、大きな研究のゾーンといった意味合いを持っている。

2　社会と「自然」

(1) 社会、科学、集合表象

さて、以上の様な展開事例は、個別のラボから複数のラボ群へ、あるいは科学的認識の多様性の認識という方向へと拡大を示すが、もう一つの可能な展開の方向は、ラボでの研究がラボの外での活動とどう関連するかという議論である。だがここで重要なのは、この二つの間を切断して、二元論的に対比させるのではなく、寧ろラボで見出された事実が何故ラボ外で力を持つのかという認識論的な議論そのものである。

前述した様に、ラボラトリー研究で強い影響力を持ったラトゥールは、最初の著作では、ブルデュー社会学的な色彩を残していたが、次の主著である『科学が生まれるとき』の時期になると、はっきりとアクター・ネットワーク理論的な色彩を前面に出す事になる。それは彼がこの理論の創設者であるカロンの主催するイノベーション社会学センター(パリ高等鉱山学院)に所属する事になったからである。アクター・ネットワーク理論は、一連の斬新な概念的前提に基づき、本邦でも既にいくつか解説があるが(足立2001; 金森 2000 等)、カロン本人の言によると、その発端は、彼がフランスにおける電気自動車について分析をしていた時に、たまたまセールの講演会があり、その際の主張する「翻訳」という概念(セール 1990)を、電気自動車に対する国内市場の二つの異なる対応を説明する要因として利用出来ないか、と思いついた事だという。(6)

このセールの翻訳という概念は、文学から自然科学に至る異なる領域を繋ぐある種の理論的な操作を示すが、カロン自身はこれを、「翻訳の社会学」として、自らの社会理論の中心的なテーゼとして導入した。これがアクター・ネットワーク理論の最も重要な核心の一つである。もう一つの特徴としては、このアクターという言葉の、特殊な意味合いがある。この言葉は、「行為者」ではなく、言語学者グレマスの言う「行為項」、つまり特定の作用をもたらす全てのものを示す。それ故英語としてはactantの方が適していると主張する人もいる。この理論体系では、人とモノ（あるいはhuman/non-human）を同等に扱う（それ故アクター概念）というのが一つの重要な理論的モットーとなっている。

これを別の表現で言うと、自然と社会の対称的（symmetry）扱いという言い回しになるが、この言い方には、歴史的な由来がある。これはもともと科学社会学者のブルアが、その「ストロング・プログラム」に於いて、従来研究の失敗のみ社会学的に説明するとされていたのを、研究の成功と失敗を均等、あるいは「対称的に」（symmetrical）に社会学的に説明する、と主張した事に始まる（ブルア 1985）。ここで言う非対称的な説明とは、「我々の（正しい）研究結果は、自然界を忠実に反映したものだが（自然的説明）、ライバルの意見は、（社会的、政治的、イデオロギー的に）歪んでいて、自然を正しく認識出来ていない（社会的説明）」といった言い方を示し、理系の学生がこういう議論をしたのを実際に聞いた事がある。こうした説明のしかたをブルアは非対称的と呼び、それに対して、成功も失敗も全て社会的な説明に置き換えようというのが、ブルアの言う「対称的」（symmetrical）な説明である。これは非常に強い「社会」構築主義的アプローチであると言える。(7)

具体的に言えば、例えばある研究分野で、仮説Aと仮説Bが壮絶な論争を繰り広げていたが、最終的に仮説Aが勝利し、それが研究者の間で定説となったとする。この状況を説明する時に、それを「Aがそもそも真実だったから」という代わりに、Aの成功、Bの失敗を両方とも社会的要因で説明しようというものである。つまりAという仮説が、特定の研究者集団の制度的、文化的、社会的な背景上、より受容しやすかったのに対して、Bはそれがそうした社会的要因によって受容が難しかった、それ故Aが受容された、といった形で説明するやり方の事である。これは典型的な「社会」構築主義的な説明方式であるが、勿論社会学、人類学等の伝統からいえば、ある意味正当性がある。

このブルアの議論は、実は社会人類学／社会学では古典的な議論の一つである「認識の社会的構築（構成）」という発想に由来しており、そのルーツは、遠く辿れば、カント哲学に行き着く。より直接的にはデュルケームの『分類の未開形態』がそのルーツという事になるが、デュルケームは、二〇世紀初頭の所謂「未開社会」についてのやや断片的な情報を通じて、我々が持つ時間や空間概念が、カントが言う様な個人レベルのアプリオリな認識に基づくというよりは、寧ろ社会的慣習そのものに由来すると主張したのである。例えばアマゾンでは、そこに生活する部族が半族という形で空間的に二分されているというケースがよくある。この社会構造の経験が基礎となって、より抽象的な「空間」概念が成立した。あるいは、儀礼を一定期間に規則正しく行うという風習の結果として、抽象的な時間概念が発達した、と説明する。つまり、まず社会構造があり、それが抽象的認識をもたらすという、社会学的カント主義である。

この主張を自らの象徴人類学に取り込んだのがダグラスであるが、そこでは社会の構成をそのバウンダリーの強さ（グループ）とその内部での階層化の強さ（グリッド）という四象限に複雑化し、それぞれに対応する認識の構造があると論じたのである（ダグラス 1983）。例えば、ある社会では社会内の階層（グリッド）と境界（グループ）が厳格に定義され、他の社会ではそれが両方とも曖昧であるとする。具体的なイメージとしては、前者は儀礼だらけで規則尽くしのバリ島、後者は自由奔放な狩猟採集民といったケースである。彼女の議論は、彼らの信念体系が、こうした社会構造に連動しているというものである。前者の様な儀礼中心の社会では、信念体系は、複雑に発達したパンテオン（神々の序列）や、妖術の体系となり、後者の様な柔軟な社会であれば、その信念体系は寧ろ人格神的、反儀礼的な内的信仰になる。実際ダグラスの著作の導入部では、狩猟採集民が、あたかもプロテスタント信者の様に内的信仰を強調する姿が興味深く記されている。彼女のこの議論は、従来の人類学的な文脈でも様々な議論を巻き起こしたが、経験的には妥当であると思われる節も少なくない(8)。

この図式をダグラスらはリスク論等に援用し、リスク感覚の異なる様態が、その当事者が所属する集団の特性に規定されている、という議論を展開している（Douglas & Wildavski 1982）。前述したブルアは、このダグラス理論を更に科学共同体の異なる社会構造を持つ科学者共同体に適用し、それらの組織のタイプの違いと、彼らそれぞれが信奉する学説の種類に関係がある事を立証しようとしたのである。

こうして見ると、ブルアのストロング・プログラムというのは、遠くカントに端を発し、デュルケーム／モース、ダグラスを通じて現代に至る、長い社会学的認識論の大伝統の一つである。そしてもう一つの重要なポイントは、科学者集団が奉じるA説B説といった理論を、その集団が奉じる「集合表象」（collective representation）と見る、という考え方なのである。集合表象とは、特定の共同体が共有する概念や表象の体系であり、その典型例が宗教的な観念である。集合表象と、それを信奉する集団は表裏一体の関係にある、とこの理論では考える(9)。科学的諸説を、一種の集合表象と考えれば、その成功も失敗も均等に

(symmetrical) 扱えるというブルアの戦略も、この枠組みから言えばそれほど不自然ではないのである。

実際、この集合表象という考えは、過去に否定された様々な「仮説」にはよく当てはまる様に見える。科学史には、エーテルやN線、あるいはルイセンコ学説といった、現在では否定された仮説の例が多く見られるが、これは当時の科学者が共有していたある種の「信念」だと考えれば、集合表象という言葉は適している様に見える。しかしブルアの過激さは、ここから一歩踏み出て、成功例、つまり現在の科学者がこの説は正しい(つまり実在する)と考える説にまで、この集合表象(社会的構築)という概念を適用しようとした点にある。しかし、これではまるで、科学的な研究成果というのは、所詮、学会のドン達が談合してでっち上げたという事にもなりかねない。強いバージョンの社会構築主義を科学的実践に適用しようとすると、こうした議論になりかねないのである。

では科学者達はこの議論の何に反発したのであろうか。「科学的実在」否定に反発した、と言うのは高踏的な言い方であるが、科学現場の実践から言えば、この説(集合表象説)は余りリアリティが無いと筆者なら考える。つまり研究対象である自然は、そう簡単に我々の思う様に、動いてくれない(構築させてくれない)、という点なのである。現場の研究者なら日々実感する事だが、実験から何が生まれるかは、しばしば予測不能である。仮説は大抵裏切られる。説明出来ない事象については論争が継続し、長い間決着しない場合もある。新たなデータの収集には新しい実験技術が必要で、その結果が、更に複雑な論争を生んだりする。

ハラウェイは、こうした「自然」の狡智、あるいは気まぐれさを、アメリカインディアンの神話でのトリックスターになぞらえて、「コヨーテ」と記しているが (Haraway 1999)、それはいわば我々がそれを封じ込めようとする「社会的構築」の仕掛けを切り裂いて、思わぬところで顔をのぞかせる、自然の予期出来ない姿をうまく表現している。ブルアの議論が科学技術の社会的研究に大きく貢献したのは間違いないが、その蛮勇とも言える強烈なアプローチが明らかにしたのは、ある意味その社会概念そのものの限界であると言えるのである。

アクター・ネットワーク理論における自然と社会の対称性という概念は、いわばこのブルア理論の強烈な社会一元論（概念構成として「社会」しか存在しない）に対して、そこに「自然」という概念を対置し、その間のバランスを取るという形で拡大したものである。成功／失敗の社会学的対称性ではなく、自然と社会の間の対称性という事で、「対称性」の意味を読み替えたのである。彼らが多用する、人とモノ（human/non-human）といった言い回しには、こうした議論の展開がある。

しかしこの自然という要素は、社会理論にとってある意味鬼門でもある。英国社会学と所謂パリ学派の間の論争（Pickering 1992）に続いてanti-Latourといったえげつないタイトルを付したブルアのラトゥール批判（Bloor 1998）とそれへの後者の反論（Latour 1998）を見ると、この「自然」概念に対し、社会科学者が如何に抵抗するかよく分かる。しかし、それは前述した社会学的カント主義の伝統から言えば、当然の事なのである。例えば、かつて筆者の大学院の授業で、大航海時代のポルトガル遠洋航海における、社会的、自然的な諸要因についての議論を取り上げた事がある。この論文は、遠洋航海に必要な、様々な要素を如何にコントロールする必要があったかという点について、社会／自然の両方のファクターの絡み合いを分析しているが、この中には大西洋における潮の流れの様な自然現実への対応も重要なファクターとして言及されている（Law 1986）。しかし当時の学生の反応（まだ科学論等よく知らない人々）は、全体的に否定的なものが多かった。つまり潮の流れといった自然界そのものに言及するというよりも、当時の人々の潮の流れについての「観念の構造」についての分析がなければ駄目だと言うのである。学生の言い分では、潮の流れというのも又文化的な集合表象であり、自然という実在があるのではなく、文化という認識枠組みを経由した、「自然」概念があるだけだと言うのである。我々の対象認識は、全て社会文化的アプリオリに規定されており（カント主義！）、その色眼鏡を通じてでなければ、話は進まないという訳である。

実際人類学の伝統的な議論では、我々を取り巻く物理世界とのインターラクションが、全て文化的なスクリーンの様なものを経由していると断言される事が多い。ところがこの文化的なスクリーンとはいったい具体的には何の事なのか問いただすと、必ずしも明確ではないのである。その事は、例えば農耕における呪術的な活動（豊作を祈ったりする事）が、具体的な耕作活動とどう関係しているのかという議論について、その説明が歴史的に右往左往してきた事からも見て取れる。しばしばその妥協策は、呪術的活動と「実践的活動」（実際に田を耕すという行為）を概念的に区別し、それで話をうやむやにしているが、それなら社会／自然の二段構えとそれほど変わらないのである。(10)

実際は、この集合表象性（あるいは記号性）と、実在性が複雑に絡み合っているのは、先程の科学論争におけるA説B説の戦いの様子を見ても分かる事である。これらが激しく論争を繰り広げている場合、そのどちらが本当なのかは、相争う陣営毎に意見が異なり、真偽の程は第三者にはよく分からない。しかし、新たな観測装置が開発されて新しいデータが出たりすると、論争が次第に落ち着いてきて、どうやらA説の方が正しそうだとなったとする。この場合、社会的に見れば、それはA説が学会で優勢になったという形に見える。勿論、A説が承認された後で、やはりこれはおかしいと反論するのは可能だが、その為には、既に積み上げられた多くのデータ等を覆す必要がある。興味深い事に、こうしたデータや論拠の積み上げによるA説の説得力の増大を、ある種の「構築」(construction) と考えれば、科学論争とはお互いに、議論を「構築する」争いであり、そこでよりよく構築された議論は、科学者にとっては殆ど実在と同義になってくるのである。

これが所謂「社会的構築」と、ただの「構築」の意味の基本的な違いである。社会的構築という枠組みの中には、構成要素として社会しかない為、特定集団内で社会的に構築されたものは、原則「脱」構築も可能になる。(11) 他方ここでいう構築は、結局議論のロバストさと同義であり、一度構築されたら、そう簡単には崩せないのである。(12)

(2) ラボの内側と外側

さて、こうした翻訳、対称性といった一連の概念を使って、カロンやラトゥールは、ラボ内部での科学実践から、それと外を繋ぐ関係へと視点を移動させる。彼らは「ラボ内部では、認識論的には何も特別な事がない」と主張する。つまりラボ内部の活動を見るだけでは、その力が十分に分析出来ないという訳である。ではどうしてラボが力を持つかと言えば、ラボで生産されるデータがラボ外の諸要因に「翻訳」され、それらが外部の諸要因を動員 (mobilisation) する事によって、そこに力が生まれるという。ここで人間だけでなく、自然界の要素も「動員」されると考えるのが彼らの理論の特徴である。

ラトゥールのパスツール論がこの議論の典型である (Latour 1988)。フランス全土にパストゥール通りがあるそうだが、研究所や低温殺菌（パスチャライズ）[13]にもその名が残るパストゥールの力を、ラトゥールはそれがまずラボ外の関係者の利害を自らのそれと調整（翻訳）し、彼らとの同盟関係をてこにして、影響力を拡大したという図式で分析してみせる。それが全体としてのパストゥールの力の源泉となったというのである。更に、ホッブスのリバイアサンに関係して、ラトゥールとカロンが論じている様に（Callon & Latour 1981）、この図式に於いては、所謂ミクロ／マクロの弁別はなく、ミクロ過程の接続のしかたでマクロの様態も決定する。この分析方法が、従来のブルデュー流の界、象徴資本、あるいは象徴闘争といった枠組みとは決定的に異なるのは明らかであろう。ブルデューの場合、ある程度均質的な社会的空間が存在し、そこで身体化され共有された価値に従って、行為者が競争、闘争を行う。科学界内部だけで見ると、この議論は十分有効であり、それ故『実験室の生活』での枠組みは、ある意味この図式に近いのである。

しかし一旦話がラボの外側に拡大された場合、この場（界）の概念では手に負えないもの、つまり異種の要素が横断的に結合する、という側面が前面に出てくる。ここでその異種要素の接着剤の役割を果たすのが、前述した翻訳という操作概念なのである。実際ブルデューの一連の著作の中で、こうした異種の存在が繋がったり、連結して協力するという発想は皆無に近いが、ブルデュー自身の性格にもこうした傾向が窺われるという印象すらある。というのも、この立場の違いは、こうした文脈で余り論じられないフランスの社会学者、トゥレーヌのカロンに対する影響という面も否定出来ないからである[14]。

トゥレーヌはもともと七〇年代の「脱工業化社会論」で有名であり、後に反原発闘争や、学生運動、フェミニズムといった新たな社会運動をその研究テーマにしていたが[15]（トゥレーヌ 1983; 1984）、こうしたトゥレーヌの立場に対して、ブルデューは敵意をむき出しにしている。他方カロンはトゥレーヌの学生であり、トゥレーヌが社会運動一般に持っていた問題関心を、科学と技術の革新という分野に応用したとも言えるのである。

3　アクター・ネットワーク理論の修正

(1) プラグマティズム化という過程

この様な形で、ラボ内部の知識／活動が、ラボ外部の諸要因と連結される様子が描き出されたが、ここにはいくつかの問題がある。カロンとラトゥールの議論では、異分野間の翻訳を推進するのは、強力な主導者達（パストゥールや大企業）であるという暗黙の前提があった。カロン自身による定式化（Callon 1986）に於いても、アクターが登場する舞台（アクター世界）が、特定の「翻訳のセンター」（translation center）によって構成されると定義されており、こうしたセンターを前提として、翻訳の作業が、パスツールの様な強い指導者の視点に支えられていると考える。しかしこれでは、一つ間違えば、カーライル流の英雄史観になりかねない。

こうした傾向を大幅に修正する事になったのは、科学技術の社会的研究での引用数がトップに近い、スターとグリーズマーの「境界物」（boundary object）についての議論である。彼らはバークレイの脊椎動物博物館に関わる多様なアクター（専門家、アマチュア、行政官、その他）が、特定の中心が無いまま、異なる観点を両立させつつ、全体としてのシステムがそれなりに動いていく様子を詳細に分析した。その際に、これら多様な観点を調整する媒介になるのが、この境界物である。境界物として機能するのは、モノ、図式、理論、集団等何でもよいとされる。その特性は、二つ以上の領域を媒介し、その多義性によって、関係するどのグループからも、受け入れられている様な存在である（Star & Griesmer 1989）。

スターらはこれをアクター・ネットワーク理論のある種の生態学化と呼んでいる。つまり翻訳の作業は、センターで行われるのではなく、あちこちに分散しているからである。（Czarniawska-Joerges & Hernes 2005）。実際この境界物概念が余りに便利な為、かなりの量の論文が、「……は境界物である」という結論で終わっている場合も少なくない。又媒介するのはモノではなく制度でもよいので、「境界組織」（boundary organization）という枠組みを提唱する人もいる（Guston 2001）。

実際その乱用ぶりに抗して、スター自身が、境界物概念自体は境界物ではない（Star 2010）、という自己弁護的な論文まで書いているが、複数の領域が接する場面は、我々の社会空間の中に無限に存在する以上、それを媒介する存在も、定義上無限に存在する訳で、こうした両義的な媒介物が、我々の社会空間そのものの「意図せざる調整」（ハイエク）に如何に役立っているかを如実に示している。本書の第5章で扱われる化合物ライブラリーは、ある意味典型的な境界物であるが、他方こうした境界物の「寿命」にも注目すべきとは本書の主張でもある。境界物がうまく働くには、異なる関係者がそれに対して、似た様な思惑を持っているという「錯覚」が維持される必要がある。だがその錯覚が壊れれば、境界物は両者を繋ぎ止める力を失い、関係者達は対立し始める。こうした境界物の「失敗」のケースとして、第6章では、「反境界物」という概念を提唱しているが、これは境界物のライフサイクルの中に生じる、一変種の事を示している。

興味深いのは、この議論の流れが、単にアクター・ネットワーク理論を生態学化しただけではなく、寧ろプラグマティズム化したという点である。ある証言によると、ラトゥールはその初期段階では、象徴的相互作用論の基礎であるプラグマティズムについて全く何の関心も示さなかったという。ラトゥールが後に「公衆」（the public）の概念をめぐって、やたらとデューイの議論に依存する様になり（Latour 2007）、更にフランスの弟子達が、プラグマティズムという言葉を振り回す様になるのは、もっと後の事である。

（2）透明な社会空間への疑義

こうした生態学化とは別に、アクター・ネットワーク理論へのその他の批判としては、ラボ内外を連結する社会的空間が、透明で歪みのないものと想定されている点についての批判がある。ラトゥールの著作では、パストゥールらの同盟関係の成功は、あくまで本人の巧みな戦略による諸物の動員の結果として記述されている。しかしこれは正しいのであろうか？

大学における植物遺伝学のラボの観察から、クラインマンはそこでの研究活動が、知財をめぐる製薬会社の規制や圧力によってかなり制約されているのを見出す。他方アクター・ネットワーク理論が、そうした構造的な権力関係を考慮に入れていないと批判する（Kleinman 2003）。その後彼は、戦後の米国の科学技術政策の再検討や、産学連携によって歪められる大学の研究体制といった方向に議論を進め、自らの立場を科学の新政治社会学と呼んでいる。この立場は「新」、というよりは、ウェーバー／ブルデュー的な関心の復活と言うべきだろうが、ここでの論点を整理すると、多種多様な形で行われる異分野間の翻訳は、決して無制限に行われる訳ではなく、様々な制約条件の中で行われるという点である。それを制約の階層構造とでも呼ぶとすれば、翻訳はそれら諸制約をくぐり抜けて行われる必要があり、主導者の巧みさだけに依拠する訳ではないのである。この点は境界物の場合でも同じ事である。この要点をより一般的に言えば、翻訳が行われる空間は、透明な均一のそれではなく、寧ろ既に様々な形で構造的に歪曲している空間だ、という事である。

ではアクター・ネットワーク理論では、何故そうした透明な空間を前提にしている様に見えるのだろうか。それはこの理論が、「問題化」（problematisation）のネットワークという発想から出発しているからである（Callon 1981）。もともと「ネットワーク」と言っても、この世に存在するあらゆる存在物は、何かの形で相互に関係しており、その全ての関係性を記述するのは不可能である。ネットワークと呼ばれるのは、あくまである視点から見て意味ある存在物とそれらの相互関係である。それを論じるのにカロンが最初に選んだ用語が、この「問題化」なのである。問題化とは、特定の人々が論争等を通じて、対象に関心を持っている状態を示しており、その関心が消えればそれは脱問題化され、暗黙の領域に埋もれてしまう。カロンの言うネットワークとは、この関心事項のネットワークなのであり、それがカロンの定義するアクター世界である。

こう書けば、この理論の何が弱いのかは明白であろう。ある視点にとって、暗黙の前提となるもの（問題化されていないもの）は、このネットワーク概念に含まれないのである。アクター・ネットワーク理論のモットーである「アクターに従え」と言うのは、最初は科学者の、後にはモノ一般の流通過程の様な話と理解されているが、もともとはある視点によって「問題化」された対象を追う、の意味である。アクター・ネットワーク理論がかなりの部分ガーフィンケル的な立場に近いのもこの意味であり、ガーフィンケル同様、ここでも原則的には第三者（対象を観察する社会学者等）による特権的な視点を認めないのである。他方、彼らは、ネットワークが安定化（stabilize）したという言い方もするが、これは対象が脱問題化され、「不可視」化した事を意味する。実はこの部分が、従来の社会科学がしばしば構造と呼ぶ部分に近いのである。

『科学が作られているとき』というラトゥールの本のタイトルが示す様に、アクター・ネットワーク理論の基本的な関心は、科学技術が生成する初期段階のダイナミズムであり、そこでは多くの要素がいわば不定形な形で入り乱れるから、従来の分野別研究ではその動態はつかみにくく、それ故ネットワークという概念で分析する事に意味が出てくる。しかしそうした生成過程は、社会的な中空状態で行われる訳ではなく、既にある社会的、物質的な制約の階層構造の中で行われる。そうした諸制約と相互作用しつつ、ある種の局所的な安定化が進むと、いわば再生産モードになり、この理論で語れる事が実は余りなくなってくるのである。ヘールズは様々な技術発展に関する社会理論の統合を論じた論文の中で、アクター・ネットワーク理論を基本的にある種のミクロ理論と捉えている（Geels 2011）。この理論は、生成する科学技術が未だ「熱い」初期のミクロな過程を論じるには適しているが、それを越えると、この理論の効用が急速に減退するという意味である。

より長期のダイナミズムは、ヒューズの『電力の歴史』（一九九六年）の様な浩瀚な技術史の本でも見る事が出来るが、エジソンとテスラの間の直流、交流送電をめぐる対立から始まって、ヨーロッパにおける各国の電力システムの個別の発展というレベルへと焦点が移動すると、それぞれの国の歴史的、社会経済的な文脈による諸制約が電力の技術・発展に大きく影響する様になる。長期的な視点で対象を捉えるには、熱い状態に対するこうした分析枠組みでは不十分なのである。

4　科学技術の推進力と慣性

（1）期待の社会学

こうした理論の限界と、関心の変化の中で、本著でも重要な役割を果たす一つの議論は、科学技術を推進する為に動員される「期待」の役割である。ここで言う期待は、夢や約束、希望、更には熱狂の様なものも含み、一般に「期待の社会学」（sociology of expectation）と呼ばれている（van Lente 1993; Brown et al 2000; Borup et al 2006; Milne 2012）。科学技術が生成する初期段階では、それが未来に関わる事象故に、常に不確実性が伴うが、研究開発は、それを乗り越えて進む必要がある。その原動力の一つが期待の役割である。期待は基本的に、ある種の言説の形、つまり未来を形作る説明の形式を取る。それを一種の「約束」（promise）と考えれば、それはオースティン流の発話行為論の一つと見做す事が出来る（Fortun 2008）。他方期待の情動的な側面に着目すれば、それはバブル経済と同様のある種の熱狂（hype）という側面を持つ（ベルーベ 2009）。来るべき新時代についての熱狂は、何も科学ジャーナルやＮＨＫの大げさな日曜特集に限られる訳ではなく、「科学革命」や「パラダイムチェンジ」をめぐる人々の興奮はあらゆる所に観察出来る、古くて新しい風景である。この熱狂を支えるダイナミズムは、経済におけるバブルの発生過程に似ており、バブルがはじける様に、熱狂もいずれ醒める。

近年では技術予測会社のガートナー社による、所謂「ハイプ・サイクル」（hype cycle）図式が知られているが、この図式では、初期の期待の急激な高まり、困難によるその急速な失墜、より現実的な形でのゆるやかな回復といった、三つの段階として示している。内容的に余りに単純化し過ぎという面は否めないが、こうした期待の乱高下が、現実の技術開発に大きな影響を与えているのは事実である。又この図式は、過度な期待への反動の重さを示しており、それは後の第6章のタンパク3000計画についての分析とも大きく関係してくる。

(2) 安定した技術の諸側面

科学技術の初期の熱狂が醒め、ルーチン化してくると、そこに対する注目が減るのは、メディアに限らず、科学技術の社会的研究でも似た様なものである。しかしこうした、余り注目されない、比較的安定した状況についての関心も徐々に高まっている。例えば都市のテクノロジーにおける長期的な安定性を「頑強さ」(obduracy) という概念で分析したホメルズの一連の議論 (Hommels 2005) や、従来の技術史研究が余りに「イノベーション中の技術」(technology-in-innovation) 中心であり、それへの批判から、「使用中の技術」(technology-in-use) への研究の転換を提唱したエジャートン (Edgerton 2007) の諸論考等がある。

更にインフラストラクチャーについての近年の研究も、この流れの一つである。こうした研究動向には、ある種の復古主義的な傾向があるのは、このインフラという観念の中に、あるタイプの「構造」(ストラクチャー) が含まれているのを見ても分かる。社会学的な構造を基盤とするブルデュー社会学が、アクター・ネットワーク理論的な可塑性を重んじる議論に対して、敵意をむき出しにしているのは、ブルデューの辞世の句である『科学の科学』で、こうした動向を罵倒している点からも分かる (Bourdieu 2010)。このアクター・ネットワーク理論の背後に、彼の天敵であるトゥレーヌの影がちらついていたからだろう。そう考えると、このインフラ「ストラクチャー」といった概念が再導入される様子は興味深い（例えばEdwards et al 2013）。しかもこの語はマルクス主義の「下部構造」の英訳でもある（第7章でこの問題を集中的に扱っている）。

こうしたインフラ研究は、もともとのスターらが基本的に人々の関心の背後に隠れて、目立たず退屈なもの、そしてそれが壊れて初めて可視化するものとされていたが（Star & Ruhleder 1996）、近年の議論は情報（あるいは知識）インフラの急激な進展について語るか、あるいは第三世界に於けるインフラ整備の様な話（特に文化人類学者達がインフラと騒ぐ時）等、急速に拡大し、変化するフェーズを取り扱ったものが多い。それはスターらのもともとの定義とは異なっており、実質的に従来のテクノロジー生成論と余り変わらないのである。ある意味現在のインフラ論は、スターらの初期の意味合いを離れて、ただ単に大規模なテクノロジーが生成する過程という話に逆戻りしている面も否めない。

（3）科学研究のレジリエンス

この様なテクノロジーの持続面を、変転する研究過程に応用出来るのであろうか。愛用されれば、何年、何十年と使われる道具類や、一度敷設されたら、下手をすると何世紀も持続しかねない道路の様なインフラとは異なり、科学的探求が、そうした意味での持続性を示す事は考えにくい。本書のタイトルに含まれる「工場」の語は、中岡哲郎の『工場の哲学』を暗示しているが、研究室が産出する科学的情報は、中岡が論じている様な工場の生産物とは同じではない（中岡 1971）。情報は「差異を生み出す差異」（ベイトソン）であり、常に更新される必要がある。ではそこでいう持続性とは何であろうか。

研究過程のレジリエンス（第4章）とは、そうした持続性を概念化する試みの一つである。研究は常に更新されるが、他方その過程にはある種の流れが見られる場合がある。それは、個別の研究者の動きだけではなく、研究が埋め込まれた大学や学会、産業界との関係、更にその政策的な含意という側面等にその姿を現す傾向性で、変転しつつも、ある程度の制度的な持続性を示す、といった状況を示している。

興味深い事に、この研究過程のレジリエンスの概念は、研究のある種の持続性を制度及び文化的な観点から議論したものであるが、結果としてラカトシュのリサーチプログラムの議論、つまり科学的理論にはある種の核の部分（ハードコア）とそれを守る周辺の防御壁からなるという考えに似た議論になっているというのが興味深い[16]（ラカトシュ 1986）。ただしここでの関心は、単発のリサーチの構造というよりは、様々な社会的、文化的要素と複雑な形で絡みつつ、ゆるやかに核を形成しているという意味で、従来の議論とは異なる点も強調されている。

（4）見えないものと見えるもの——レジームの概念

こうしたある種の持続性を示す別の用語として本書で援用されているのが、レジームという概念である。前述した様に、現行のインフラ概念にはかなり根本的な欠陥があり、本来なら表面に出て、多くを明示的に規定する様な体系までこの語で語られる傾向がある。それは、もともとのスターの議論が持つ、退屈で見えないインフラという概念と、観察者にとってインフラというのは相対的だという議論の間にある齟齬があるからである。それ故もし特定の制度が、より明示的に政治的な特性を持つとしたら、それは別の用語で示されるべきで、それがレジームという概念である。

この概念を用いて分析しようとしたのは、近年議論が盛んになっている、新興テクノロジーによる身体能力のエンハンスメントと、その諸問題という論点である。エンハンスとは、（特定の能力等を）強化する、高める、の意味であるが、現在生まれつつある多様な技術によって我々の身体能力を高める事がもたらす負の側面と関係している。例えば国際スポーツといった分野では、ドーピング問題等がこれにあたる。しかしこうした議論に注意が必要なのは、そもそも何が正当なエンハンスメントで、何がそうでないかを、誰が決め、どう測定するかという点である。外部の影響を受けていない裸の身体（身体0）の様なものを想定すれば、そこにテクノロジーが介入する事で何らかのエンハンスメントが起こる、という議論も可能である。しかし、もし近年の一部の議論の様に、身体とテクノロジーがもともと表裏一体なら（例えばヴィゴツキー派からサイボーク論に至る一連の流れ）、話はこう単純に進まない筈である。つまり身体とテクノロジーは、常に表裏一体であり、新規参入するテクノロジーの影響がどこに現れるのか、測定するのは実は難しいと考える事も出来る。

第10章で論じたのは、こうした基礎的な身体／テクノロジー観、そしてそれに基づくエンハンスメントの定義と測定、更にそれに対する政治的な対応といった一連の流れの関係であり、それをまとめてレジームと呼んだのである。国際スポーツと、記憶のエンハンスメントという、かなり異なる二つの領域にこのレジーム概念を当てはめて、それぞれの特性を比較したものである。このレジームにはインフラ的な構造も含まれるが、他方それは明示的な政治性も有しており、単に不可視という訳ではない。そしてこのレジームが、暗黙の内に妥当な身体観すら定義しており、エンハンスメントというのはそれによってのみ、問題化され得るのである。

5　持続する課題

(1) 組織的リクス再考

さてここまでの流れが、いわば本書の第Ⅰ部と第Ⅱ部を構成する基本的な背景であるとすれば、第Ⅲ部はこれらの問題系を異なる文脈に接続、拡張する為の議論と関係している。前述した期待の社会学で示した様に、新興の科学技術のライフサイクルとして、その誕生から安定、衰退までをある種の線的な経過と考えるのはかなり問題がある。膨れ上がる期待は、現実の困難とのギャップを生み、結果として期待が急速に縮小するだけでなく、場合によってはプロジェクトそのものが完全に失敗し消え去る危険がある。言い換えれば、どんな実験的な試みも、無数の失敗に裏打ちされており、そうした失敗の学習資源としての性質を最大限生かしつつ、ダメージをコントロールする必要がある。こうしたテーマは、筆者の前書（福島 2010a）とも深く関係しており、その典型が、組織事故の有名なスイスチーズ・モデル（リーズン 1999）である。これは組織に本来あるべき防御壁がうまく機能しないと、危険因子がその壁を通り抜けて、大きな事故を起こす、という有名な議論であるが、この理論的枠組みは、例えば石油コンビナートの爆発とか、点滴ミスの様な医療事故といったものの説明によく用いられる。研究現場におけるこうした危険因子の一つが、データ捏造という不正行為である。これを組織事故の一変種と考えると、科学という業界はそれ固有の防御壁の構造を持ち、こうした危険因子を完全に除去する事が制度的に困難であるという特性がある。これが第8章のテーマである。

この組織事故の背後には、原因と結果が複雑に絡み合っており、それが事態を認識困難なものにしているという側面があるが、これは前述したアクター・ネットワーク理論的な理解からは当然の帰結である。しかしこうした理解に基づくと、多くのアクターが関わる因果の連鎖は原則的に無限に拡張し、結果としてそうした連鎖をどこで止めるか、という認識論上の問題が生じる。更にそれを責任の追及という問題に拡大すると、この因果連鎖が無限に拡大するという事態は、困った問題を生み出す事になる。つまり現実に事故があり、その結果被害者が出た場合、誰が責任を取るのかという点である。興味深い事に、これは成功例、つまり研究の成功とその貢献者を同定するといった問題と表裏一体であり、誰に賞を与え、誰を罰するかというのは、科学的実践の本来的な集合的性格からいっても実は複雑な問題なのである。これが第9章のテーマである。

この様に、研究にせよ、それ以外の実践活動にせよ、それがうまくいくケースだけでなく、その負の側面の管理について、ラボでの科学的実践とは少し異なる立場から論じたのが、附論の救命救急センターのケースである。このテーマは筆者の前書でも重要な位置を占めていたが、ここで興味深いのは、こうした組織の危機管理的な性格が、それを取り巻く環境の変化にどう対応し得るのかという点である。本書前半でも、特定の実験室やプロジェクトが、それを取り巻く政治社会的な環境の変化によって、対応の変更を迫られるケースを論じたが、この附論ではこの点を危機管理と、その組織的限界という観点から論じている。

(2) 実験と実験的領域

という訳で、本書は科学的実践の諸側面に、様々な社会的アプローチを通じて接近する試みであるが、最後には筆者が前書で取り上げた、「学習の実験的領域」という議論との関係を論じる必要がある。前書の文脈では、実験という言葉は、条件を厳密に統制した形で自然に介入し、因果連鎖を明らかにする活動、というよりも、寧ろある種の比喩的な、かなり広いニュアンスを持った活動の総体として用いられてきた。つまり日常生活の中での多様な試行錯誤と、それを許容する社会的空間の条件というのがその枠組みであった。前者を「日常的実験」と呼んだが、それを支える空間、つまり実験的領域は、様々なタイプの制約(時空、経済、そして法等)と、その空間を維持する為の仕組み(社会技術的デバイス)の関係の中に存在し、そのバランスによって拡大する事もあれば、殆ど消滅してしまう事もある。現在、従来の実験概念を拡張し、社会全体で議論しようという傾向が見られるが、社会的な文脈に於いて、どういう条件がこうした実験性を担保するか、といった観点からの議論は少ない。第11章ではこの実験的領域論という観点から逆に、本書で扱った様なタイプの実験的活動をどう見るか、という点を論じると同時に、特にこの領域で近年目立った特徴となっている大量、高速度化という変化を、工場という概念から観るという議論も行っている。本書のタイトルにその語が使われる理由もここで明らかになる。

結　語

ここで取り上げた一連の議論は、科学技術の社会的研究という新興研究領域における、国際的にも多様で膨大な蓄積の一つの流れを、本書の理解に関係するレベルで、紹介したものである。社会的構築をめぐる論争を見ても分かる様に、こうした一連の議論の根幹には、そもそも社会や自然をどう捉えるかという点についての、長い歴史的な議論の地下水脈があり、それが様々な論争の背後に存在するという点は押さえておいてもよいだろう。又社会科学の多様なアプローチを通じて、科学や技術を観るという行為には、同じ眼差しが自己に跳ね返ってくるという反照的な側面もある。つまり社会科学そのものの前提も再吟味を要求されるのである。更にかなり急速に議論の蓄積が行われる中で、初期に等閑視されていた理論的な議論が、再び復活してくるといった傾向もある。それも又知識と技術のダイナミズムの重要な一部であり、これらも全て、科学技術の社会的研究の醍醐味の一つでもある。

（1）本邦では、ＳＴＳ、科学技術社会論、科学社会学等、多様な呼称が存在し、学会すら複数あるが、全体的に守備範囲が狭く、倫理、科学コミュニケーションといったものに偏るか、狭い領域の社会科学しかカバーしておらず、多くの論点が抜けている（金森＋中島 2002; 藤垣 2003; 松本 1998 等）。例えばイノベーション論に関しては、本邦では寧ろ経営学者や組織論者が独自に議論を行っており、それ程交流がない。又現在国際的に活発に議論されている、科学とアート／デザインの関係といったテーマをこうした議論の中で余り見た事がない。寧ろある理系の友人が語った様に、本邦では、ＳＴＳというのは、研究上の倫理的な手続きか、あるいは左翼的科学批判の別称と理解されているという辛辣な意見もある。

（2）ただし、この理解に問題があるのは、福島（2005）参照。彼ら以前に既に原ラボ研究の様なものは存在している。又所謂労働過程研究、例えばブレイヴァマンの『労働と独占資本』といった本も、その先駆的な形態と読めなくもない。

（3）この点は、カロンが国際的なハンドブックに書いた、「科学のダイナミズムについての四つのモデル」という論文の中で明確に区別されている。四つのモデル（①合理的知識、②競争、③社会文化的実践、④拡大された翻訳）という理論的な枠組みの流派区分の中で、ラボラトリー研究とその周辺は、『実験室の生活』も含めて、③の社会文化的実践、という枠組みに区分されており、アクター・ネットワーク理論の④とははっきり区別されている。日本の研究者はここら辺を混同して批判している（松本 2009）。

（4）ハラウェイはインタビューで、ラトゥールが多用する、この戦争メタファーについての違和感を表明している（Haraway 1999）。

（5）ラトゥールの学生筋から聞いた話では、ブルデューがラトゥールのラボ研究を嘲笑した為に決裂したらしいが、真偽の程はさだかではない。ただし基本的に社会学の「科学的性質」について強い信念を持つブルデューが、それを相対化しかねないこうしたアプローチに対して、いい顔をしなかったのは想像に難くない。

（6）二〇〇三年一〇月に筆者が彼のいるパリ鉱山大学イノベーション社会学研究センターに客員として滞在していた時に、カロン本人から聞いた事である。

（7）それ故中沢（2004）の用語法はその根拠が良く分からない。

（8）ただし、ある意味この議論は一種のトートロジーでもある。例えば、この社会と信念（認識）という図式の境界線に儀礼を置いてみると、グリッド・グループが強い社会というのは儀礼的行為が強い社会であり、その反対は儀礼を余り行わない社会である。儀礼は社会面からみれば、強く社会的な秩序を規定するし、認識面から見れば、しばしば複雑な観念体系と複雑に関連している。又儀礼を行わないケースでは、当然社会的な拘束度は低く、全体として個人主義的である。そうだとすると、それは儀礼が盛んか否かという違いを中心に、儀礼そのものを、社会構造／認識と切断して、そこに関係があるといっているのに等しくなる。これがトートロジーの意味である。似た様な批判は杉島（1988）。

（9）前述したフレックがデュルケームを引用しているという事実に注目。

（10）勿論、従来の議論への反動からか、近年では逆に、やたらとモノの（グローバルな？）循環や流通の様な話ばかりに固執する議論を生み出しているが、これは結果として、第一次世界大戦の時期に盛んだった、伝播論、つまり様々な物質的な要素が、どの様に世界に流れてきたかを分析する古典学派の議論の蒸し返しの様な風情がある。ここら辺の議論がよく理解していないのは、片方に社会（あるいは文化）があり、もう一方に自然がある訳ではなく、その二つの軸が複雑に絡み合うそのあり方なのである。社会しかないブルアがラトゥールの立場の全面攻撃（anti-Latour）なのに対して、ラトゥール側は、ブルアの貢献を認めつつ、その先へ（For Bloor, and beyond）という含みを持たせたタイトルを示している事にもこの二人の非対称性が見て取れる。

（11）この社会的構築〜脱構築という議論自体にかなり問題があるのは、例えばソシュールが言語は恣意的だといった時に、それはあくまで「原理的に」であって、実際に使用されている言語をそう簡単に変えられるものではないという点である。日本語で犬という言葉は、長い歴史的な経緯を経て現状である以上、では今日から犬という言葉を止めて、例えばαと呼び直そうといっても、それは無理である。かつて学生時代にある高名な社会学者がこういう無理な議論をしているのを聞いた事がある。

(12) これが前述した『実験室の生活』本の第一版の social construction が第二版でただの construction に変わった理由である。

(13) *Pasteurization of France* は直訳すると、『フランスのパスツール化』であるが、パスチャライズ（pasteurize）は低温殺菌という意味もあるので、『フランスの低温殺菌』というしゃれも入っている。

(14) これもカロン本人から聞いた事である。

(15) 実際ブルデュー自身、インタビューの中で、自分の知的経歴を紹介した際に、アルチュセールとの関係を論じながら「にもかかわらず、長い間、共通の敵を相手にしていた事も事実です。私は社会学で、トゥレーヌ式の、霊感に導かれたかの様な社会学、あれも変わる、これも変わる、大いにけっこう式の社会学に対立していましたし、アルチュセールは歴史的必然性とか構造とかのセンスを持ち合わせていましたから」（ブルデュー＋加藤 1990）と、そのライバルであるトゥレーヌ社会学を罵倒している。勿論この霊感に導かれる様な社会学の一つがアクター・ネットワーク理論である。

(16) 同じ様な論法で、かつ全く違う用語を用いつつ、エイズ研究の変遷を分析したものに、ポルクらの議論があるが、これはOSの中核部分のカーネル（kernel）というイメージを使いつつ、周辺の変化に対して抵抗する核という形で、似た様な議論を展開したものである（Polk & Ribes 2015）。

I　研究実践のミクロ分析

第I部はラボにおける実践的活動を、ミクロのレベルを中心に詳細に分析したものである。

第1章「リサーチ・パス分析――研究実践のミクロ戦略について」は、現場における研究過程に用いられる様々な研究戦略について、そのバリエーションと、それらが持つ問題、特に研究目標の持続的な修正のダイナミズムについて、それを「リサーチ・パス」という概念で分析したものである。この章の目的は、研究という活動が持つ、基本的に不確実で非線型の過程を示す事で、巷間に膾炙する研究概念の限界を指摘する事である。

第2章「組織としてのラボラトリー――意味と調整のダイナミズム」は、ある研究室の具体的な活動を例に取り、文字通りラボが組織として持つ特性と、それが大きなプロジェクト（創薬基盤の形成）に巻き込まれていく過程の中で、基本的な価値の調整が必要になる様子を、微視的な観点から描いたものである。特に工程表というアーティファクトが持つ多義性に焦点が当てられる。

第3章「知識移転の神話と現実――技能のインタラクティブ・モデル」は、ラボの内外における知識移転という問題を扱う。ここでは知識を単なる言明ではなく、意味の全体的な構造と考え、それが相互作用的に教授されるというモデルを、ドレイファスの技能習熟段階説と、精神療法の一つである交流分析を参考に作り、そのモデルに基づいて知識移転の可能性と限界について論じたものである。

第1章　リサーチ・パス分析

研究実践のミクロ戦略について

序　戦略としての研究過程

本章の目的は、研究現場における科学的探求の過程を記述する、ある種の枠組みを試作する事にある。科学的探求は、困難で、複雑、かつ不確実性に富んだ過程であり、単純なモデルに還元出来ない、多様な要因によって左右される。ここではその多様性を前提としつつ、紆余曲折を遂げる探求の過程に於いて、そこに働く、認知的、社会的な力を、一連の概念を通じて記述出来る様に試みるものである。

科学的探求はある意味で目的指向的な活動の一つである。その目的は特定分野に於いて意味あると考えられる情報を獲得する事であり、その目標に向って様々なリソースを活用して進むプロセスであると、暫定的に考える事が出来る。このプロセスを、ここではリサーチ・パスと呼ぶ。ただしこの目的指向性という事を、目的への直線的な過程と考えるのは間違っている。この章が試みるのは、研究のマネージメントといった議論の中で、この直線的な研究過程という誤解が少なからず散見する事に対して、その不確実性が、研究過程そのものに対して持つ意味を明らかにする事である。

1　リサーチ・パスの基礎概念

(1) 情報空間の基本構造

リサーチ・パスが形成されるのは、ある種の情報空間である。研究者にとっては、それは一般に自然界そのものとして理解される場合が多い、実在論的な色彩が強い空間であるが、それをここで自然界と直接言わないのは、その空間の構造が、著しく変更される（つまりそれに対する理解が大きく変わる）可能性が常にあるからである。この情報空間の安定性は、その領域の研究レベルの成熟度等によって変わってくる。その領域についての知識が不十分で、学説が入り乱れている様な状態では、その空間は不安定な構造を持ち、それに対応した戦略が必要になる。逆に研究の蓄積が進み、その分野での全体像が可視的な地図としてまとめられる場合もある。例えばゲノムの配列図や、キナーゼ（リン酸化酵素）の一覧表[1]（kinome）といったものを見れば、研究者は自分達の位置をその可視的な地図によって同定する事が出来る。

(2) 時間的過程

リサーチは、ある種の時間的過程であり、その進展によって環境要因が刻々と変化するという面がある。その変化のスピードや範囲は、個別の研究者、あるいはその業界での研究の進展度に依存するが、いずれにせよ研究者は時間的に変化する環境の中で、その進路を決定しなければならない。その意味で、リサーチはある種、ナビゲーションに近い性質を持つ。ここでいうナビゲーションとは、人類学や認知科学の間で比較的研究が進んでいる、伝統的あるいは近代的な航海術に認知論的な意味合いを持たせた概念である（佐々木編 1992; 野中編 2004）。認知人類学者であるハッチンスのモデルが有名であるが（Hutchins 1995）、船舶の航行は、継続的に変化する環境の情報にリアルタイムで対応し、的確な判断を下さなければならないという点で、環境の変化と戦略の関係をモデル化するのに役立つ概念である。この意味で、リサーチ・パスそのものも、ある種のナビゲーションのプロセスであると暫定的に定義する事が出来、実際の航行同様、その地点毎に航行者（研究者）が見渡す事の出来る環境（この場合、研究によって明らかになった情報の空間も含む）が、刻一刻と変化するという点で、この二つの間にはある種の並行関係がある。

(3) ナビゲーション概念の効用と問題

しかし厳密に言うと、リサーチは狭い意味でのナビゲーションというメタファーには納まらない性格を持っている。何故なら伝統的にせよ近代的にせよ、ナビゲーションのモデルとなる航海術は、畢竟その出発点と目的地が固定されており、変化するのはその航行中の環境情報（それによる自分達の位置の情報）だけであるからである。他方リサーチは、それが成功すればするほど、環境の情報そのものが変化し、最終的には目的地すら変えてしまう。ある研究をしていて、思わぬ所に発見があり、その結果研究者の前提（環境についての理解）が変化してしまえば、目的地の意味も変わってくる。この様にリサーチとは、それによって環境の構造そのものを変化させる可能性を持つ過程である。そしてもしナビゲーションという概念を利用するとすれば、それは進行する途中で認知地図（人々の概念構造）そのものが変化し、しかもその変化の度合いが大きい程、研究として評価されるという、特殊なタイプのナビゲーションであるという事が出来る。

この特殊性を、生化学から分子生物学の移行期における、ある実験室での活動の詳細な歴史的な記述として扱ったのが、ラインバーガーの「認識的モノ」（epistemic thing）についての分析である。ここで言う認識的モノというのは、この研究対象が持つ、存在論的に曖昧な性格（仮説と実在の間を揺れ動く）を示したものであり、これを表現する為に、彼はデリダの「痕跡」（trace）という概念を援用して、この研究対象とされる内容が、徐々にその姿を変えると同時に、その前段階の標的が消えてしまう姿を巧みに描いている（Rheinberger 1997）。このラインバーガーの議論は、生化学と脱構築の双方を知らないととても読めたものではないが、本章での議論も彼のこの認識と類縁する部分は多い。ただし後の議論が示す様に、ここでは情報空間上を移動する研究の為の、様々な研究戦略上の選択肢（特にその組織形態）の重要性に着目するが、ラインバーガーの議論にはそうした側面への関心はほぼ皆無である。それは本人が、もともとフランス思想好きの生物学者という背景によるところが多いと思われる。

2　リサーチのゴール

(1) ゴール概念の再検討

ここで我々は、リサーチにおける到達点、つまりゴールの概念について再検討する必要がある。科学の特定分野では、リサーチのゴールが比較的自明に見える場合がある。例えば発ガン遺伝子（oncogene）の探求、ＥＳ細胞の作成、重力波の検出といったものは、その対象の存在が理論的に予測されており、後はそれを実験、あるいは観察によって確認する事が複数のラボでの主要関心となっている様なケースである。こうした状況では、リサーチの目的は、その特定対象へどうやって一番乗りするかという事であり、同じ目的を共有する複数のラボの動きは「競争」という用語で表現されやすくなる。これらは○○発見（開発）競争というかたちで科学ジャーナリズム等に取り上げられる事が多い。この場合、目的の固定と、それに対して進むプロセスという図式が、前述した狭義のナビゲーション・モデルと似ており、ただその過程が複雑に蛇行するという点だけが異なる様に見える。

ところが現実の研究現場に於いては、こうした明確なゴールが常に確定出来るとは限らない。ラボの現場で、日常的な研究活動を観察したり、あるいは大発見をめぐる様々な回顧的記述を見ると、そうした発見は思わぬ状況下で生まれた、とか予期せぬ結果から導かれたという記述が目につく。それを総称してセレンディピティであるが、ここでのポイントは、ゴールを事前に「理論的に」確定してそこに邁進するというやり方は、決して唯一の研究方法ではないという点にある。

この点を強く主張した一人が、ハッキングであるが、本書の序章で多少触れた様に、その背後には、従来の科学観における、理論研究偏重、実験過程への等閑視に対する反論という意図がある（Hacking 1986）。こうした主張は、近年その勢いを増しており、例えばクーンのパラダイム論が基本的に理論の変化を中心に論じられているのに対して、実験装置の革新の重要性の強調や（Galison 1997）実験を主体としたラボラトリーの調査も同じ様な関心に基づいている。

興味深いのは、筆者が初めて理化学研究所の研究室を訪問した時に、最初に言われたのが、実験には二つある、という説明である。一つはよく世間でイメージされる、仮説を明確に示して、コントロール群との比較で厳密に行われる実験。もう一つはより毎日の実践に近いもので、ちょっとした思いつきや、他で見聞してきた様なことをちょこちょことやってみる、オープンエンドの実験である。ここで話題にしているのは、こうした後者のタイプの実験の事である。

この点に関しては、既に多くの事例があるが、ここではその印象的な実例として、米国のベル研究所における、電波天文学についての事例を紹介する。ベル研は、電波天文学に関して、重要な貢献を数多くもたらしているが、後にノーベル賞を取る事になる、ペンジャスとウィルソンは、ホーンリフレクター・アンテナを使い、もともと天の川を取り巻くハロから来る電波雑音の強度を測定するという、地味な研究を始めた。そして、空の何もない領域に、少し雑音がある事を見出した。この雑音の意味は長らく理解不能であったが、後にこれが、ビックバンモデルによる背景宇宙放射（絶対温度三度の宇宙放射）であると、解釈される様になり、ビックバン理論を立証する証拠を見つけたというので、二人はノーベル賞を受賞する事になるのである（バーンスタイン 1984）。

この事例は、特定の装置を使ってたまたま検出されたデータが、当の研究者の理論的な枠組みとは関係ない形で収集され、後からそれを理解する為の理論が追いついてきたという興味深い例の一つである。こうした傾向は、ある意味、近年の生命科学の拡大によってより深まっているとも言える。第6章で紹介するビッグバイオロジー的な探索では、まず膨大なデータを先にかき集めて、その解析は後で行うという、所謂データ駆動型科学（data-driven science）の発展とその意義といった議論さえ、活発化しつつある。

リサーチはある種の探索行動であるが、それは宝探し同様、どんなお宝がどこに埋まっているか分からず、しかもお宝の正体自体も実は曖昧だという場合も少なくない。第2章以降で詳述するラボ等でも、自分達の研究室で利用している資料や研究対象に関し、様々な観点から検討し、そこから網羅的に情報を取るという研究を進めているが、その過程で、何かちょっと変わったものが見つかり、それが次の研究方針を決定し、更にそれが予期せぬ方向に発展していくというプロセスは決して珍しい事態ではない。

(2) ゴール中心的・リソース中心的

以上の様な考察から、リサーチの過程を大胆にモデル化するとすれば、一方では明確なゴールを決め、そこに向かって効率よい体制を作りながら、そこに到達するのを競う様な場合と、他方では何が釣れるか分からないまま、ある種の全方位的、レーダー的な探索行動をグルグルと繰り返すという、大きく分けて二つのフェーズがあると想定出来る。この第一のフェーズは、ある目的に対する比較的直線的な矢印の様に図示出来る。それに対して後者の探索行動は、ある種の渦巻きの様に、何か重要な情報に引っかかるまで、グルグルと探索行動を繰り返すというパターンになる。この二つを暫定的にゴール中心的探索とリソース中心的探索と呼ぶ事にするが、後者をリソース中心的と呼ぶのは、このレーダー型の探索行動が、特定の資料の網羅的解析や、あるいは特定のデバイスを先に設定して、それが拾ってくるものを何でも取り入れるといった研究戦略に基づいているからで、それらを総括してリソースと呼んでいるからである。

この二つの概念はある種の理念型であり、当然の事ながら連続的な性質を持っている。例えばゴールが明確に設定されているといっても、それに至る道のりが直線的であるとは必ずしも言えない。そのゴールへの理論的予測が間違っていたり、技術的な困難で到達出来なかったり、あるいはその過程で別の現象に研究者の注意が向くといった事態も十分あり得るからである。

他方リソース中心型の活動も、その目的は何かそこでヒットするものを探すという行為であり、そこで何かが見つかれば、それが暫定的なゴールになり、それを更に細密に観察、分析するという風に、舵取りが変わっていく。そこで更にその新たな対象を基盤とした探索行動が起こり、次のパスが決定されるというジグザクのプロセスがここでのリソース中心型のパスになる。

(3) 固定ゴール・可変ゴール

こうやって見ると、最初からゴールが設定されているか、全方位型の探索行動の結果としてゴールが結果として設定されるかという二つのやり方があり、ここではそれを暫定的に固定ゴール、可変ゴールと呼ぶ事にする。固定とは、他の研究者による理論上の推測等によって、ゴールが設定される場合であり、可変ゴールとは、全方位的探索行動によって、事後的にゴールらしきものが見えてくる場合を示す。

この二つのゴール概念を区別するのは、ラボの戦略的マネージメントという考え方にある問題を明らかにする為である。固定ゴールの場合、ある意味その目標が事前に設定されている為に、マネージメント概念と肌合いが近い様に見えるのに対して、可変ゴールの場合、その探索活動の中で、偶発的にゴールが決まるという特性から、「組織的にマネージする」というのが難しくなるからである。例えば、学会の関心が発ガン遺伝子の発見にあるとする。その存在についての理論的確実性が高いのなら、野心的なラボはその探求に相応しい人材（実験の実働部隊としてのポスドクその他）を募集し、その目標に従って効率よい陣営を組むという戦略が理念型的には可能になる。実際第6章で論じるタンパク３０００計画の様なプロジェクトに於いて、タンパク質三〇〇〇個の構造解析を五年以内に行うという形で、目標が「固定的」に決められており、研究者はその目標をクリアする事が求められる。どんなプロジェクトも達成目標、予算、日程の三要素に規定されるから、こうしたプロジェクトに関して言えば、この「固定」という形容詞は当然の事の様に見える。

寧ろ問題なのは、可変的なゴールというタイプである。前述した様に、可変的ゴールに於いては、ある種の全方位的探索の結果として、ゴールが設定されるので、人材を事前に戦略的に配置したり、資源を配分するのは難しくなる。しかし実は、この可変的ゴールこそが、多くの研究活動でよく見られる実態なのである。しかしこれは、固定ゴールになれた視点から見ると、よく理解できない点でもある。これがリサーチ・パスが持つ本質的な困難さを反映しているのである。

（4）「競争」概念の該当範囲

前者のゴール中心型、特にそのゴールが固定されている場合、科学ジャーナリズムに取り上げられる様な、劇的な競争という外観を得る事が多いと記したが、逆に言えばこれが成り立ち得るのは、特定領域の研究がかなり進展し、関係する科学者コミュニティに於いて、ある程度の合意が見られるか、あるいはその対象が、市場との距離が近く、特許等が密接に意識されている様なケースに限られる傾向がある。実際、「競争」という言葉は、ゲノム解読「競争」の様に、問題の設定が明解で、後は力業だけだ、という様な場合には当てはまるが、実はこうした状況こそが、前述したプロジェクト的な理解が前提としているものなのである。こうした条件下では、新古典派的な科学経済学が主張する様に、投入した費用と、その研究成果の間にある種の相関関係の様なものが、カロンが指摘する点である（Callon 2002）。

カロンはこの章とは異なるやり方で、リサーチ過程を、その初期のネットワーク構築期と、問題分野の確立期という形の二段階に分けて理論化を試みているが、彼の意図は、科学経済学的な図式が成り立ちそうなのは、あくまでもこの後半の段階（ここでの言い方でいえば、固定なゴール中心的研究）の場合だけだという点である。その場合は確かに、予算を増せばより多くの成果を生むといった、単純な結果が出る可能性があるとカロンも認める。他方、初期のネットワーク構築段階（可変的ゴールの段階）に於いては、投入される費用と結果の間にそういう単純な関係が想定しにくい。何故なら問題領域そのものがまだ確立していないから、いくら資金を投入したところで、すぐに成果が出るとは断言出来ないからである。

実際第2章等で取り上げるラボ調査でも、自らの研究を「競争」という観点から意識している研究者は殆ど見当たらなかったが、その理由の一つは、調査した研究者（あるいはラボ）の方針が比較的リソース中心的に構成されており、はっきりした固定ゴールを競い合うという構造になっていなかったからである。他方、第6章で取り上げるタンパク3000計画の様な国際プロジェクトでは、その競争的側面が、国際協調のレトリックと併存しているという特徴も見られたのである。

3　リサーチ・パスの諸形態

(1) リサーチの成功と失敗

巨大プロジェクトの様に、明確な固定ゴールを持つ場合を除くと、リサーチ・パスはかなり複雑に蛇行するのが普通である。研究対象についての探索的行動は、しばしば余りハッキリしない成果を生む場合がある。その場合渦巻き状の探索行動は持続されるが、その過程でちょっとした発見があると、それをもう少し掘り下げるか、無視して進むかという選択肢が現れる。この過程で、非常に興味深い情報に辿り着けば、ゴール中心的にパスが再構築されるが、こればかりはやってみないと分からない。

研究の大半は思った様には進まないが、それへの対処法にはいくつかのバリエーションがある。一つの極には、その困難の度合いがある程度予測出来る場合がある。例えば第2章で出てくるケースとして、特定の重要な酵素（タンパク質）の構造解析というテーマがあるが、この場合、その難易度は従来の研究成果からある程度推測出来るとされている。より専門的に言えば、全体構造の特異性、糖鎖による翻訳後修飾、更に大量発現が難しい為に結晶解析が出来ないという三重の困難（そのどれもが現在の解析技術では困難視されている）の為、それらを全部クリア出来れば、その学問的な成果は大きいが、他方その解析が長期間に渡り、成果が何も出ないというリスクがある。[2] この場合は、まさにこの方向がハイリスク・ハイリターン路線だとかなり分かるので、それを取るか、より安全な道を選ぶのか、という選択肢が比較的はっきりしている。

これと対照的なのは、問題の所在がどこにあるかよく分からない場合である。特定の菌の生合成過程を解析する為、遺伝子導入を試みるが難航しているといった例がこれに当たる。大腸菌の様に、多くの研究者によって遺伝子導入の為のノウハウが蓄積されているのとは違う菌で試みて、それがうまくいかないと、その解決の為の糸口を探すのは非常に困難になる。この場合は、考えられ得る方策を全て試みる必要があり、その困難さも成果の評価も事前判断が難しい。直面する困難がこのどちらのタイプに属するかで、取るべき戦略の内容も変わってくるのである。

(2) ラボラトリーレベルでのリサーチ・パス

リサーチ・パスを個別の研究者のレベルで見ると、それはテーマ設定、探索的行動、そして複雑に変化する生成的ゴールとその修正の過程と見做せるが、ラボのレベルでは、それとは異なる全体的な方針や方向性というのが前面に出てくる。その一つは先に示したゴール中心的及びリソース中心的戦略の対比である。ゴール中心的戦略は、ある種の競争的状況、あるいは目的のハッキリした、プロジェクト型の様な研究スタイルに顕著に見られるが、そのゴールを達成するのに適した人材（実働部隊、ポスドク等）をどの様にかき集めてくるかが重要な課題となる。こうした人材を広く募集出来れば、ゴール中心的戦略は立てやすいが、逆にそれが難しいと、既にいるメンバーの能力の範囲内で、戦略を考えざるを得なくなる。

発ガン遺伝子研究で多くの成果を挙げたワインバーグの著作によると、研究の過程で特定の技術的な困難が生じると、世界中から研究希望のポスドクを採用して、その困難を乗り越えたという記述が多く見られる（ワインバーグ 1999）。こうした状況は、米国のトップクラスのラボでは十分に観察されるようである。(3)だが当然の事ながら、全てのラボがこうした恵まれた環境にいる訳ではなく、これを持続するには、優れた成果の産出、露出度の高いジャーナルへの投稿、それによる広告効果と可能な人材マーケットの開拓という、マタイ効果的な好循環（「富めるものはますます富む」）を生む構造が前提条件となる。

更にこうしたゴール中心性が強いラボの場合、採用したポスドクの関心と、ラボのボスが指定する課題の調整に手間取る場合もある。比較的短期間で循環するポスドクの関心は、限られた期間で一定の成果を挙げる事で、一〇年かけて非常に困難なテーマに取り組む事ではない場合も少なくない。この時間的制約についての調整が、ラボ内権力構造と深く関係し、そこではいくつかのタイポロジーが設定可能である。

それ故個別の研究レベルを超えてラボレベルになると、そのパスの戦略決定は、より複雑な様相を示す事になる。前述した二つの傾向性に加えて、様々な技能、方向性、関心を持ったラボのメンバーをどの程度の範囲、方向性で雇い、それらをどの様な戦略的な方向に組み込んでいくかといった諸要因が関係してくるからである。

(3)　リサーチ・パスの時間的重層性

ラボのレベルでは、前述したゴール中心的、リソース中心的という弁別に加え、ある種の時間軸上の戦略の違いを区別する必要がある。つまり短時間で確実な成果が見込める短期戦略、やや時間を要するが重要度がより高い中期戦略、そしてかなり長期に渡るそれである。前述した個別研究での困難事例は、研究者レベルでの時間別戦略の選択についての事例であると言い換える事も出来る。個人レベルでは、異なる時間別戦略を同時に担うのは難しいが、ラボ全体では、そうした時間別の戦略を複数の人材に振り分ける事も原理的には可能である。実働部隊が、任期三年のポスドクだけなら、一〇年もかかりそうな長期戦略は割りふれないが、テニュア付きの研究員が配属されていれば、より長期的課題を配分する事は理論的には可能になる。

他方短期戦略は、確実に成果を挙げ、かつ知名度を維持するには重要であり、場合によっては、それなりの被引用度数を獲得する可能性もある。この点で言うと、第2章等で取り上げるケースでは、この三つの戦略が複合的に配分されている様に見える。研究室の多くのテーマが多くの場合中期的な戦略とすれば、長期戦略にあたるのが、化合物バンクの設立の様な、殆ど公共事業に近い大規模なプロジェクトであり、そこでの「成果」は、それがインフラとして安定的に運営され、様々な研究がそれをベースにして進展する事によってのみ分かる類のものである。他方特定の薬剤のターゲットタンパクを確定するといった仕事は、典型的な短期戦略のそれであり、その成果が明快で、それなりの社会的インパクトが期待されているものである。

この事例では、時間軸上の諸戦略が比較的均等に配分されているが、勿論全てのラボがこうした時間的戦略の配分を行っている訳ではない。あるラボでは短期的な戦略を繰り返していた（所謂話題のテーマに次から次へと飛びついている様に見える）場合もあれば、別のラボでは、殆ど研究者がいない領域（例えば無重力状態での生物学的な研究）で独自の試行錯誤を繰り返すというケースもあった。この両者とも前述したケースとは異なるタイプのリスクを背負う事になるが、言うまでもなく、短期戦略は、それなりの成果は挙がるものの、研究内容が瑣末なものに陥るリスクもあるのに対して、長期戦略は、結果が出れば良いがその見通しがつきにくい為、スタッフによっては、その時間的リスクに堪えられない場合もある。

（4）研究組織の形式類型

リサーチ・パスでもう一つ重要なのは、ラボの組織体制である。ラボの形式や人員配置、その規模等はそれが所属する研究分野に大きく影響を受けるが、ある程度理念型的に考えると、ラボの人員構成のパターンは大きく二つの極に分かれると思われる。一つはかなり限定したテーマに的を絞り、そこに集中的に人材（研究員やポスドク）を配置するという方法である。転写因子、染色体等々、人材の配置は、そのテーマに対して手を変え品を変えてアプローチするという形で、組織の形式自体がゴール中心的になっている、一極集中型とでもいうべきタイプである（これは戦国時代の陣形を模して言えば、魚鱗の陣とでも言えるかもしれない）。

これに対して、そのテーマを出来るだけ広範囲にして、ゆるく連合させるという形も可能である。ラボの運営方針が、ある種の多角的経営に似た様に見えるスタイルである（戦国の比喩で言えば、これは鶴翼の陣とでも言うべきか）。この二つのタイプの研究戦略の間には、色々な中間型が存在するが、それぞれに長所・短所がある。ガン研究の先端を描いたエインジャー（1991）は、前述したワインバーグ研究室と、ライバルであるコールド・スプリングパーバー研究所のウィグラー研究室を描いているが、それぞれの体制の長所・短所が興味深く描かれている。狭く深く掘り下げたいなら、前者の一極集中型の方が相応しい。問題に対する集中度が高く、研究者同士の理解も深まる。これが多角経営型になると、それぞれの研究者の専門性や方向がバラバラになり、ラボ内での研究会を開いても、お互いの領域について良く理解出来ないという問題が生まれかねない。当然、多角経営型の組織でも、より専門性の高い人材の配置への要求が聞かれない訳ではない。

他方一極集中型の組織編成にも色々問題がある。一つは、研究が頓挫した場合、ラボ全体が停滞する危険があるという点である。エインジャーの記述では、ウィグラー研究室は、当時解明が待たれていた、ガン化に働くある遺伝子の働きを酵母を中心として解明しようとしていた。だが酵母によって解明されたかに見えたその経路が、動物細胞では当てはまらない（つまり人間には関係ない）となった時、この研究室は、酵母の中に更に別の経路を探す事で、動物から人間への応用可能性を残そうとした。その探索の為に、九人いるポスドクのうち六人がこの別経路研究に関わり、スタッフ全員がこの別経路の存在を信じていたという（エインジャー 1991）。つまり研究室の全員がこの遺伝子に集中し、それを多角的に追求するという組織構造を採用したのである。

エインジャーの言葉を借りれば、「研究室のうち、余りに多くの部分が酵母の研究をしており、ウィグラーとそのクルー達は、共に泳ぐか、共に沈むしか方法がないのだ」という訳である。だが結局この期間中に別経路を見つける事が出来ず、データが枯渇して、ウィグラー研は全体として低迷状態を迎える事となる。実際特定の領域で研究が行き詰まり、全く違う分野からそれへの解決策が生まれたという事例は、科学史では事欠かないが、この一極集中型はそうした困難状況に陥った時の回避手段を余り持ち合わせていないというのが一つの難点であろう。

もう一つの問題は、スタッフの研究内容が近接している為に、彼らの間での軋轢が起こり得るという点である。多角経営型の、ゆるく連携して協働している場合と異なり、一極集中型では誰が主導権を握るか、ファーストオーサーになるかといった点が問題になる可能性がある。逆に多角経営型では、お互いに距離がある為、競合する様な場面を避ける事が可能になる。

だがそれぞれの研究スタイルの特性と意味についてはまだ明確でない点も多い。学際的な研究の重要性を強調すれば、多角経営型の、異分野融合的なラボの方が新たな融合を生む様に見えるが、現実には、様々な研究分野を束ねる労力は大きく、融合はそれ程簡単ではないようである。この広がりを分業体制と考えるなら、全ての分業を単一のラボ内でやるべきかどうか、判断に迷う点もある。

例えば微生物から天然化合物をとり、その生理活性を調べるという研究室の構造の場合、その過程を二つに分けて、別々の研究室が連携してやればよいのではないか、という考えもあり得る。しかしある研究員の指摘によると、製薬会社を中心として、それを分業化し、前半のモノ取りの部分と、後半の生理活性を調べる部分を別々の研究チームに割り当てたところ、それぞれの研究のリズムが合わず、全体的に研究が停滞したという（2008/4/22）。つまり協働の為の時間的なファクターという側面を考えると、研究分野の特性によっては、こうした多角経営型の陣形を取る事が、その分野における適切な組織形態であるという場合もあるのである。

（5）研究領域の文脈的意味

このラボ・レベルの戦略は、更にそれが所属する、より大きな学問領域の構造にも依拠している。これを仮にリサーチのマクロ・パスと呼ぶとすれば、その領域自体が大きく変動する場合、個別のラボの戦略も、その全体の流れに巻き込まれざるをえない。学問分野の生成発展にはいくつかの段階があり得るが、カロンの議論については既に言及した。つまりその初発段階（つまりまだ少数の研究者が細々と研究を行っている状態で、余り組織化が行われていない）と、その領域が発展して、研究者同士が大きなネットワークを形成し、ある種の半ば制度化された構造を持っている段階である（Callon 2002）。

前述したラボは、ケミカルバイオロジーという、制度化が急速に進展している分野を中心に活動していた。この場合、ラボ全体のリサーチ・パスもそうした大きな流れと重なり合う事になる。このタイプのパスは、より初発的な領域にあるラボでは考えにくい動きであり、その長期戦略は、個別のラボのレベルを超えている面もある。つまり化合物バンクの様な戦略は、ある意味国家レベルの戦略と連動しており、個別の研究員やラボそのものの戦略を超えた方向性の制限がラボの動きに課せられるという側面もある。

勿論全てのラボが、こうした制度化の進む研究領域の中にある訳ではないし、又仮にそうした影響を受けても、そこから離脱する場合もあろう。この様に、異なる制度化のレベルによってラボのマクロ戦略も大いに異なってくる事が考えられるのである。

(6) 科学の公共性の意味

こうしたラボの組織論的な構成の問題に加えて、リサーチ・パスを検討する際に重要と考えられる別の問題として、公共性の概念がある。科学社会学者であるマートンはかつて、科学者集団に固有の規範として、科学社会の共同性・普遍性・利害からの自由・組織的懐疑等の四点を取り上げた（マートン 1961）。こうした規範の有効性については、その後様々な批判もあったが、これらの存在を完全に否定するのも難しい。

リサーチ・パスの矛盾する二つの性質は、その公共性志向と先陣争いである。前述した様に、リサーチの過程を単に競争という形で記述する事は問題があるが、それはこの公共性に関する信念や慣習によっている。先陣争いは重要であるが、しかしそれは市場を占有するのとは異なり、情報は公開される必要がある。情報公開なくして追試は出来ないし、それがなければ、科学的事実として確立する事も出来ない。産学連携等で問題になるのは、成果の公開という公共性と情報の独占という市場原理の対立である。

この情報の共有に関して興味深いのは、リクエストという慣習である。研究試材についてのリクエストというのは研究者集団にとっては日常茶飯事であるが、このリクエスト要求は、先陣争いという点からいうと困った問題を引き起こす。リクエストに応じれば、試材を共有する事で、研究する集団の規模は大きくなるが、同時に競争相手も増える。論文という形で情報を公開した時点で、この傾向は強まるが、リクエストによってそれは現実味を帯びてくる。それ故リクエストに対する対応は、この二つの傾向のどちらに重きを置いているかの試金石になる。現実的な文脈から言えば、リクエストを全て拒否するのは難しい。それは研究成果を追試する集団そのものを切り捨てる事になるからである。

他方、化合物関係の事例を聞くと、リクエストに応じた結果、その化合物から重要な発見をされて、成果を横取りされたという話が少なくないという。査読中の論文絡みで情報が漏れ、匿名の査読者とおぼしき人物からリクエストが来て、それに応じたところ、その査読は通らず、しかも後日その化合物に関係する論文が載ったという様な、問題ある経験をした研究者もいる。そこでその後この研究者は、こうしたリクエスト要求に対して消極的になり、成果発表を日本語の雑誌に留めておく様になったという（2008/1/29）。

しかしこれは難しい問題である。前述した様に、研究内容が評価される為には、それに注目する研究者の数が相対的に多くなければならない。他方それには前述したリスクも伴うので、それを嫌がると、研究そのものは大きく発展しなくなる。ある特定の化合物に関して、以上の様なトラブルを嫌がり、それを余り公開しないまま自分のところで抱えていると、成果が出ても注目されないという結果になりかねないのである。他方、リクエストをより積極的に考える研究者もいる。この場合強調されるのが、科学の公共的性格であり、科学の進歩とは、その共同体で共有される知識の拡大だという訳である。そこで抗体やノックアウトマウスに関して、積極的にリクエストに応じる事で、それがその分野でのデファクト・スタンダードになり、その様に論文に記載される。これを一つの栄誉と考える訳である（2007/8/24）。

ここら辺の事情は、研究が市場と近接し、特許問題が絡む様になると、風向きが変わってくるのは容易に推測出来る。実際前述したガン研究の場合も、それが製薬業界と非常に近いところで行われている為、激しい競争的色彩が見られたのである。しかし逆に言えば、基礎研究における、こうした公共性の論理は、リサーチ・パスの展開形式を独自に規定する重要な要因となっており、ある種の経営学系の議論が、そうしたリサーチ・パスの特性を十分に理解せず、市場をモデルとして、その戦略論を語るとしたら、そこには本質的な問題があると言わざるを得ないのである。

結　語

リサーチは複雑で不確定要素の高い過程であり、又その領域毎にその特性も異なる。ここではそれらの多様なあり方の中でいくつか比較的共通すると考えられる要素について、バイオ系のラボでの知見をもとに暫定的にまとめたものである。ここで特に強調したいのは、市場を中心とした経営モデルとの距離であり、実際ラボのナビゲーションに関しては、表面上ある種の経営モデルの様なものが成り立つ様に見える場合も少なくない。例えばあるラボが研究戦略という点から多角経営型のシフトを取る時に、それを経営学的な（マーケットの）多角化戦略と同一視する、といった例である。だが、ラボを中心とした研究の動きは、まずもってそれが所属する同業者集団による評価によってその価値が決まるという特徴であり、同業者集団を膨らませながら先陣争いをするという社会的ダイナミズムを持つという点である。更にその成果は彼らが研究する対象としての自然界の未知の構造に直接依存するという二重構造になっている為、市場モデルを安易に流用するのは大きな誤解を招くもととなる。更に話が複雑になるのは、昨今の産学連携への関心の拡大によって、このリサーチのダイナミズムが、まさに経営モデルと複雑に交互作用し始めているという現実である。こうしたリサーチ・パスの領域別の多様性や、それを経営モデルとどの様に交差させていくか、更にそれが他の領域の諸活動とどの程度重なっているのかといった問いは、今後の重要な課題として残しておく。

（1）キナーゼのツリー状の分布図は、http://kinase.com/mammalian/ 参照。
（2）ここら辺のやりとりについては、例えば、ワインバーグ（1999）等が詳しい。困難な課題を追求したい教授と、腰が引けているポスドクの様子が印象的に描かれている。
（3）ある研究者の留学先は、バイオ部門で被引用度が世界でトップクラスのラボであったが、Nature, Science 等のトップジャーナルに論文を発表し続ける理由の一つが優秀な学生、ボスドクの確保の為の宣伝だと言う（2007/8/24）。

第2章 組織としてのラボラトリー
意味と調整のダイナミズム

序　集合的行為としての研究実践

本章では、リサーチ・パスについての前章での考察を踏まえ、それが具体的なラボの運営に如何なる形で反映されるかを、組織論的な観点を中心に据えながら、詳細な記述を行う。本書で参照する事例はいくつかあるが、その中で最も中核的な役割を果たす舞台の一つが、理化学研究所（基幹研究所、調査時）のラボの一つである抗生物質研究室である(1)。この研究室は、研究所の中で、四代に渡ってその名を維持してきた伝統を持つラボである。従来抗生物質研究は、戦後のペニシリンの発見から始まって、微生物を探索し、そこから有効な生物活性物質を採取し、それを単離、解析するという方法で、重要な貢献を果たしてきた。このラボの系譜では、藪田貞治郎・住木諭介による、植物の成長ホルモンであるジベレリン（gibberellin）の研究、磯野清による稲の病気に対して有効なポリオキシン（polyoxin）の発見等に代表される輝かしい業績がある（上野 2008）。この研究室の背景となる応用微生物研究、天然物化学、更に現在の新たな潮流であるケミカルバイオロジーといった文脈については、後続する別の章で個別に扱う事にするが、ここでは、このラボがこうした時代の転換期の中で、従来の方向性に対して、新たな道を模索する過程にあったという点だけを指摘しておく。特にこの章で重要なのは、インフラとしての創薬基盤の整備という大きな制度的な動きの中に、このラボも急速に巻き込まれて行ったという事実である。その過程の「知識インフラ論」的な意味については、第7章で論じるが、本章では、固定ゴール的なリサーチ・パスの設定をラボ全体が志向する場合に起こる構造変化について、詳しく述べる予定である。

ここで注目するのは、ラボに出現した「工程表」の持つシンボリックな意味と、「創薬」という言葉／概念が持つ、複雑で、文脈依存的な意味合いの問題である。これらを通じて、組織の形式的構造と意味づけが、同時並行的に形作られる姿を分析し、科学的実践の具体性と、それが持つ象徴的な意味付けの両面が構成される過程の記述を試みる。

もう一つの側面は、前章でのリサーチ・パス論で詳しく述べた、研究の本質的不確実性の問題である。前述した doable（やれる）問題を探すという観点は、この章でも重要な意味を持ってくる。他方、従来のラボ研究に於いて、ラボを一つの組織としてみるという視点は、それほど多い訳ではない。経営学系での、ラボの活動をある種ブラックボックス化して、入力／出力といった観点からその生産性をどう高めるかといった大雑把な研究能率の分析ではなく、民族誌的な厚みをもってラボ組織を扱うというのは、これまでそれほど行われてきた訳ではない。科学技術の社会的研究で、組織面を前面に押し出したのは、スペースシャトル・チャレンジャー号爆発の際の、ＮＡＳＡの意思過程を分析したヴォーンの研究等があり、彼女は公式組織の構造という概念を使って、ラボラトリー研究と（公式）組織論の有機的結合の必要性を指摘しているのである（Vaughan 1996; 1999a）。

1　モノと意味の交錯としての組織

（1）組織意味論的なアプローチ

この章では、このヴォーンの提言を拡張し、ラボラトリー研究と、組織シンボリズム論（組織意味論）とを結合する試みを行う。[2] ラボラトリー研究は、モノの扱い、装置の問題、データの銘記（inscription）、アーティファクトをめぐる諸問題、暗黙知といった様々な論点に関して、重要な議論を蓄積してきたが、他方こうしたモノが、どういう象徴的な意味合いをもって、ラボの内外を移動するかといった点については、必ずしも十分な考察を重ねてきたとは言えない。寧ろ一九八〇年代より活発化してきた組織シンボリズム論のほうが、組織内部に於いて、儀礼、伝統、ユーモアのパターン、物語、隠喩的イメージといった点に焦点を当てつつ、精力的に分析をしてきたと言えない事もない（Turner 1986; 坂下 2002）。ハッチはそれら多様な項目を独自に「アーティファクト」と総称して、物理（モノやデザイン）、行動（儀礼、コミュニケーション）、言語（隠語、物語等）等に分類されると考えている（Hatch 1997）。こうした研究では、シンボルの多様な役割や意味づけの諸様式（cf. Weick 1987; 1995）について、多くの重要な知見が蓄積されてきた。ラボの実験過程で扱われるモノや言葉、行為は、それら自体が象徴的意味を持つと同時に多様な理解を誘発し、組織、認識構造に重要な影響を与えている。従来のラボ研究には、こうした組織意味論的な側面は殆ど無いと言っていい。

(2) 二つの補助線

ここで分析の為に二つの補助線を設定する。その一つは「概念／実践のパッケージ」（略して概念パッケージ）という枠組みである。これは前述したフジムラの「理論と研究方法のパッケージ」（Fujimura 1996）という考えを拡大し、日常的に用いられる概念の意味論的な側面と、具体的実践を、一つの連続したパッケージとして捉えるものである。

ここで特に注目するのは、「創薬」という概念パッケージである。研究対象となったラボの内外で、この概念パッケージは強力な影響力を発揮し、それが様々な実践や意味づけに甚大な影響を与えている。以下こうした概念パッケージを示す時は、「創薬」の様にカッコ付きで示す。まずもって「創薬」とは、それ自体一つの単語であり、全ての言葉がそうである様に、その解釈は、それを理解する様々なフレームや文脈に依存する。他方この「創薬」という言葉は、社会の各層で多様な具体的実践と強く結びついており、その影響がラボを貫いている。この概念パッケージという枠組みは、こうした事態を分析する為のものである。

もう一つの補助線として、新制度派組織論の知見を一部導入する。ここで一部、といったのは、組織としてのラボにおける、ある程度の制度化された側面に関しては、この流派の議論は役立つが（Lawrence & Suddaby 2006）、制度的文脈（組織フィールド）で全て決定されるというのは言い過ぎで（cf. Meyer & Scott 1992; DiMaggio & Powell 1983）、寧ろ科学界が政策的介入によって、その性質を微妙に変化させる過程に注目したいからである。

2　ラボをめぐる文脈

(1) 歴史的系譜

さて、抗生研は、理化学研究所でも、自由な研究志向の中央研究所（宮田 1983）の抗生物質研究室の四代目にあたる点は既に述べた。抗生物質研究は、天然物化学の一部であり、特定生物から二次代謝物を採取・単離精製し、生理活性を調べ、その化学構造を決定するというプロセスを踏む。日本の天然物化学は国際的に見ても水準が高く、京都の国際会議（一九六四年）では、その成果を海外にも誇っている。

しかしその後、高度の分析装置（CV、質量計測器、NMR等）の導入と新規物質の枯渇への危惧（鈴木 1987）が高まり、又製薬会社では、天然物離れが進行し、大量の化合物を人工的に合成するコンビナトリアル化学に関心が移っていった（永井＋稲本 2007）。一九九二年に新たなラボを開くにあたって、長田主任は歴代の研究伝統を大幅に変更した。抗生物質研究の衰退から、従来の「モノ取り」（生理活性物質という「モノ」を取る事）を縮小し、ガン研究にその新しい方向性を求めたのである[3]（2007/8/8; 2008/6/24; 2010/2/26）。更に重要なのは、ケミカルバイオロジーという新領域への参入である（長田 2006）。このそれぞれの動きについては、第4章及び第5章で個別に再述する。この名称を広めたのは、バーバード大学の有機合成化学者であるシュライバーだが、彼は、藤沢製薬が開発した免疫抑制剤ＦＫ５０６を全合成し、更にその細胞内での免疫抑制のメカニズムを解明し、高い評価を得た（Schreiber 1991; Schreiber & Crabtree

1992）。シュライバーのユニークさは、従来の遺伝子を潰して（ノックアウトして）その影響を見るという手法に代えて、特定のタンパク質に結合する低分子化合物を使って、タンパク質の働きを直接コントロールして研究するという新たな化学的手法を実践して見せた点である（Kugawa et al 2007）。

主任はこの方法が、従来の天然物化学を超えて、生物学の内部に深く切り込める点を高く評価した。他方この化学的アプローチは、彼の背景である農芸化学の分野では歴史的伝統があり、ある種の親和性も感じたのである。ただしこのアプローチを実現するには、新たな組織編成、つまり有機化学者と生物学者の緊密な共同作業が必要であった。シュライバーは、これをコーンバーグ実験と呼んでいるが、生化学分野でノーベル賞を取ったコーンバーグが、生物学者と化学者の融合に苦労したという話に由来する名称である（Hopkin 2004）。主任も同様の試みを組織的に実現しようとした。更にその実現には、膨大な数の低分子化合物を収集すると同時に、タンパク質との結合を迅速に解析する高速処理（ハイスループット）技術等も必要となる（高岡 2005; 武本 2005）。この二つの実現が、まずもって抗生研の目標となったのである。

(2) マクロ社会的文脈

この初期の制度設計の背後には、マクロ社会的環境の大きな変化があった。その要点をまとめて記述すると、①米国のＮＩＨ（国立衛生研究所）がポストゲノム政策として二〇〇三年以降実用的創薬志向を明確に打ち出した事（第４章）。②日本の科学政策も、タンパク３０００研究（第４章、第６章）以降の出口戦略として創薬との繋がりを探っていたという点。③理化学研究所も又「成果の目に見える社会的還元」の為に創薬基盤を理研全体で構築するという計画を打ち出した事（第７章）。それに加えて④上述したシユライバーらのケミカルバイオロジーが提唱され、雑誌等が公刊されたという点である。これらの動きを要約すれば、公的創薬基盤の形成という大潮流が様々なレベルで顕在化してきたと言えよう。当然の事ながら、この章で記述する抗生研の組織論的なミクロ特性は、こうした歴史的、制度的な文脈と密接に関係してくる。

(3) ラボの形式的特性

ここで、ラボの形式的特徴を記述する。ラボの組織的な規模は、設立以来増大し、二〇〇七年当時、ラボは総勢六七人で、研究員、任期付きのポスドク、学生、そしてテクニシャン（技術協力員）に大きく分かれていた。研究員は、ラボ設立以前から研究所に所属している先任研究員と、このラボからの所属の専任研究員に分かれる。ポスドクは任期付きで、学生は近隣の大学から指導を委託され、ここで論文をまとめている。ただしその数はそれほど多くなく、年齢構成上は研究員の方が多い。

テクニシャンは、当時二二人ほど所属しており、業務として、研究員の技術的補助をする。その出身や仕事の内容、レベルはまちまちで、学位も基本的には修士以下だが、博士号獲得以降、一時的にここに身を寄せている場合もある。このテクニシャンの数は、大学の平均的ラボでのそれをはるかに凌ぐ巨大な規模である。

それ以外に、製薬会社からの出向組が二名、そして定年退職後、一種の顧問の様な形で参加しているシニア組数名、さらに海外からの長短期の訪問者がいる。組織構造は年々変化しているが、人員の増加に対応して、空間上の配置もかなり頻繁に変化した(4)。

3　創薬基盤に向けた組織化?

(1) 組織シンボルとしての「工程表」

上述した様に、抗生研が従来のモノ取り路線から離脱し、公的創薬基盤の流れの中で、重要な役割を果たす様になると、研究の形式にも大きな変化が現れてくる。その変化を具体的な「モノ」として象徴するものとして、筆者が特に関心を持ったのは、CB棟という新研究棟の廊下にあるホワイトボードに出現した、チーム別の巨大な「工程表」である。生物棟の他のラボでは、これに類するものが見当たらず、この工程表は非常に特異な印象を与えた。

ここでは、それぞれの研究員が、化合物を使った生物学研究というケミカルバイオロジーの基本テーマに従ってチーム編成され、年度毎の成果と数年後までの計画が明示される様になった。そして毎週行われる個人別の研究経過報告とは別に、チーム毎の報告も別枠で行われる様になった(5)。これはもともとシュライバーのやり方に学んだもので、これにより全体の分業体制が統一的に示されると同時に、その過程や目標が可視的、かつ「一見」予測可能な形で示される様になったのである(表2-1)。

(2) 工程表では見えないもの

この工程表は、公的創薬基盤形成の一角を担う抗生研の現状を示すある種の象徴的なアーティファクトである。かつてギアーツが、モデルという概念には二つの側面があり、現状を記述する model of としての

表2-1　研究チームの構成（2007年度）

研究内容	リーダー	メンバーの構成
放線菌関係	研	学1　テ2
二次代謝物の遺伝子解析	研	任2　学1
フラクション	任	任1　テ2
化合物ライブラリー	研	テ1
化合物アレイ	研	任1　テ3
タンパク質解析	研	任1　テ3
ガン関係	研	任1　学2　テ2　派2
細胞周期	研	任1　学2
転写研究	研	学1
化合物研究	任	学5
シニアスタッフ2，その他研究員3		

※研＝研究員，任＝任期付き（ポスドク），テ＝テクニシャン（技術協力員），学＝学生，派＝派遣社員

要素と、望ましい未来を示すmodel forの要素があると指摘したが（ギアーツ 1987）、この工程表は、現実の過程の一部を記述するmodel ofと同時に、研究全体を合理化し、能率よく推進するという「理想的イメージ」を喚起するという意味でのmodel forの両面を同時に示している。しかしここで強調したいのは、ラボ内の活動がこういう形に整理される過程自体、多くの複雑な意味論的調整を必要とするという点であり、その調整作業そのものが、本章の分析の中心的な課題となる。

ではここで見えないものとは何であろうか。その第一は、整然としたグループ化という表象の裏にある、個別のリサーチ・パスと、ラボ全体の公的なプロジェクト要請の間にある複雑な調整過程である。この工程表に示されたグループの計画は、このラボの公的な自己表示のモデルである。これは筆者がかつて「表象モデル」と呼んだ、形式化された自己記述のスタイルである（福島 1992）。あるいは自己呈示（ゴッフマン 1974）の組織バージョンと言ってもよい。この背後には、そ

れぞれの研究者が、自らのリサーチ・パスとの関わりで、この表象モデルを意味あるものに組み換えようとする複雑な調整作用がある。

もう一つ注目したいのは、この工程表が前提とする、「計画」という考え方である。前章で詳説した様に、一般的には蛇行し、複雑な過程を経るというリサーチ・パス観から見れば、特定の「計画」における二つの基本要素、つまり「目的」を定義する事と、その過程を予期可能のものとして設定する事、この両者ともに問題がある。前章で述べた様に、研究のゴールはしばしば生成的で、研究の過程で見つかるものも少なくないし、又その過程に不確実性はつきものだから、簡単にはその過程は制御出来ないはずである。つまりこうした「計画」という考え方自体が、リサーチ・パスの特性と相まみえない部分が多いのである。以下の分析では、この工程表では見えない二つの問題について、順を追って記述する。

4　公的表象と私的リサーチ・パス——工程表では見えないもの①

(1) 調整の三つのパターン

最初に取り上げるのは、工程表が示すグループ化と研究体制の形式的整備が個別の研究者に強いる、実践／意味づけの変更のプロセスである。研究方針の全体的統制は、各研究者に対して、ある種の境界の変更を要求する。一つは、自分に自身のリサーチ・パスの境界を改変する事であり、もう一つは自律したリサーチと、組織として要求される業務の境界について、再調整する必要が出てくるという点である。

この二つの調整過程は、スタッフの研究領域や組織内での位置により、異なる現れ方をするが、ここではスタッフのタイプにより、大きく分けて三つのパターンがあると考える。

①伝統型――これは抗生物質研究という技法を継承する研究者で、ある意味ラボの伝統を担うスタッフである。表2－1では、放線菌研究とその下がこの範疇に入る。この場合調整は、ケミカルバイオロジー領域という工程表が前提とする新たな文脈に於いて、いわば「伝統的技能そのものの再定式化」あるいは「生き残りの為の革新」という形を取る事になる。

②新規型（ケミカルバイオロジー系）――これはケミカルバイオロジーという、抗生研が現在目指す方向の為に導入されたスタッフで、①とは由来が異なる。大きく分けて、バイオ系と合成化学系がいるが、前者は分子生物学やタンパク質研究といった基礎科学系で、表2－1ではタンパク質解析から転写研究までがこれにあたる。後者は合成化学が中心で、化合物研究がここに入る。前者は新規抗生研の中核メンバーとして、ラボ設立当初から積極的にリクルートされてきたが、後者は調査時には、製薬会社からの出向を含めて、やや数が少なかった。後者は後に強化される事になる。

彼らはケミカルバイオロジーの理念である、生物学と化学の融合という目的の為、自らの専門とは異なる（生物学／化学というペアの）反対側の仕事を行う事を要請される。その結果、個人的関心と、公的なケミカルバイオロジー表象（業務）の間に微妙なギャップが生じ、ある種の自己表象の二重化が起こる。ただしそれは棲み分けで済むので、ここではそれを分析的視点から、この二つの間の「弱い調整」と呼ぶ事にする。

③技術開発型――ケミカルバイオロジーのもう一つの特徴は、大量の化合物を処理する為の新規技術の開発の必要性であり、表2－1でいうとフラクション（代謝物の分画化）、アレイ、ライブラリー担当が

ここに入る。彼らにとって、こうした装置の開発、運用、維持が活動の中心になるが、②に比べ、公的業務としての色彩が強くなり、自由な研究と公的業務の区別が曖昧になる。これは研究者としての自律性に深く関係し、後に述べる象徴的境界を超える可能性があるので、ここではそれを「強い調整」と呼ぶ事にする。

(2)伝統型——ラボのアイデンティティの維持と変容

さてここでは、この三つのパターンそれぞれについて、工程表の背後にある調整過程を、具体的に見る事にする。微生物は、一つの研究対象であると同時に、ラボの「伝統」を示す象徴的なアイコンでもある。その事は、過去四代に渡る菌の資料が試験管に保管されているという事実がそれを示している。実は菌の活性が変わっており、現在の研究には余り役立たないが、その意味でまさに「象徴的」なのである。

前述した様に、抗生研は、従来のモノ取り路線から離脱し、ケミカルバイオロジー領域へと方向転換をした。ここで、微生物研究というこの研究ラインの位置付けが、この新領域では曖昧になる。そこで行われたのは、伝統を維持しつつも、方向転換するという微妙な調整作業である。放線菌研究グループのリーダーが辿った、再調整の連鎖にその実例を見る事が出来る。

ケース①——A研究員は、このラボに入って一二年になる。大学で微生物化学のラボに入り、「モノ取り」の専門家として出発した。博士課程後、広告を見て抗生研に応募し、入所当初は微生物の管理役を任されていた。半年経って、他のモノ取りスタッフが海外留学から帰ってくると、主任から「遺伝子生合成をやらないか」と聞かれて、大いに迷う事になる。これは、菌が特定の物質を合成するプロセスを研究するものだが、遺伝子改変の技術が必要となり、モノ取り路線から離れなければならない。色々悩んだが、分子生物学無しには生き残れないと観念し、二〇〇一年から半年、ある研究所で微生物の遺伝子の扱いを研修した。

その後アメリカに留学中に、主任から、メタボローム（代謝産物の網羅的解析）のチームリーダーを務めるよう言われる。菌の環境を変えて、新たな物質を生産させるという戦略を考えていたので、この提案にはすぐ賛同した。微生物のメタボローム研究は、未発達な領域であり、新たな分析装置には予算が足りないという。彼はその後、特定の活性物質の中間体、類縁体を中心に分析している（2007/10/30*）。(6)

ここで分かる様に、過去からの研究伝統を継ぐA氏は、ラボ全体の新たな研究戦略の中で、菌研究という伝統を維持しつつ、旧来のモノ取り戦略を放棄するという自己革新を迫られている。この新たな路線では、中心となる手法が大きく異なる為、内的な葛藤があり、フレームの大きな変更が必要であった。しかし、新たな技術を習得すると、それによって菌の遺伝子をいじり、菌の生産物を少しずつ改変する事が可能になる。従来のモノ取りの限界が言われる文脈では、この新たな方策は、新たな創薬シーズ発見に繋がる「かもしれない」可能性がある。

他方、彼自身の関心は、菌に集中しており、「基本的に微生物は微生物の中で何とか解決しなきゃいけない」。又それ故、アメリカのあるラボとの対比で、「やっぱりヘテロじゃなくてホモな集団で議論をどんどん深めていく事によって、仕事も加速度的に進む様な部分があると僕は感じました」（同上）と述べている様に、あくまで微生物に集中したいという希望も漏らしている。

菌から新たな物質を見つけるというのは抗生物質研究の根本であるが、ラボ全体としては、遺伝子工学によって従来の菌の生産物を微妙にいじるという方向に転換した。それ故彼以降の微生物関係スタッフは、最初からこの分子生物学路線を前提としており、同じ菌研究といってもその内容は大きく変化している。

（3）新規型（ケミカルバイオロジー型）——二重化される自己表象

伝統型に比較すると、新規型はもともと菌研究とは関係なく、抗生研のケミカルバイオロジー計画の為に外から呼ばれた人々である。それ故メンバーの一人は、ラボに呼ばれた時、菌の名前は覚える必要は無い、と主任に言われたと回想している。他方生物学と化学の融合というケミカルバイオロジーの理念に従って、自らの専門とは微妙にずれる方向へと誘導されていく。

調査時、化学系はやや数が少なかったが、彼らは分子生物学関係の作業をする事を求められ、他方数が多かった基礎バイオ系は逆に、化合物を使ったスクリーニング系やアッセイ系の仕事を要請される様になった。こうした新規バイオ系で、最も優れた研究をしてきたメンバーの一人が次のB氏で、彼の過去のパスと現在の位置の間の距離がその調整のポイントになる。

ケース②——A氏に3年程遅れて、このラボに合流したB研究員は、大学時代にウニの細胞周期（細胞分裂のサイクル）を研究して以来、この分野で主導的な役割を果たしてきた。大学院時代に分子生物学に親しみ、卒業後あるセンターに就職する。そこで有名なガン遺伝子の研究を行い、その成果は科学界最高のネイチャー誌に載った。更に当時は新しかったノックアウト（特定の遺伝子が欠損した）マウスの作成に取りかかり、更にアメリカで、リン酸化酵素（キナーゼ）研究を専門とするラボに留学する。

帰国後は、所属部局の改組が行われた事もあり、友人の紹介で抗生研に移籍する。ここでは、化合物を使った研究が推奨されるが、もともと細胞周期を停止させるのに阻害剤を用いてきたので、化合物を生物学に利用する事には違和感がなく、ここの潤沢な化合物環境を好機と捉えている。最近ではこうした文脈で、創薬についても関心を深めている（2007/11/20）。

前述した様に、彼に代表されるバイオ系は、ガンや転写因子等、分子（細胞）生物学系のプロであり、化合物研究というのは、彼らの本来的な関心とは言えない。他方工程表前後から、彼らに対しても実際に化合物を使って研究をする事が強く求められる様になり、特に化合物が生体に対して持つ反応を見るアッセイ系の確立が彼らの仕事として上から与えられている。

しかし興味深い事に、インタビューで彼らのリサーチ・パスを尋ねると、その自己呈示に於いては、あくまで彼ら自身の研究テーマが語りの中心になり、化合物系列の話は殆ど登場しないのである。これとは対照的に、主任がラボ全体の成果を外部評価の為に公的に語る時には、スクリーニング系や、アレイ、ライブラリーといった化合物中心のケミカルバイオロジー研究が、ラボの自己記述の中心となり、逆にバイオ系の個別研究は殆ど登場しなくなる。この事は、表２－１で分かる様に、彼らに回されるテクニシャンの数が少ない事からも見て取れるが、基本的にはこれらの研究は、主任から見ると、個人的趣味なのである。

これらの関係はB氏の語りにも表れているが、化合物を利用する研究は、確かに従来の自らのリサーチ・パスと矛盾しないので、その限定的な意味付けに於いて、寧ろ積極的に使う。そのフレームでは自分の本来のリサーチ・パスを大きく変更する必要がないからである。他方ラボ全体の公的な自己呈示との距離が生じるが、この距離は、ある意味で主任も黙認しているので、この二重化状態のまま、棲み分けしている。その意味で「弱い調整」なのである。

(4) 技術開発系――研究と業務の狭間で

この新規型の弱い調整に対して、より強い調整を必要とするのが、この技術開発型の人々である。これはケミカルバイオロジーが必要とする新規技術用の分野であるが、このグループは、単にリサーチ・パスと公的表象が二重化するだけではなく、研究者としての自律性と公的業務の境界が曖昧になり、場合によっては研究そのものを事実上断念する場合もある。

以下のC氏は、抗生研が多量の化合物とタンパク質の結合を高速度でスクリーニングする為の化合物アレイを担当しているが、そのリサーチ・パスの変動ぶりは印象的である。

ケース③――C氏は大学で分子生物学を学んだ後、技術系企業の研究所に勤めて、遺伝子診断の技術開発に関わり、DNA検出用の蛍光物質合成を主に行った。博士論文完成後退社し、理研の工学系ラボで、ＤＮＡマイクロアレイ（小さな基盤の上にＤＮＡを並べたもの）の開発に携わる事になる。レーザーを中心としたラボで、商品開発への志向性が強く、マイクロアレイを診断に役立てる為の人材として雇われた。Ｃ氏はエンジニアの経験が無かったので、非常に苦労したという。

このラボで化合物アレイの開発を始めており、その主任が退職後、抗生研に移った。現在は化合物アレイの開発を中心的に担っている。ＤＮＡは科学的性質が均一なのに対して、化合物は性質が多様なので、反応の解析も大変である。抗生研では、この化合物アレイで、ラボ全体のスクリーニングに関係する重要な役割を果たしており、多くの資料が彼のチームに集中する（2008/2/26）。

Ｃ氏の化合物アレイチームに、テクニシャンが三人も配置されているのを見ても分かる様に、ラボの公的戦略の中では最も重要な部門の一つである。他方、これらは他の研究活動のインフラ的な側面が強く、そこに各グループから資料が集まってきて、そのデータを解析するという形の下請け作業になる。彼の場合、それを余り問題視していないのは、彼が企業の研究所でそこの業務に従った経験も大きいと考えられる。つまり企業組織内での業務的側面に順応している為、自分のパスの変更を吸収出来るのである。

こうした業務的色彩が強い部門は、フラクション（代謝物分画）、化合物ライブラリー等にも見られるが、特に後者はその業務の公的負担がかなり重いので、担当スタッフは、研究よりも組織運営側に積極的にまわる様になる。これが「強い調整」と筆者が考える過程の意味である。

(5) 強い調整の限界

だがこの強い調整は、ラボの全ての文脈で、積極的に推進されている訳ではない。前述した三つのパターンのうち、伝統型と新規型では、研究者のリサーチ・パスの変更、二重化があるが、研究活動そのものは持続している。

しかし三番目の調整に於いては、研究員とテクニシャンの間の弁別が曖昧になる可能性がある。少なくともこの研究所では、テクニシャンと研究者は、制度上異なる勤務体系として定義され、テクニシャンの業務と、研究員の研究活動は、原則的に区別されている。テクニシャンには「現行の業務の性質上、個人的なテーマの探求は原則認められていない」(2010/6/17) のである。更に意味論的にも、この二つの間には弁別がある。具体的には、たまにある種の私的な会話で用いられる「下請け的/テクニシャン的な研究」というやや否定的な言い回しや、主任自身が理念として「研究」と「業務」を明確に区分しているという点にそれを見て取る事が出来る。

こうした意味論的弁別を超える事を、ここではダグラスの象徴的境界とその侵犯 (transgression) という有名な議論に従って、象徴的侵犯と呼ぶ事にする (ダグラス 1983)。この言葉は、元来概念的に区別された境界を意味論的に交差する際起きる現象を分析する用語で、強い調整は、次に示す様に、ある種のアンビバレンツをもたらすと筆者は考える。実際こうした象徴的侵犯は、この技術開発型に限定されず、隠れ業務とでも言えるグレーゾーンがかなりある。前述した例以外でも、他のメンバーから資料が流れてくる部分では、それを解析し、メンバーに戻すという下請け作業が発生する。その作業結果は、一応共同研究として扱われ、複数の著者名の真ん中あたりに名前が連なる事になる。しかしこの状態が続くと、前述した研究者としての「クレジット」が向上しなくなり、結果として仕事の内容がテクニシャン的業務に近くなってくる。

筆者が目撃したケースでは、ある化合物に結合するタンパク質をつり上げてきた学生に対して、電気泳動のジェル状の板の中に見える青い帯状（バンド）の目標タンパク質を取り出すという作業を、中堅の研究員が代わってやっていた。こうした作業が彼のところにしばしばまわってくるのだが、このままでいくと、仕事内容が業務に近づき、自分の名前での業績が出せなくなるというリスクを背負う事になる。[7][8] この点については、更に別の観点から後続する第7章で検討する。

(6) 強い調整への組織的アンビバレンツ

ここで強調すべきなのは、自由な研究と業務の境界について、ラボ全体も非常に敏感であり、研究が業務化する事のリスクを警戒しているという点である。主任は全体会等で、「研究というのは基本的に楽しくなければならず、それが単に業務化する事を避けるよう」繰り返し強調している。その実例として、他のラボから化合物を預かってその生理活性を調べるという委託業務ですら、面白そうなら共同研究に格上げしろとの指示も出しているのである。実際、研究員のクレジット・サイクルの向上が守るべき中心的価値であるというのは、ある意味でこのラボの通奏低音であると言っていい。他方工程表が示す世界は、このラボが創薬基盤形成という大きな潮流の一角を占める事で要請される諸圧力に対応する一つの見取り図である。

ここで重要なのは、構成員が教官と学生、少数のテクニシャンだけで構成される大学の平均的なバイオ系ラボでは、こうした複雑な調整過程はなかなか想像しにくいという点である。つまりここでは、ラボの性質が、比較的自由でアカデミックなそれと、目的志向の公的センターという、二つの異なる領域の微妙な中間体という特殊な性質を持っており、それが逆に細部での調整に於いて、この二つの異質性を浮き上がらせているのである。そしてこの調整は、主任そのものが、自由なリサーチ・パスというフレームを基礎にしつつ、この中間体を運営しようという点で、より複雑なものになっている。

5　リサーチの工程化という困難――工程表では見えないもの②

この様に、工程表の裏には、複雑で、しかも研究者のアイデンティティそのものに関わる問題が存在する点を指摘したが、これと並行して、もう一つ重要な問題群がある。それはこの工程表が基づく、研究過程の計画化という考え方である。ここには大きく分けて、この工程の目的、そしてその合理化という二つの側面が関係してくる。

(1)　基礎研究か創薬基盤か

まずこの工程表によって描かれた過程の出口は何であろうか。それは大まかに言えば、公的創薬基盤という潮流の中で、それに相応しい創薬の為のアウトプットを生産する事の様に見える。ここに創薬という概念パッケージの姿が見え隠れするが、実は話はそれほど単純ではない。これまでの記述で、抗生研が推進するケミカルバイオロジーと、国家政策、及び研究所レベルでの創薬志向とは殆ど同義であると暗黙のうちに仮定してきた。実際その二つは近接しているものの、この点をより詳細に観察すると、この二つの間には微妙なスタンスのずれがあるのである。

そもそもシュライバーは、ケミカルバイオロジーを従来の分子生物学を補完する、化学的手法（低分子化合物）による基礎生物学と考えており、ＮＩＨの実利志向には批判的態度を取ってきた（Hopkins 2004）。他方日本では、ケミカルバイオロジーの推進者達には、このＮＩＨのスタンスに近い人も少なくない。彼らにとってケミカルバイオロジーとは、創薬の為の公的基盤を整える為の学問である（第５章）。

この解釈のずれは、化合物ライブラリーの位置付けにも現れている。化合物ライブラリーは創薬基盤形成のどのレベルでも、重要な実践と考えられており、多くの研究者が利用出来る「公的」なライブラリーを作る事が目的とされている（鈴木ほか 2005）。しかし実は、このライブラリー自体も、ある種の象徴的アーティファクトとして、その目的に関して、異なる解釈が付与されている。創薬推進派にとっては、企業の創薬をアカデミアでも可能にする為の設備だが、もともとのケミカルバイオロジーの理解では、化合物による生命現象の基礎研究には、多数の化合物が必要で、その為のライブラリーであり、理解が微妙に異なっている。

抗生研自体では、その理解は全体的にやや基礎研究よりという印象を受ける。主任自体は、まずもってシュライバーの基礎科学重視の姿勢に影響を受けており、ラボの閉鎖時に破棄される化合物を保存したり、あるいは化合物を持つラボと、生体への影響を調べるラボの仲介役を果たす事で、ケミカルバイオロジーという研究領域を活性化したいというアカデミックな観点を重視している[9]（2008/3/25）。こうしたラボレベルでの理解に比べて、研究所自体は、より明確な公的創薬基盤という解釈をそこに重ね、それが国家政策になると、タンパク政策の出口としての実用的創薬志向が前面に出てくる。当然その解釈の重層化は、一周してこのライブラリー運営にも影響を与える様になる。つまり同じライブラリーに基礎研究志向と、実益志向という解釈が二重に共存する事になり、それがライブラリー整備に微妙な影響を与える様になるのである。

(2)「創薬」の意味論

この様に、化合物ライブラリーですら、その意味がかなり異なって解釈されているのが分かるが、これを「創薬」という言葉の使用一般に拡張すると、ラボ内での意味付けは、はっきり二分化してくる。どちらかというと、基礎バイオ系のスタッフ等は、「創薬」という言葉を好意的に受け止めている。例えば前述したB氏は、そうした基礎研究者の好意的な態度の典型例として、彼の留学先の教授のある種の「英雄ストーリー」(Turner 1986; Schulman 1996) を語る。その教授は、講演会で、自らの転写因子研究を振り返り、それがめぐりめぐってある薬に結びついた事を、自らの業績の重要な成果として強調したと言い、このイメージは、B氏本人にとっても、基礎研究と「創薬」のあるべき姿となっている (2007/11/20)。

反対に、化学寄りで、企業との関係が深いスタッフにとっては、ラボの現状は、彼らの考える「創薬」とはかなり遠いと感じられている。現実の創薬は非常に長いプロセスであり、治験レベルまで持ち込む為には、他の全てを犠牲にする必要がある。ここでは別の「英雄ストーリー」として、実務派のアメリカ人研究者の例が語られる。彼は、治験のフェーズ3 (比較的多数の患者に薬を試す) 段階まで試薬を持って行ったのであるが、その為には、研究費に必要な最低限の論文執筆以外、有名ジャーナルへの投稿や、学会参加は極力制限し、企業と連携しつつ実践的な創薬過程に集中していたという。このストーリーに比べれば、このラボで行われているのは、彼らが考える「創薬」研究とはだいぶ遠いと彼らには感じられているのである（2009/1/20）。

この様に、「創薬」という言葉の解釈にかなりの開きがある。ライブラリー関係のスタッフは、製薬企業がやらない様なスクリーニング系（化合物の試行方法）一つ作るだけでも、創薬基盤に貢献した事になると言う（2008/3/25）。しかし現実派（とでも言うべきか）にとっては、治験、あるいは市場に出せるレベルに直結するものだけが「創薬」研究と呼ぶに相応しいのである。この様な解釈上の食い違いは、更に具体的な研究実践の解釈についても影響を与える。例えばこのラボの研究対象の一つに、ある細胞に顕著な効果がある化合物がある。これは特定の病気に効きそうなのだが、実は既に先行する有効な薬があり、その意味では製品にはならないだろうと予測するスタッフもいる。しかし前述したA氏の様に、菌の環境を加工し、その化合物の組成を変えた場合、そこから新たな活性を持つ化合物が取れないとは誰も断定出来ない。そうなるとこの研究そのものが、「創薬」に近いのか、遠いのか、実ははっきりしないのである。

この多様な解釈が問題になり得るのは、研究推進時よりも、寧ろ研究から撤退する判断の時点ではないか、と筆者は考える。それぞれのグループが自分のフレームから、異なる定義によって「創薬」に役立つ、いや役立たないと判断している為、特定の研究から撤退する時、何をもって失敗だと判断するか、その根拠づけの合意が難しいからである。

(3) リサーチの「工程化」という撞着語法 (oxymoron)

こうした「創薬」概念への複数の解釈に加えて、更に問題なのは、そもそもリサーチを工程化出来るかという点である。序章で詳述した様に、科学的実践にとってある種の戦略的見通しは必須だが、そこで期待ないし予期 (expectation) は重要な役割を果たす。この工程化という発想の背後にあるのは、未来が現状から外挿出来るとするある種の仮定である。実際、ゲノム解析の様に、対象が四つの塩基配列だけで、分析方法が確定し、後は力業だけというケースでは、「doable な問題」(Fujimura 1996) としてこうした予測が得られやすい。抗生研でも、個別のチームの努力目標には、分子生物学等に関係して言えば、予定時間内に完了しそうなものを選んでいる。しかしこれはどれだけ一般化出来るのであろうか?

菌の代謝物を分画する業務を行っているあるテクニシャンは、最大の問題が、日によってその生産量が大きく異なるという不確実性であり、それを彼は「菌の機嫌」と呼んでいる (2008/5/8)。こうした不確実性のより印象的なケースが、次のD氏の例である。ある菌が二次代謝物を合成/生産する生合成過程は、遺伝子を配列順に潰して (ノックアウト) いけば理解する事が出来る。手間がかかるが、一見確実に成果が出そうである。しかし実際には、この菌への遺伝子導入という準備段階が、大腸菌の様にはうまくいかず、D氏は、その解決に一年以上の時間を費やす事になった。大腸菌は長年の研究でキット化しているが、この菌に関しては、D氏はそれを独力で始める必要があった。困難な過程が続く中、周辺の研究員からも悲観的なコメントが目立つ様になった。つまりある同僚の言葉を借りれば、「手がかりがなくなると暗闇で落とし物を探す様に、どこに解決策があるか、全く分からなくなる」からである (2008/3/11)。途中で学生も脱落し、D氏の努力は膨大なものであった。

結局何とか遺伝子導入に成功したものの、これはあくまで出発点に過ぎず、まさに「入れてなんぼのものなので、条件下地を作っていって、使える様な状態にするとかっていうのは、論文なんないんですよ」(2008/7/28) という事になる。(10) 研究過程はこうした、論文にならない努力によって、不確実性と闘う過程でもある。

ここにリサーチの工程化という発想の問題を見て取る事が出来る。ワイクらは、組織学習という言葉が、秩序化を意味する組織化と、拡大を意味する学習という、二つの矛盾した要素を一つにする撞着語法 (oxymoron) だとしたが (Weick & Westley 1996)、リサーチの工程化という考えも、ある意味この撞着語法に近いのである。この不確実性は勿論このラボレベルに留まらない。寧ろケミカルバイオロジーといった領域や創薬基盤という政策の背後にも似た様な傾向がある。つまり化合物の収集、スクリーニング、それによる研究の「加速的促進」、創薬の迅速化というのも、一つの期待ではある。しかし序章で指摘した「期待の社会学」がしばしば取り上げる様に、こうした期待は、しばしば希望よりはただの熱狂 (hype) に終わる可能性も否定出来ない (cf. ベルーベ 2009)。この前提にどんな困難が含まれているか、誰も十分には認識出来ないからである。その意味では、この工程化という枠組みは、暗闇の海で、進路を固定する決断、と考える方が、その不確実性と困難をよく理解出来るのである。

結　語

本章は、創薬基盤形成という流れに重要な役割を果たすラボを取り上げ、そこにおける組織変化を組織シンボリズム、組織意味論の枠組みを中心に記述してきた。こうした過程の象徴的表現が工程表の出現である。ここでの論点は、この工程表が成立する過程で行われる、いくつかの水面下の調整過程、及び工程化という枠組みそのものの妥当性の分析である。

ここで議論をまとめれば、工程表という象徴的アーティファクトは、研究組織と研究過程の二つの合理化を示すものと考えられる。前者によって、個別のリサーチ・パスは様々に組み替えられ、後者によって、研究の過程が時間的に構造化される。しかし、組織面では、工程表に見られる合理化は、研究の組織化が進む素粒子物理学等とは対象的に、基本的に個人中心的な認識的文化を持つバイオ系（Knorr-Cetina 1999）では難しい側面があり[11]、ここでは、それがもたらす調整上の問題を、個別のケースを中心に記述してみた。又後者の時間的構造化については、対象が「やれる（doable）問題」（Fujimura 1996）な時のみ現実的であり、研究対象がそれに該当するかどうかは、ケースによって大きく異なる点が重要である。この点は基礎研究全体に共通するテーマである。だが更にここでは、「創薬」という概念をめぐる解釈の違いがあり、その具体的な目的設定が複雑になるという固有の特性が加わる。

この点で興味深いのは、このミクロの工程表的発想と、公的創薬基盤形成というマクロの流れの関係である。行政上のポンチ絵やＮＩＨのロードマップという発想そのものが、工場の作業工程の様に、計画の順調な推進を前提としている。しかしバイオ産業の失敗を分析したピサノが端的に指摘する様に、そこでは、バイオ系固有の複雑さと不確実性に基づく困難が見過ごされている（ピサノ 2008）。実はＮＩＨのロードマップという計画ですら、米国の科学者から大きく批判されているのである（Kastor 2010）。興味深い事にその問題点は、ラボレベルの工程表の問題と、本質的に並行関係にある。

ここではピサノの指摘に同意しつつ、それを産業面での分析に留めず、ミクロレベルでの組織意味論的な問題に着目する事で、その困難に別の角度から光を当ててみた。その意味では、こうした実践／意味論的な困難はバイオ系一般として、日米に共通する可能性が高いが、他方バイオベンチャーが活発な米国と、それが未発達な日本では、公的創薬基盤の制度的意味がかなり異なる側面がある。それらの国際比較は、今後の課題として挙げておく。

最後に、このラボで起きた変化の急激さは、アカデミックなラボではやや想像しにくいと筆者は考える。このラボはその国家政策との制度的近接性によって、自由な研究のラボというフレームを維持しつつ、業務中心の公的センターを作るという、ある種の組織的実験台になっている。こうした業務化は、政府系の研究所ではよくあるのではないか、という議論もあり得るが、しかしもともと自由な研究を強調してきた旧中央研では、これだけ急激な変化を起こしたラボは、その周辺には見当たらないのである。

ただし見方を変えれば、ここで観察された変化は、現在進行中のマクロの動き（創薬基盤化）を先鋭的な形で先取りしているとも言えなくもない。つまり、アカデミックなラボの組織環境が、行政の介入による「基盤化」によって変化し、他の多くのラボが同様の変化に（緩慢な形ではあれ）曝される可能性は否定出来ないのである。その意味でこのラボの事例は、その変化の急激さでは特殊ではあるものの、多くのラボの未来の、一つの可能性を暗示しているとも読めるのである。

（1）　本書の最終編集時には、機構改革によって、抗生物質研究室はその歴史を閉じる事になった。

（2）　研究の現場では、アーティファクトとは実験装置等によって人工的に生成したノイズの事を示すが、ここではより一般に、人工物を示している。

（3）以下、カッコ内の数字は関係する日付けを示す。

（4）調査開始時は、ラボは複数の建物に分散していたが、CB棟建設後は集中度が増したと言える。

（5）ただし厳密に言うと、チームの公式名称は、その後何度か改定されているが、機能する単位はこれが基本である。

（6）以下＊印は、上野彰氏によるインタビューである。

（7）ただし当時依頼された仕事は時間の半分以下で、彼個人の研究活動を圧迫するには至っていない（2008/1/29）。又近年重要な業績を発表出来た。

（8）ある例では、依頼される解析内容が、自分の関心対象と異なるので、自分自身のテーマが展開出来ないが、成果も出ないので、独立は難しいというジレンマが指摘されている（2008/8/7）。

（9）研究成果について、ライブラリーは特許等には関わらず、論文で言及してもらい、データという形で見返りを得るという制度を考えている。

（10）不確実性の別の例は、タンパク質の結晶化であるが、一つ一つその条件が異なり、その都度試行錯誤が必要であるという。

（11）素粒子物理学では、国際的な共同実験を行う為、著者数が時に三桁になり、名前はアルファベット順になって、ファーストオーサーという概念が消えている。個人の貢献度は、国際プロジェクトへの参加の履歴で計られる（Knorr-Cetina 1999）。

第3章　知識移転の神話と現実

技能のインターラクティブ・モデル

序　知識は移転するのか？

本章では、前章の組織論的な記述とは別の観点から、ラボのミクロ動態を観察する。その焦点は、一般に知識移転と呼ばれる理解の枠組みを基礎に、ラボにおける知識と技能の分布、及びその動態をより詳しく観る事にある。この過程で、知識という概念の物象化傾向を批判し、技能のインターラクティブなモデルを提唱する。

知識移転という概念は、二つの意味で曖昧である。それは知識及び移転という両概念が、具体的に何を示すかが、その文脈によって変化するからである。知識という概念を、そのミニマルな構成要素で考えてみると、簡単な命題の様なものが想像出来る。例えば「日本の首都は東京である」とか、「昨日○○氏が死んだ」といったものである。こういうミニマルな情報を想定すると、その移転とは、それらが他者に伝えられ、病気が伝染する様に発信源を中心に広まっていく事態が想定出来る。しかしここに既に問題が潜んでいる。例えば「日本の首都は東京である」という知識が移転する場合、暗黙のうちにその聞き手が、首都やそれ以外の概念についても理解している事が前提となっている。首都という概念を知らない子供相手なら、それをまず理解させる事が必要になる。そして首都という概念の背後には、理解すべき一連の諸概念、国、都市、行政（の中心）、といったものがあり、それらのネットワークの総体を習得しないと、この命題は意味をなさないのである。

日本の首都は、といった単純に見える知識を移転するだけでも既に概念のネットワークが必要だとすると、知識の構造がもっと複雑になると、それを移転するという作業が容易なものではないという事はすぐに想像出来る。更に知識移転という名で問題化される状況では、知識に関連した手続きや技能も含まれているのが常である。仮に移動の主体を個人レベルに限定したとしても、そこで理解や行為可能性の差を考慮すると、現実の知識移転の可能性は大きく異なる事になる。

日常的なコミュニケーションの認知理論を展開したスペルベルとウィルソンの「関連性理論」を敷衍して言えば、コミュニケーションというのは、情報が単純に伝達されるのではなく、語り手の不完全な情報を聞き手が様々な周辺情報から再構成、解釈していくという、非対称な関係である（スペルベル＋ウィルソン 1993）。つまりコミュニケーションは、常に聞き手側の動的な解釈を必要とするのである。とすれば移転という言葉が抱きやすい、知識をある地点から別の地点へと単に移動させるというイメージが、現実の過程を殆ど反映していないのは明らかである。

1　技能の階梯――インターラクティブ・モデル

(1) ドレイファス・モデル

ここでは、知識移転に関係する主体が持つ知識（そこには技能等も含まれる）のレベルという考えを、人工知能批判で有名なドレイファスのモデルを参考に導入する（ドレイファス 1987）。よく知られている様に、専門家（エキスパート）の知識をデータベースにして、人間の代用にしようとしたかつてのエキスパート・システムの試みに対して、ドレイファスは人間の熟練発達の五段階説を提唱した。その中でドレイファスは、ある種の限定的なルールを機械的に適用しようとする初級レベルから、殆ど無意識的に瞬時の反応で問題を解決していくエキスパートレベルまで、熟練の発達には五段階（初級、中級、上級、プロ、エキスパート）あり、そのそれぞれが異なる特徴を持つという事を、チェス、自動車の運転、医学的判断といった事例からモデル化して大きな影響力を持った。この理論の一部は看護研究に導入されて、ベナーの様なエキスパート・ナース論を生んだ（ベナー 1992）。ドレイファスの議論をまとめると、熟練とは、初期の形式的な判断から、段々とルールの持つ文脈的特色の多様性を理解し、様々な文脈に対応した柔軟な反応が、より迅速に、かつ無意識的に可能になる過程である。それが究極のエキスパートレベルになると、行動が融通無下になり、観察者には一種の神業に見える様になるのである。

(2) 技能のインターラクティブ・モデル

この熟練の階梯モデルを、ここでは知識移転の為の基本モデルとするが、その為にはこれをインターラクティブな形に拡張する必要がある。つまりこうした知識や技能のレベルを、単一の個人だけでなく、複数の主体の間での差異と考え、そこで何が起こるかという事をモデル化してみようという訳である。ここでそのアイディアのもとになるのは、フロイト流の精神分析をもとにしつつ、それを二者間のインタークションの過程に読み替えた、バーンらの交流分析である。ここではフロイトの基本的な、イド、自我、超自我という心理の三層構造が、より平易に、全ての人に存在する親（P）、成人（A）、子（C）的な部分の三層構造と読み替えられ、それが二者間のコミュニケーションのスタイルと密接に関係するとされる。例えば両者ともAのコミュニケーション・スタイルを取って会話をしていれば、話の内容は、理性的、合理的なものとしてスムースに進むが、一人がA↓Aのスタイルで語る一方、その相手が例えば親が子に語る様に、P↓Cといった形、あるいは子供同士のC↓Cといった形での会話を試みる場合、二人のコミュニケーション・スタイルは齟齬をきたし、二人の関係はうまくいかない。こうした心理の相互作用をモデル化したのが、交流分析である（バーン 1967）。

ここでこのモデルを技能や熟練についての二者間の交流過程に応用しようという訳であるが、当然ここで使うのは、交流分析における三層モデルそのものではなく、ドレイファスの技能の五段階モデルである。特定の分野についての熟練（その場合、知識の理解度といった側面も含む）に1から5という段階をつけて、それを相互交渉的な関係と見做すのである。この段階づけは特定の分野に限られるので、ある個人を取り上げても、分野に応じて、その個人の熟練度には1から5の異なる数字がつく筈である。

ここで着目したいのは、交流分析と同様に、知識伝達という状況に於いても、二者間の技能の差によって、その交流のあり方に色々なバリエーションが生じるという点である。例えば一番単純なケースは、同じレベル間での伝達であり、両方とも1とか2である場合である。それに対して、熟練工と新人の様なケースでは片方が1で片方が5といった可能性もある。又片方が一段階だけ高いといったケースも考えられよう[1]。

(3) インターラクションの様々なパターン

ここで前述した語り手と聞き手の非対称性という問題が出てくる。つまり両者の間に熟練のレベルの差がある場合、知識がそう簡単にAからBへと移転するとは言えないという点である。レベルの開きがある場合、ある種の教授的技能が別に必要とされる場合がある。これは特定の分野に於ける熟練そのものとは異なる技能である。前述したドレイファスの事例でも、エキスパートレベルに達した人々はしばしば自分が何故そうした瞬時の判断をするのか、説明が出来ない。あるいは仮に断片的な説明をしたとしても、それはポラニーが言う金言（motto）（ポラニー 1980; 福島 2001）の様に、現実の熟練とは関係の無い、どこからか借りてきた言語である場合が少なくない。もしこのレベルの人達が、自分より熟練のレベルが低い相手に対して教授しようとしても、こうした曖昧な言語や金言を通じて、そのわざを伝えようとする事になりかねない。当然、レベルが相対的に低い相手は、その言葉の意図するところをうまく理解出来ないのである。

では教授的技能とは何であろうか。それは自分の知識・技能を伝達する相手が持つ理解や技能のレベルを観察し、その理解可能圏内で有効な形に知識の内容を変形する能力の事である。つまりレベルが低い人達に対して、それに応じて内容をかみ砕いて柔軟に再定式化する能力だと定義できる。名選手が必ずしも名コーチでないという、よく観察される事態はある意味当然であり、その二つの能力が本来異なるからである。かつて名バッターであった長嶋茂雄が指導をすると、「ようするにすっと来た球をポーンと打てばいいのですよ」、といったアドバイスをして新人が困ったという冗談をよく耳にする。ここでのポイントは、この教授上の表現が特定の文脈でどの程度実効性があるか、あるいはその効果をどれだけ自覚、理解しているかという点が、その人の教授的技能の基準となるという点である。

そこで理解・熟練のレベルに大きな差がある場合（例えば1と5）、上位者に余程の教授的技能がなければ、その二者間で、有効な知識移転を期待するのは難しいかもしれない。1のレベルの人間が理解出来るのは、その能力の近接する範囲内であり、ある種の巧みな誘導によってやっと2レベルへの足掛かりがつかめるといった感じであろう。徒弟制の様な伝統的な教授システムで、兄弟子に代表される中間的存在が重要なのは、ちょっとしたレベルの差による教授の効果が大きいからである（福島 1995）。逆にレベル5の人間が、初心者に対して教授的技能を発揮出来るとしたら、前者が自分の熟練発達のプロセスを振り返って、自らが初心者であった時の困難を追体験し、どこでつまずくかを現時点でもよく理解出来るといった場合であろう。そうした追想的自己観察の能力があって初めて、過去の経験が教授的技能の資源として活用出来る事になるのである。

更にレベルが近接している場合、ある段階での伸び悩みや困難という状態が、上位者による何気ない一言で解決するという場合もあり得る。その場合、レベルが極端に異なれば、そうしたちょっとした一言は「意味不明の言葉」として機能しないが、レベルが近接していると、それがある種の「触媒」となって、下位者の行き詰まりを解消し、熟練のレベルを向上し得るのである。極端な例を挙げれば、タイやビルマの上座仏教圏では、僧侶が到達出来る最高の地位はアラハンであるが、自らの事をアラハンと公言してはいけない事になっている。しかしアラハン同士はお互いがアラハンであると見抜けると噂されているが、まさにその達成度の近いもの同士のみが、お互いの長短を理解出来るのである。当然の事ながら、たとえ同一の職場等でもその能力レベルの分布は様々である。知識の移転とは、こうした異なるレベルの人々が混在する領域に於いて、それが如何なる形で行われるかを分析するという事である。

2 ラボでの知識の動態

(1) 組織の構成と知識の分布

前章で詳しく述べた様に、抗生研は、生物学と化学の中間領域という特性を持つ為、所属する研究者の専門分野も、天然物及び合成化学、生化学から分子生物学、細胞生物学、応用微生物学といった多方面に及ぶ。専門知識の分布と移転という側面から見ると、当然の事ながら、それぞれの研究者は隣接する領域について十全な知識を持っている訳ではない。しかしここでの研究はいくつかの領域を横断しているので、彼らの間での不断の接触や意見の交換が必要になる。こうした背景を考慮に入れれば、この研究室の活動形態そのものが、知識移転の実態を観察するのによい機会となる。

ここでは、こうした複雑な知識体系がどうやって相互に浸透するかを、いくつかの側面を中心に見ていく事にする。前章で詳しく述べた様に、様々な研究活動に従事するチームが並立していたが、調査当時、その全体が集まるのは週に一度の会合で、各研究員の経過報告と、それぞれが持ち寄るジャーナル論文の紹介が続く。公的な意味ではこのミーティングが、様々な領域での知識の交換の場となる。実際このラボの扱う領域の非常な広さを反映して、菌の生合成の過程、ガンの生成過程、天然物化合物関係、スクリーニングの手法、特定のタンパクの分析等々、その内容は多岐に渡る。

当然の事ながら、その特定の発表について全ての研究員が議論に参加出来るほどの知識を持っている訳ではないし、特定の領域の発表に関しては、それにゆるく関係した研究者が質疑を行うというのは常態であった。合成化学の専門家が、分子生物学的問題に突っ込んで意見を言うのは困難であるし、逆もまた真である。ただし年長の研究者の中には、「初歩的な質問ですが」という前置きで、こうした異分野の発表について質問する場合もある。だが特に若年層について、こうした異分野への発言はほぼ皆無と言っていい。研究者の中には、こうしたミーティングについて、「もっと集中して専門的な議論がしたい」と指摘する者もいれば、「楽しい遠足に参加する様なもの」と表現した者もいる。後者の意味は、自分の専門分野にとって直接的には関係ないが、しかし色々な領域の話が聞けるという意味である。

この様な研究報告は、組織的な教授の体系として用意されている訳ではないので、その参加者は、この発表で聞いた限りに於いて、その分野の知識を得るという場合も少なくない。ここで言う知識は、論文の前半で示した様な、ある種の命題レベルでの理解、あるいは五段階レベルで言うと、比較的下の方の基本的知識という事になる。だから特定の研究員に、他の研究員の内容について説明を求めると、何をやっていて、どういう事に関心がある、といったレベルの説明は可能でも、それを超えた詳細な知識は持ち合わせていないというのが通例である。

（2）記号的のりしろとしての知識

その意味で、こうした知識は、それについて専門知識を持つ特定人物についての一種の「マーカー」の様な機能をする。つまりその領域への体系だった知識ではなく、その知識を持つ特定の研究員についての知識を持つという事である。言い換えれば、誰がだいたい何をやっているかという点についての知識を供給する場になっているという点である。

だが話が複雑になるのは、それぞれの研究員間の知識の折り重なりが、かなり複雑な構造を示しているからである。例えば分子生物学についての知見は、現在生物学研究に於いて完全に基礎知識化しており、生物系の研究者にとって、共通の基盤になっている。それ故前述した全体会でも、発表の内容が、例えば特定の菌に対する遺伝子導入といったケースでは、必ずしもその菌の専門家ではない人々からも、分子生物学の知見に基づいて活発な意見が交わされる事になる。それに対して、例えば有機化学系の基礎知識となると、このラボのメンバーで、それを共有する人の数は減り、ある研究者によれば、この分野である程度のレベルに達している研究員は数える程しかいないという。知識の体系を、その基礎的な部分と、個別の分野に固有のものという形で階層的に捉えると、そこでの知識移転のパターンはかなり複雑なものとなるのである。

（3）知識移転の実際

ここで重要なのは、こうした文脈に於いて、何の為に必要かという点である。端的に言えば、それは特定の研究領域で発生した問題を解決する為というのが、最も一般的な場合である。例えば前述した特定の菌への遺伝子導入の場合、その対象が大腸菌であれば、その操作工程は標準化されている。しかしそれを別の菌で行うと、そうした手続きがない為、手がかりを探すのは非常に難しくなる。この場合、最も望ましいのは、同じ菌でその導入に成功した研究者を探してきて、その成功した例を聞く事である。しかし菌にも様々なサブタイプがあり、あるタイプでは成功しても、そのノウハウが他のケースでもうまくいくとは限らない。この研究者に関しては、ラボ外でこの菌の専門家に意見を聞き、又ラボ内では分子生物学の専門家に判断を仰ぐという事を繰り返したが、彼らの提案では問題解決には至らず、一年以上暗中模索を繰り返す必要があったのである。

知識移転でいう知識という概念を狭くとって、問題を解決する為の正確なノウハウと定義すると、ここでは結局何の知識移転も行われなかった事になる。何故なら、特定の菌への遺伝子導入への回答をここでは誰も持っていなかったからである。ここで他の専門家によって提案されたのは、その菌の異なるサブタイプについてのノウハウや、より一般的な遺伝子技術についての知識であり、それらだけでは問題解決には役立たなかったのである。

ここにこの知識移転という概念の曖昧さがある。知識がある種のネットワーク状の構造を持ち、特定の知識は他の知識に依存する様な構造を持っていると考えると、知識移転という現象は、その定義上、それがあるとも無いとも、どちらとしても議論を立てる事が出来る。知識が知識として十全に機能するには、それが機能する文脈が必要だが、他の菌での遺伝子導入の知識は、この文脈では具体的な知識として機能していないのである。言い換えれば、知識が知識として機能する特定文脈が設定されていない限り、知識の存在そのものが定義出来ないのである。前述した研究者が、菌への遺伝子導入法を確立したなら、そのノウハウは一般的な言い方に従って、一つの「知識」と呼ぶ事が出来る様に見える。しかしそれを現実に適用してみて、実はその再現に失敗したなら、それは知識と呼ぶ程の安定性を持たないという事になってしまうのである。

科学的実践が、再現可能のロバストな（堅牢な）知識の確立の為の戦いだとすれば、そこでの「知識」というのは、常にある種の不安定さを伴うものである。ラボでの研究の日々は、実験的、理論的な試行錯誤を繰り返す事で、彼らが所属する研究者集団の中で公認される様な知識を確立する為の一連の行為の連鎖であると言える。この連鎖、則ち、特定の研究領域での試行錯誤→ある特定の結果の発見→複数の実験によるその再現性の確認→ラボ内での討議→論文の投稿→編集部とのやりとり→修正と採用→業界内での追試、反論、論争→複数の論文間での議論→学会内での多数派による賛同、といった平均的プロセスは、この不安定な知識が段々と安定したそれに確定していく過程である。その結果、それを安定した、ロバストな性格を持つものとして記述出来る様になるのである。第1章で紹介したラインバーガーの認識的モノ(epistemic thing）の概念というのは、ある意味こうした不安定性をデリダ風の用語を用いて紹介したものであるとも言える。

当然の事ながら、ラボの内部で流通する「知識」の全てがロバストだという訳ではない。寧ろこうしたロバストさを持たないマイナーな学説、上記プロセスの途中段階にあるもの、「個人的な経験によるとこんな傾向がある感じがする」、といった経験談等、その知識のロバストさの程度には様々な段階がある。問題はこうしたロバストさの程度が著しく異なる知識の諸段階について、一体何をもって知識とするかという点なのである。

ここで前述した技能の段階モデルを考えてみよう。ドレイファスの議論の中心は、技能の初期レベルでは、人は形式化されたルールをその文脈を無視して従うとしている。ここで言う形式化したルールを、知識レベルで考えるとすると、それは知識のロバストさが非常に高い、つまり科学で言えば教科書に載っている様な知識だという事になる。更に技能のレベルが上がるという事は、こうした誰でも認める公式的な知識の背景にある、より文脈的、曖昧でロバスト度の低い知識について、より広い範囲で理解する様になる事を示している。言い換えれば、例えばある科学的現象については、「Aという条件では成り立つが、その条件を変えれば、必ずしも成り立たない」といった、より文脈依存的な命題について、その背景を含めて理解をしているという事になろう。だとすれば、こうした知識の不確実性や不安定性というのは、理解のレベルの向上という意味では必須の条件の一つという事になる。その点で言うと、ラボの様な、不安定な知識をロバストなものに変換する事をその目的とする社会的装置に於いては、こうした知識の不安定な性格そのものがその重要な本質の一部を成すのである。

3　知識移転の具体例

そこでラボ内部での知識の移転という現象を考えた時、そこにはいくつかのパターンがある事が分かる。最も分かりやすい例は、ある特定の分野での初級者と上級者の間で、技能を含む知識が伝授される様な場合である。これは例えば特定の器具の使用について、そのやり方を含めて伝授する様な場合である。

（1）同分野内移転

事例としてＮＭＲ（核磁気共鳴）を測定する装置のケースを挙げてみよう。これは磁場をもとに、分析対象の分子内の原子間関係を測定して対象の分子構造を解析する設備で、同じ原理の装置で、医学界でよく知られているのは、ＭＲＩであるが、Nuclear（核）のイメージを嫌って、代わりに"I"（Imaging）という用語をあてたという来歴がある。ＮＭＲは分析対象を解析する際に出てくる複雑なピークのパターンと、分子の立体構造の関係がなかなか込み入っており、その関係を理解するには相当の熟練を要する。あるインフォーマントによれば、当研究室でこの装置を使う人々のレベルは三層くらいあるという。比較的単純な構造の化合物を合成する場合、合成前の物質は既知であり、分析したいのはそれがうまく合成出来たかを確認するだけなので、データとして現れるピークのパターンを解釈するのはそれ程難しくないという。これが初歩的なレベルである。

これが天然化合物の解析となると難易度が飛躍的に高まる。この場合、もともとどういう成分がそこに含まれているかが分からない為、特定のピークについての解釈には、かなりの経験が必要とされるのである。この分野では経験一〇年の若手のテクニシャンと、三〇数年のシニアの研究者がいるが、勿論その熟練度には雲泥の差がある。前者によれば、彼自身は、画面に現れる様々なピークの位置と対応する分子構造のパターンの大まかな連関が理解出来るレベルだが、シニアの研究者はそのピークの全体パターンを一瞥して、ここはこう、ここがギザギザなのはもともとの分子の立体構造にこういうひねりがあるから、といった全体の特徴をさっと推定してしまうという。ただし上には上がいるそうで、この研究所のＮＭＲ室の部長は、どんな複雑なパターンを見ても、瞬時に、こういう構造ではないか、と膨大なファイルから、その構造式を取り出してくるというので，半ば冗談に，神業と言われたりする（2009/7/7）。

各人の技能にこのような差がある場合，これに関わる知識の移転が行われ得るのは，この技師とシニア研究者の間に限定される。つまり合成化学系の人々にとっては，それだけ複雑なパターンを理解するには膨大な時間がかかるし，更にその目的も異なる為，それを自分達が苦労して習得する必要を感じないからである。ある種の知識の移転が伴うのはそれ故共同で働いているテクニシャン―シニアの間だが，前者によれば，これらの理解とは，極めて多様な化合物の構造とピークの現れ方の微妙な違いを，その様々なケース毎に見極めるという熟練を要求するので，簡単に学習出来るものではなく，自分自身でそれなりの経験を積んで，そのパターンの微妙な差を理解していくしかないという[2]。本章の冒頭でモデル化したインターラクティブな技能の図式から言えば，極端に技能の差がある様な場合のインターラクションは，能率上無駄であるとして，ここでは避けられている。その為，全くの初心者に技能を積ませる様な教授上の工夫はそれ程必要ではない。他方前述したテクニシャンとシニアの間でも知識のレベルではかなりの格差があるが，これは前者が2，後者が4くらいと言えるだろうか。その2レベルの視点から言えば，シニアが全体の波形を見て，部分部分の組み合わせから全体の構造を理解していくやり方は，まだかなりステップが先で，到底まね出来ないと感じるようである。2レベルでは個別部分の波形と分子構造の対応関係はよく把握しているが，全体のパターンへの気遣いは，まだまだ不十分だと，テクニシャン本人は，その技能の格差について痛感しているのが現状である（2009/6/23）。

この点から見ると，NMRに関して，本当の意味での知識移転があるのかどうか，断言するのは難しくなる。NMRの初歩的な理解，則ち装置の原理や使い方の基礎，資料の作成といった入門レベルに関しては、座学で習得する事が出来、現実に入門希望者を集めた勉強会が開かれている。しかし、こうした座学のレベルを超えて、現実のデータの解析というレベルになると、複雑で多様な分子構造が、どういうピークのパターンとして現れてくるかを、いわば一つ一つ体で覚えていくしかない。この場合知識移転とは、このテクニシャンが解析で行き詰まった時に、シニアがこれはこういう事だろう、といった形で助け船を出す等、文脈に応じた知識の供与という形でしかあり得ないのである。

(2) 異分野間協働

知識移転が問題となる別のケースは、異なる領域の研究者同士が、プロジェクト等の必要に応じて、協力して事に当たる様な場合である。この研究室では特に、低分子化合物が細胞内でどの様に機能するかという、生物と化学の中間領域を扱っている為に、化学系と生物学系の協力は、研究室全体のメインテーマとなっている。この場合、この協力のパターンは、分業と相互学習という、二つの可能性がある。例えば、特定の菌が生産する二次代謝物がどの様な過程で作られていくかを分析する、生合成過程の研究を行う研究者がいるが、この場合ステップ毎に生成される中間代謝物の構造をいちいち確認しなければならない。この為には前述したＮＭＲによる解析が必要となるが、生合成の研究者は、この部分の作業は、自分で装置の利用法を習得するのではなく、その分析を他のスタッフに任せてしまっている。これは分業の方が手間が省けると判断しているからである。実際その分野の専門家がいて、かつその知識や技能を自分が習得する事に特段のメリットを見出せなければ、わざわざそれについての知識を習得しようとはしないだろう。

他方、例えば生体内でうまく働く低分子化合物を合成するといった場合、問題が化学と生物学にまたがる為、より緊密なチームワークが必要となる。こうしたケースでは、どういった化合物のデザインが必要なのか等、合成化学者達は生物学者のアドバイスを得ながら話が進むという形になるが、この場合問題は、どの程度の知識が移転されるのかという点である。あるインフォーマントは、この問いに関して、それは技能のレベルで言えば、殆ど初級レベルの知識をお互いに共有するくらいであるという（2007/8/24）。つまりお互いの領域について、教科書的な図式的理解くらいは出来る様にする、というレベルである。このレベルは、文脈的な多様性やニュアンスを欠いた、かなり形式的な理解が中心であり、前述した技能モデルで言えば、1に近い。このレベルだと、その分野の人と通り一遍の会話をするのは可能であるが、実用に則した、現実の場面での複雑な多様性には対応出来ない。つまり相互に、自分の分野については5、相手の分野については1の能力を持つという状態である。

こうした初級レベルの知識は、異なる領域の研究者が情報を交換する為の、前述したある種の「記号的のりしろ」の様な役割を果たし、これを超えて、異なる業種の研究者が相手の分野について、そのレベルを上げるのは難しい。前述したインフォーマントは、寧ろ完全な分業を主張しており、こうした生半可な理解の向上は、逆に好ましくもないと考えていた。つまり理解のレベルが1や2だったりすると、対象の問題を誤認する危険がある為、それなら寧ろ判断は理解力が4や5のレベルの専門家に任せるべきだ、という主張なのである。

ここで強調されているのは、前述した知識のネットワーク的な理解であり、熟練の研究者が持つべきは、実験環境の複雑な変化によって微妙に変わる実験結果への、文脈に応じた正確な理解だという点である。そこで理解が中途半端だと、問題が生じた時に、それを正確に理解する代わりに、より図式的な理解に留まってしまう危険を警告しているのである。

この考えに従うと、異分野間での知識移転というのは、原則的にかなり難しいという事になる。つまり、知識にはネットワーク状の多様性があり、それが細かな状況の変化と複雑に絡み合っているので、それを丸ごと移転するのは不可能だという訳である。寧ろ協業に必要なのは、最小限の用語や基礎的な枠組みの共有というレベルであり、これはある種の耳学問的なコミュニケーションで、ある程度可能になる。しかしそれを超えたレベルに関しては、それぞれの専門家が、その文脈に応じた多様性を教示するという形で共同するしか出来ないのではないか、と言うのである。

(3) 移転か記号的のりしろか

この場合、問題になるのは、実は知識の移転ではなく、寧ろ異分野間でのコミュニケーションを円滑化する、ある種の記号的のりしろをどの様に二者間で作り上げるか、という点なのである。実際そうした問題をラボの現場で研究したジェフリーによれば、社会科学者とシミュレーション専門家が協同して、南欧での農業の収穫減をモデル化するというプロジェクトに於いては、その協力関係で重要な役割を果たしたのは、それぞれの分野に関係した、ある種の中間的な語彙や、お互いの理解を繋ぐメタファーの部類であるという（Jeffrey 2003）。又オランダでの学際的なレーザー研究に関わったダンカーは、その研究で中核的な役割を示した応用物理学者と有機化学者達の間で、一種の相互理解用の「辞書」（dictionary）が一時的に成立した様子を記述している（Duncker 2001）。これは知識の「移転」というよりは、その「融合」を示す事例である。実際ミクロの過程で起こっているのは、特定の知識体系がAからBを移動するというよりも、寧ろネットワーク状の複数の知識体系が、相互に干渉し合って融合するという風に理解した方が、現象をより正確に記述している事になる。

これまでの記述では、新規の学習はあくまで1～2レベルにしか進めない事を想定しているが、場合によってはそれがより向上する場合もある。例えばもともと生物学分野では高い評価を受けていた研究者が、化合物のスクリーニングの技術を利用し始めると、それもまた内容的に優れたものとなると評価される様な場合である。この場合は、もともとの高い能力が、スクリーニング技術の設計に関しても、それなりに有効に機能したという事例である。このラボ全体ではこうしたスクリーニング技術は年を追って活用される様になり、全体としての底上げという現象が見られるのである。そういう共通基盤が出来れば、異業種間のコミュニケーションが容易化するのは言うまでもない。

結　語

この章で試みたのは、知識をある種のモノとして、その移転を考えるのではなく、寧ろそれを不安定な、雲の様な状態として捉え、それが持つ概念的なネットワークの拡がりや、そのロバストさといった側面からその特長を論じる事である。この視点によって、知識移転という言い回しが呼び起こす、ある種の空間移動のイメージとは異なる知識動態のあり方が見えてくる。

その意味で言うと、異なる分野の専門家が同居するラボに於いては、表題の意味で使われる知識移転という現象は、実はかなり限定的であるのが分かる。知識移転とは、特定の分野に於いて異なる理解度、習熟度を持った人達の間で起こる相互作用を示す雑駁な概念であるが、こうした理解度の階梯の中で、相互作用によって理解度が増進するという現象は、かなり限定された状況でしか起こらないというのが実情である。それは多くの場合、特定の専門知識については、その専門家に任せるという分業傾向がこうしたラボにもあるからである。他方必要に応じて異分野間の共同作業が必要とされる場合は、相手の専門分野に対して、初歩的なレベルの理解があれば、相互のコミュニケーションが容易になる。このレベルの理解でも、現場では相互交渉の為の記号的のりしろとしての機能を果たす。紙面が限られるので述べなかったもう一つの可能性は、研究者そのものの異動であるが、これはここで取り上げている個人間の知識移動とは意味が異なるので、ここでは詳細しない。

知識移転をめぐる議論は、知識についてのある種物象化された見方を捨て、異なる理解、技能レベル間の相互作用をめぐる、より精密な議論に道を譲るべきであろう（福島 2001; 2010a）。知識も移転も、両方とも非常に曖昧で問題がある概念である。その精密化によって、そもそも知識とは何なのかという点についてもよりリアルな理解が得られる事が期待されるのである。

(1)　ただし、交流分析では、こちら側のコミュニケーションの態度と相手のそれが食い違う（例えば、こちら側がA→Aなのに相手がP→Cといった）場合等が重要な問題と考えられているが、技能によるコミュニケーションは、その適応範囲が限られているので、こうした状況は想定しにくい。

(2)　更にこれがタンパク質の様な高分子化合物を扱う場合には、その構造は更に複雑を極めるので、こうしたやり方ではなく、コンピュータによる解析が必要となるが、ある意味それによってこうしたわざ的側面は自動化される面がある。第6章の議論は、こうしたタンパク構造解析におけるこの装置の役割を分析している。

II　研究実践のマクロ分析

第Ⅰ部のラボ実践分析に対応して、第Ⅱ部では、それを取り巻く、よりマクロな環境（それは政策、経済等の様々な分野を含む）に焦点を当てている。第Ⅱ部は、ラボにおける実践をより大きな社会経済的な文脈の中で捉える論考を集めたものである。

第4章「研究過程のレジリエンス――逆境と復元する力」は、創薬に関係して、所謂天然物研究が辿ってきた道を概観し、新たな技術革新により、一時期下火になった天然物研究が、近年になって復活してきた様子を、このレジリエンス概念で分析したものである。

第5章「ラボと政策の間――研究、共同体、行政の相互構成」は、ラボでの研究運営と、アカデミアを中心とした国家的な創薬基盤の形成という政策の相互作用を、ケミカルバイオロジーという新興分野の発展と、化合物ライブラリーという基盤装置をめぐる複雑な相互作用を中心に描いたものである。

第6章「巨大プロジェクトの盛衰――タンパク3000計画の歴史分析」は、日本の生命科学政策上重要な役割を果たし、多くの議論を呼んだ「タンパク3000計画」についての分析である。世界的に見ても有数の、大計画であったタンパク3000は、国際的なターゲットである一万個のタンパク構造の三分の一以上を分析するという成果をあげたが、他方多くの批判的な意見が飛び交った事でも知られている。この章は、そうした否定的評価が何故生まれたか、そのダイナミズムを、この計画に関わる期待の動きを、制度的な変動と絡めて分析したものである。

第7章「知識インフラと価値振動――データベースにおけるモノと情報」は、インフラという概念に伴う価値の動揺について、価値振動と、M―B指標という概念を用いて、分析したものである。対象は、創薬基盤という形成過程のインフラであり、化合物ライブラリーやデータベース、更にはスパコンを利用した仮想化合物ライブラリーにおける、価値観の揺らぎや、それへの対応策を描いている。

第4章　研究過程のレジリエンス

逆境と復元する力

序　研究テーマの栄枯盛衰——天然物化学のケース

本章のテーマは、特定の研究分野や研究過程が持つ、ある種の復元力や逆境への抵抗力の研究である。文系、理系に関わらず、研究のテーマには流行り廃りがあり、例えばマルクス主義、現象学、構造主義、ポスト構造主義等、多くの潮流が生まれては儚く消えていく。ナショナリズム論で有名なアンダーソンによると、特に米国の人文系に於いては、学生達は、特定の思想家群が現在旬であり、それ以前のものは時代遅れと教育されるが、その旬の人々もある程度時間がたつと、彼ら自身が時代遅れと一斉に攻撃される、そうした流行の一斉交代を前提に教育されるという（アンダーソン 2009）。こうした潮流の変更の極端な例は、パラダイム論に代表される科学史観だが、これに従えば、一つの理論的背景が新たなものに取って変わられれば、それでお役ご免という事になる。

しかし、こうした比較的単純な交代史観は、様々な分野から批判を浴びてきた。実験過程を重んじる科学史、哲学等では、歴史的な変化は、理論上の断絶というよりも、寧ろ実験装置の更新等に強く影響を受ける事が近年強調される様になってきた（ハッキング 1986）。又、テクノロジー研究の現場では、表面上次から次へと入れ代わる最先端の流行の底に、長期的に持続する技術の層がある事への関心が近年高まっている。こうした関心を基礎に、特定の分野がそうした流行の先端から撤退し、全体として一種の退潮を経験した時に、それが新たな可能性をもって復活する事があるか、そしてあるとしたらどういう条件によってなのか、という問いを探求したのが本章である。

二〇一二年、元三共製薬出身の遠藤章が、スティーブ・ジョブズらと並んで、アメリカの「発明家の殿堂」入りが決まったという知らせがメディアを駆けめぐった（東京農工大 2012）。この遠藤の業績は、血中のコレステロールを減らす、スタチンと総称される薬の誕生に貢献した事である。三共製薬での研究者時代に、かびの一種であるペニシリウム・シトリヌムから、HMG-CoA 還元酵素の阻害物質である ML-236B を発見し、これが後のスタチン群、つまり遠藤のメバスタチン、メルク社のロバスタチン、ファイザー社のアトルバスタチン等に繋がっていくのである（遠藤 2006a; 2006b; シュック 2008）。このスタチンの売り上げは、二〇〇五年には世界中の総額で二四〇億ドルに達し、近年ジェネリック製品の台頭でその勢いに陰りが見えるまでは、売り上げの王座を死守していたのである（山内 2007: 8）。

更に二〇一五年には大村智がノーベル生理医学賞を受賞し、彼の業績及びその学問的背景についても一般の関心が高まったのは記憶に新しい。受賞のもととなった化合物は、ゴルフ場の近くの土壌から採取した放線菌の一種から抽出されたものであり、後にイベルメクチン（商品名メクチザン）として製品化されたが、それがオンコセルカ病（視力を失わせる病）に効果があり、メルク社と協力してそれをアフリカで無償で配って、多くの人を救ったというのは既にマスコミでも大きく報道された（馬場 2015）。

ここに登場するスタチンやイベルメクチンの研究は、天然物化合物の研究（特に抗生物質のそれ）と深く関係している。歴史的にも天然物化合物は、多くの重要なシード化合物（薬の種）を供給してきた。その最も有名な例は、一九二九年にかびからフレミングが見つけたペニシリンであり、それに続く多くの抗生物質である（ビッケル 1976; マクファーレン 1990）。こうした長い歴史にも関わらず、近年、この研究分野に於いてはある種の悲観的な雰囲気が漂っていたのは否定出来ない。メディアでの熱狂とは裏腹に、この分野の将来性には、シード化合物の提供という点からも、又新たな創薬の為の技術革新という点からも、疑問符が投げかけられていたのである（Zucker & Darby 1997）。

しかし、次から次へと到来する新技術による創薬ブームの風が一段落し、認可される新薬の数が、今一つ伸びていないという現状が明らかになってくると（バートファイ+リーズ 2014; 佐藤 2010）、こうした停滞の原因についての論争も盛んになった。特に米国を中心として、創薬への過剰な規制説（Daemmrich 2004）とそれへの厳しい批判（エンジェル 2005）、研究開発費の高騰説（Rydzewski 2008）、それへの反論（グーズナー 2009）という形での論争が喧しい。更に、バイオ医療研究そのものの妥当性にも疑問が呈されたりしている（Horrobin 2003）。

こうした状況の中で、天然物化学、特に抗生物質研究は、一時の停滞を乗り越えて、ある種の復調が見られる様になった。この章で取り上げるのは、ある特定分野の研究動向が逆境に見舞われたり、それに抗して自らを革新したりする、そうしたダイナミズムを支える要因を探る事にある。より一般的には、迫りくる革新の波に対して、より伝統的な科学技術が如何にしてその可能性を再獲得するのか、そのダイナミズムの分析である。

1　「古さ」の逆襲――テクノロジーと研究過程

(1) 技術社会論とその問題

社会的な技術研究で有名な「技術の社会的構築論」(SCOT)(Pinch & Bijker 1987)では、技術の発展過程を、ニッチ／(技術的)レジーム／ランドスケープという発展段階として図式化している(Rip & Kemp 1998)。同様に、ラボ研究も、その内部の活動の詳細な記述から(Latour & Woolgar 1979)、ラボ間ダイナミズムのバンドワゴン現象(Fujimura 1996)や、それを超えた(バイオ医療的)プラットフォーム(Keating & Cambrosio 2003)という形で議論が拡大しているという点は既に述べた。

こうした研究の拡大はいいとしても、その焦点が、科学技術の生成過程のみに集中し、それによって影響を受ける「その他多く」についての分析が欠けると、この種の研究も、ある種のホイッグ党史観(勝者中心史観)の様なものになりかねないだけでなく、技術の将来予測にもバイアスを生じる可能性がある。ヘールズらは「交通システムに対する新たな情報技術の影響」に関する過去の予測を分析し、新興テクノロジー分析のバイアスとして、その意味を現存する文脈でのみ解釈するという偏りがあるという。例えば電話という新技術を、当時あった電報、あるいはラジオの一種と見做すといった理解である。こう見てしまうと、新しい技術が、古い技術を一方的に駆逐していくという、間違ったイメージが生まれる事を、彼らは指摘するのである（Geels & Smit 2000）。

（2）古いテクノロジーの意味

こうした従来の研究動向に対して，初期生成過程への偏向を痛烈に批判したのが，エジャートンである。彼はこうした新興テクノロジーの事を「革新的テクノロジー」（technology-in-innovation）と呼ぶ一方，しばしば「時代遅れでただ残存しているだけ」の様に見える，より一般的なテクノロジーの事を「使用中のテクノロジー」（technology-in-use）と呼び，後者の研究の必要性を強調している（Edgerton 2006）。別の論文では，こうした偏向を一〇のテーゼという形でまとめあげ，その中には，技術の拡散期や技術の維持・修繕といった側面への従来の関心の欠如を批判し，更に，所謂技術決定論も，使用中のテクノロジーという点から見れば，それなりに再評価出来るといった，興味深い主張が込められている（Edgerton 1999）。こうした流れから，技術の社会構築論者ベイカーの短期的な視座が批判され，『電力の歴史』で有名なヒューズも，イノベーション中心主義と非難される。更にその主要著作の中で，彼はコンドームから牛車，屠殺場といった，余り論じてこられなかった多くの技術の歴史を，第三世界を含めて広く論じている（Edgerton 2006）。

似た様な関心は，ホメルズが詳細に論じた，社会的な変化に対する都市テクノロジーの（技術的な）「堅牢さ」（obduracy）という議論の中にも見る事が出来る。obduracy というのは，ラテン語の obdurare（固くする）からきた語で，変化に対する頑強さという意味である。都市に於いて，ある種の技術的枠組みが一端形成されると，それがなかなか変更されないのは，道路網の歴史的な持続等を見ても分かる。こうした持続面への関心はエジャートンと通じる一方、ホメルズは、こうした関心が、既に従来の研究にもある程度存在していたとして、(1)人々の思考の枠組み（frame）が硬直する事、(2)より大きな社会技術的なネットワークに「埋め込まれている」という理解、そして(3)文化等も含む様な「持続する伝統」という三つのタイプに収斂すると、指摘するのである（Hommels 2005）。

（3）研究過程の独自性

こうした議論は、テクノロジー研究に於いて、古くて目立たない、いわば日陰のテクノロジーの様なものに対する関心が高まっている様子を示している。しかし問題はこうした関心を、どうやって「研究過程」そのものに翻訳するかである。当然の事ながら、テクノロジーと研究過程の間には、大きな隔たりがある。使用中のテクノロジー研究が重要なのは、それが我々の生活に深く埋め込まれているからである。一方研究活動は、常に新しいデータ、知見を要求する。この点で言えば、エジャートンが強調する「古いものの逆襲」（Edgerton 2006）という言い方を、研究過程そのものに直接適用するには、明らかに無理がある。実際、エジャートン自身の研究過程論批判は、せいぜいのところ、「(研究過程に関する）他の雇用形態、例えば教育、ルーティンの検査、ラボ管理、その維持等への明らかな沈黙」（Edgerton 1999: 125）といった瑣末な点に限られており、明らかに腰が引けている。他方ホメルズは、都市のテクノロジーのみ論じており、科学の研究過程については何も触れていない（Hommels 2005）。

こうした翻訳作業の難しさは、前述したラインバーガーの議論からも見て取れる。彼の浮遊する「認識的モノ」（epistemic things）は、デリダの「痕跡」風に絶えず変化し、存在／非在の中間に漂う、曖昧な存在を絶えず追い求めていく過程だとされている（第1章参照）。もしこれで全てであれば，テクノロジー研究における，持続するものへの関心と，研究過程のそれは，翻訳不能という事になる。

とはいえ，ラインバーガーの議論も万能という訳ではない。まず彼の議論は，基本的に特定のラボレベルでの研究過程に集中しており，その背景にある，より広い研究テーマや社会制度について，殆ど言及がないのである。実際，もしこの個別の「認識的モノ」の概念を，より広い研究テーマや実践に拡張してみると，大きな研究の流れの中で，その一部が研究として枯渇する一方で，他の部分が勢いを得て，全体としては変化しつつ継続性を維持するという事態もあり得るのである。ラインバーガー自身も，この認識論的なモノと，所謂「研究テクノロジー」（research technology），つまり研究に使われる道具や装置との間にある種の互換関係がある事は認めている。特定の研究対象が，他の研究の為の道具になる（あるいはその逆）という過程である（Joerges & Shinn 2001; Rheinberger 1997）。こうした過程によって，個別には変化しつつ，全体としてはある種の恒常性を示すという状態が，研究過程に於いてもあり得るのである。

（4）レジリエンスの概念

とはいえ，科学ニュースのトップに載らない，持続的な研究過程に光を当てる為には，何か新しい用語が必要である。そこでこの章で提案するのは，「研究過程のレジリエンス」という概念である。レジリエンスというのは，ラテン語の resilire（はねかえる）からきた言葉で，復元力，弾力性といった意味がある。この概念は，もともと一九七〇年代のハワイ，カウアイ島で行われた，児童心理学調査に由来しており，貧困や親の離婚といった高いリスクに晒された子供達のうち，逆境を乗り越え，健康に育った子供達のタフさをこの語で示したのがその始まりである（仁平 2014）。

現在、このレジリエンスという概念に対する関心は、精神療法（ショートほか 2014）、エコロジー（ゾッリ＋ヒーリー 2013）、経営学（Cooper & Flint-Taylor 2013）、社会技術システム研究（リーズン 2010）といった諸分野で見られるが、どの分野でも、特定のシステムがその外部から挑戦を受けた後、どれだけ回復するかがその焦点となっている。ゾッリらが指摘する様に、この概念は、システムの「再構築過程」を示しており、特定のシステムが初期条件に復帰する事を意味しないのである。言い換えれば、レジリエンスを示すシステムは、その環境に対してある種の脆弱性を持つが、他方その中核的な価値や目的については強固であるという事になる（ゾッリ＋ヒーリー 2013）。

（5）研究過程のレジリエンス――その諸条件

レジリエンスをこう定義すると、研究過程そのものの記述にも使える様になる。この章で論じるのは、特定分野の研究が、新興勢力に抵抗し、更に逆襲に転じる過程そのものである。レジリエンスは中核的な価値の維持と、周辺での柔軟さを持つが、この章では、基本的に以下の四つの側面が研究過程のレジリエンスを形作ると考えている。

まず第一に、制度的な前提条件である。研究過程のレジリエンスは、個人レベルでの特定研究への執着というよりも、寧ろ研究テーマ、分野、あるいは大学における学部の様な、制度的な面と関係している（Lenoir 1997; Cambrosio & Keating 1983）。こうした制度的な基盤が無いと、ある意味「復元力」といった概念そのものが定義出来ないし、それ故、ここでの関心は、特定テーマの生成過程ではなくて、寧ろある程度確立した分野がその後どうなるかという点にある。

第二の点は、ライバルの「挑戦」の性質に関するものである。古典的な児童心理学での飢饉や、虐待等の「逆境」とは異なり、研究過程における挑戦の一つは、現存する研究の存在意義を否定しかねないライバルの出現である。その挑戦には原則的に二つの顔がある。一つは、そのライバルの具体的な特性（その技術や内容）であり、もう一つはそのライバルが生み出す、言説面の働きである。後者の面は序章でも解説した所謂「期待の社会学」が詳しく論じているが、ここで重要なのは、新興勢力が援用する、既成分野への攻撃、つまり、古い／新しいという形での「記号的なラベリング」である。この二項対立を利用して、伝統的な方法を「時代遅れ」と糾弾すると同時に、そこに決定的な断続性がある、とするレトリックである。科学論や哲学等も、何とか論的「転回」という言い方によって、従来の理論は一掃されるという言い回しがしばしば利用するが、記号的なラベリングとは、この類のレトリックを意味している。この二重化された戦場（具体的なモノ・データによる圧力、及び記号的な攻撃）に於いて、研究過程のレジリエンスは論じられる必要がある。

第三の点は、こうした逆境に於いて、自らを改善する為の自己資源のレベルである。レジリエンスが初期条件の回復ではなくて、寧ろ常なる再構築の過程とすると（ゾッリ＋ヒーリー 2013）、復元の為の能力とは、それを可能にする資源をどれだけ有していくかという事でもある。この点をもう少し詳しく言えば、まず初めに、ライバルの攻撃に対して、自分達の基本的な価値を再認識すると同時に、ライバルの技術的な優位性を吸収する必要が生じる。この二方面戦略は、前述したライバルの二重の攻撃と対応する。

もう一つ重要な要素は、研究戦略に於いて焦点をずらしたり、「再ブランド化」（rebranding）するといった戦略である。これはナノテクノロジー等でよく見られるが、厳密な意味ではナノと言えない（ナノメートルは10^{-9}メートル）伝統的な技術が、科学政策上の流行に便乗して、自分達をナノテクと呼ぶ様な事態である（Mody 2011; Gelfert 2012）。この再ブランド化戦略に加えて、前述した研究対象（「認識的モノ」）から、研究テクノロジーへと焦点を変化させるという戦略もある。つまりもともと研究対象だったものを、他の研究の為の「道具」として使うという戦略の変更である。これらは、特定の研究分野自体が生き延びる為の、いわばある種の「猶予」を生み出す重要な作業なのである。

第四の点は、中核的な価値へのいわば「愛着」（attachment）である。これは前述した制度的前提条件とも関係するが、特に以下の事例に於いては、ここで研究の「文化的イコン性」とでも呼ぶべき性質、つまり研究者が、自分の研究過程をあたかも過去から未来へと伝承されるべき文化的遺産の様に感じているという面と関係してくる。これはホメルズが堅牢さの議論で論じた、「伝統」の概念や、リヴィングストンが近年強調する科学の「場所性」（locality）の概念とも、ある意味遠く呼応しているかもしれない（リヴィングストン 2014）。

2　制度的前提——農芸化学を中心に

(1)　歴史的背景

天然物研究は本邦の大学制度と深く関係するが、研究内容によって関係する学部が多少異なっている。例えば海洋生物を中心とした天然物研究はその中心が理学部系であるのに対して、微生物系の天然物研究は農学部、特に農芸化学等と関係が深いが、これはある意味欧米にはその厳密な対応物が存在しない分野である（2008/7/31）。一八八〇年代にリービッヒの研究の流れを汲むドイツの「農芸化学」（Agrikultural-chemie）が日本に導入されたが、当初は肥料や土壌の化学成分の分析改良を目的にしたものであった。しかしオリザニン（ビタミンB_1）の発見で有名な鈴木梅太郎が農芸化学会を一九二四年に発足させた際には、その研究内容は、ドイツのそれを大きく凌駕するものに拡大し、農薬、栄養学、発酵学、そして後の抗生物質研究等もその内容の一部となったのである（坂口 1974; 日本農芸化学会 1987）。

農芸化学にはいくつかの特徴があるが、まず第一に、当初から化学と生物学が融合していたという点である。この特性が、後に彼らの一部が自分達の領域を再定義する時に、役に立つ事になる。第二に、この融合と関係するが、伝統的に製薬産業と深い関わりを持っており、前述した遠藤章や大村智の例がそれを示している（2009/6/23）。

さて、抗生物質研究に関して言えば、フローリーとチェインが一九四二年にペニシリンの量産に成功し、日本政府もその研究を奨励した為に、日本は西洋以外では抗生物質を生産するアジアで最初の国になった（梅澤 1987）。この政策によって、微生物系の天然物研究は、産学ともに盛んになるが、対照的に、米国ではこうした分野は産業界に限られていたという（2012/4/21）。前述した遠藤や大村以外でも、例えば理研では、植物の成長ホルモンや有効な農薬の開発、生産が行われ（浦本ほか 2014）、又梅澤濱夫は、日本初の抗生物質であるカナマイシンを一九五六年に発見し、一九六三年には強力な抗ガン剤であるブレオマイシンを放線菌から抽出した。その成果を聞きつけた米国の国立ガン研究センターから七〇年代に研究協力の依頼がきている（Parry 2004; 丸山 1978）。国際化学療法学会では、その業績を記念して梅澤濱夫記念賞という最高賞を一九八六年に制定している程である。

（2）ライバルの二つの顔

この様に、（微生物版の）天然物研究は、制度的な基盤を確立していたが、時代の流れの中で、様々な変化を余儀なくされる。その最初の変化は、七〇年代を中心とした、高速クロマトグラフィー（ＨＰＬＣ）やＮＭＲ分光器の様な新型分析装置の導入であり（鈴木 1987）、それに続く、九〇年代のコンビナトリアル化学（コンビケム）の挑戦である。このコンビケムが提案したのは、基本的な化学構造を組み合わせる事で、新規構造の化合物を大量に生産するという方法である。この方法と、ハイスループットのスクリーニング技術を使って、薬の候補を迅速に見つける事が可能になり、創薬の能率は飛躍的に向上すると当時大いに喧伝されたのである（Patel & Gordon 1996）。同様に、科学論の研究者も、このコンビケムが「（化学組成の）可能な組み合わせを全て合成出来る」（傍点筆者）と当時の熱狂を記録している（Parry 2004）。アーキュール（ArQule）という名の中堅製薬会社を分析した論文では、この新技術に加えて、化合物の構造の分布を示す「ケミカルスペース」概念や、合成された化合物の「ライブラリー」といった手法が当時影響力を増していた事を記している（Barry 2005）。

こうした新技法に比べ、天然物探察には、理論的予測が難しいという問題があった。序章で紹介した様に、「やれる（doable）」研究には、ある種の合理的な見込みが重要であるが（Fujimura 1996）、天然物探索は、セレンディピティ（幸運）に依存する面があり、実際天然物研究者は、特に卒業予定の学生に研究をやらせるのは難しいという（2012/4/21）。又、コンビケム等が「期待」を掻き立てたもう一つの理由は、前者の「ゾロ」問題、つまり「既知の」物質しか見つからないという問題である。実際、七〇年代位から、特に学会等で発表された化合物が実はゾロであったという事態が増え、製薬会社等も新規化合物の発見に関して悲観的になってきたとされる（2012/3/6）（鈴木 1987）。

これに加えて、所謂生物製薬（biologics）の急激な発展は、第二のライバルとして天然物の領域を侵す存在となりつつあった。生物製剤は、初期のインシュリン、抗乳ガン剤のパーセプチン（グーズナー 2009）等各種が実用化に向けて開発が進んでおり、政策当局もその承認過程の迅速化を目指しているという指摘もある（バートファイ＋リーズ 2014; Rydzewski 2008）。

天然物研究に対するこうした挑戦には、二つの側面があると既に指摘した。つまり実際の技術面における圧力と、新勢力が自らを煽る「期待」の言語による、「新旧の交代」という記号論的な攻撃である。後者は、コンビケム＝合理性、大量生産、科学性／従来の天然物探索＝「出来ない」（undoable）、非体系的、そして行き当たりばったり、といったある種の象徴的二項対立に図式化出来そうである。又生物製剤は、従来の化合物の副作用に比べると、より正確なターゲット特異性（より正確に目標に到達する）を誇っており、ここでもある種の新旧対立が強調される事になった。

天然物研究（特にその微生物版）は、こうした逆風の中で、一九九〇年代を過ごす事になるが、実際日本の製薬会社のかなりの部分が、その発酵部門を廃止し、人員を他の部局に再配備する事になった（2012/3/2; 2012/3/15）。こうした背景には、海外の大企業が発酵部門を別会社に移行という形で残していたという事実を日本企業が知らなかったと指摘する声がある（2007/12/26*）。天然物研究の中心的なセンターのうち、一九五三年に設立された東京大学の応用微生物研究センター（応微研）は一九九三年には分子細胞研究所と名を変え、又理研の抗生研も一九九四年には従来のモノ取り路線から、ガン研究へとその方向性を変える試みをしている。

3　レジリエンスの発現

とはいえ、こうした逆風にも関わらず、天然物研究者の間では、様々な戦略を駆使しながら、その研究テーマをしぶとく生き延びさせてきた。これが研究過程のレジリエンスであるが、ここではそれを三つの側面に分けて記述する。

（1）価値の象徴的再評価

期待の社会学が示す様に、初期の熱狂はある種の失望に転化しやすい（Borup et al 2006）。その実例はコンビケムである。前述した様に、「全ての化合物を合成出来る」という一時期の「期待」の言語（Parry 2004: 161）にも関わらず、実際にこの手法を用いて合成される化合物の構造はかなり限定されており、実際の薬やあるいは天然物化合物に比べても、ケミカルスペース内でのその分布は狭い範囲に偏っている（Ortholand & Ganesan 2004）。更に天然物由来のスタチンがタンパク質と結合する様子を分析した近年の研究を見ても、それは直接的な結合というよりは、寧ろ微妙な間接的調整に近いものであり（Istvan & Deisenhofer 2001）、この研究結果を知った研究者が、もし遠藤がスタチンを発見しなかったら、これは神の領域だと語ったと記されている。実際、遠藤の ML-236B 以外で、HMG-CoA 還元酵素と接合出来る合成物質は無かったのである（山内 2007）。

前述したアーキュール社もコンビケムを通じたリード化合物の合成に失敗し、方向性を変えて、コンピュータ・シミュレーションの方にその活動の方向を変更する事になった（Barry 2005）。筆者の調査時には、「創薬にとって、コンビケムは既に終わっている」とつぶやいた合成化学者もいたのである(1)（2008/12/17*）。

コンビケムへの期待のこうした退潮は、天然物の「自然」としての側面を再強調するという戦略と関係してくる。コンビケムが称揚された理由の一つは、多様で無限の化学構造を持つ化合物を「人工的に」生産出来るという点であった。しかし天然物研究者の中には、この「人工性」よりも、自然に依拠する天然物の方に、ある種の進化論的な合理性があると主張する者も現れている（Bérdy 2012; cf. Davies 2013）天然物の持つ複雑な構造は、合理的な大量生産のさまたげになるというよりも、薬になる可能性そのもの（druggability）として再評価する向きもあるのである（2012/3/8）。

コンビケムに対するこうした熱意の衰退に比べると、生物製剤への熱狂はまだ納まる気配はないが、その欠点に対する批判もちらほらと聞こえ始めている。まず生物製剤が経口でなく点滴を使う必要があることが、患者にとって負担になる。又その分子量が大き過ぎ、細胞膜を通らないので、そのターゲットはガン等に限られる（Rydzewski 2008）。更に、特に問題なのがその値段であり、余りに高価な為、各国の医療体制にとって重大な負担になりかねない（エンジェル 2005）。という訳で、天然物研究者の中には、彼らの従来の方法もまだまだ捨てたものではないと考えている者もいる（2009/8/18）（Ortholand & Ganesan 2004）。

とはいえ、こうした象徴的リフレーミング（枠組みの変換）だけでは、天然物研究が真のレジリエンスを発揮しているとは言い難い。前述した様に、レジリエンスとはその中心価値を守る為の、絶え間ない再適応のプロセスだからであり（ゾッリ＋ヒーリー 2013）、その為にはもう少し何かが必要なのである。

(2) 技術的適応／流用

この「何か」の一つが、新興勢力が持つ技術的優位性を吸収する事である。こうした技術的適応のうち、一つの可能性は、資源探察のグローバルな拡張という戦略である。生薬や海洋産物について言えば、研究者、企業、そして米国の国立ガン研究センター所属の天然物デポジトリといった分野での資源探察活動は多く議論されている（Parry 2004）。しかし筆者の調査対象は、こうした採集活動の拡大に関して、余り関心を示さなかった。というのも、彼らが指摘するのは、未知の環境にいる微生物が、有効な新規生理活性物質を生産するとは限らないという点である。バイオパイラシーや生物多様性をめぐる法的な規制問題等による活動の困難さに加えて[2]（2009/1/13）（Brush & Stabinsky 1996）、ある研究者が端的に指摘した様に「ジャングルから採ろうと、深海から採ろうと、放線菌は放線菌、違いはない」という面があるのである（2012/3/8）。

もう一つの可能性は、微生物のメタゲノム研究である。現在土壌の中に生息する微生物中、その大半は土壌中の微生物間ネットワークから切断されると生存出来ない為、培養可能なのはその一パーセントにも満たないと言われる。そこで土壌にあるＤＮＡ断片を利用して微生物を合成する事で、培養出来なかった微生物を培養するというのがこの試みである（Chen & Pachter 2005）。二〇〇七年には、米国科学アカデミーが、こうした微生物メタゲノム研究について肯定的な報告書をまとめており（Committee on Metagenomics 2007）、二〇一〇年には、地球マイクロビオーム計画が立ち上がり、地球全体の微生物圏の遺伝子地図作りを目指している（Gerwin 2012）。しかし微生物系の天然物研究者の間では、海洋生物に寄生する微生物（それが生理活性物質を生産しているのであるが）の培養が困難な為に、この様なメタゲノム的手法を応用して、培養を試みるというケースはあるものの[3]（上村 2008等）（2009/11/3; 2012/3/8）、これはどちらかというと例外に属する。本邦でのバイオ情報学の発達不全という側面に加え（CRDS 2013）、天然物研究者の関心も、微生物のゲノムマッピングや進化系統図よりも、微生物の二次代謝物そのものへの関心の方がより強い様に見受けられるのである。

これに比べ、より多くの研究者の関心が集まるのが、生合成、つまり二次代謝物生産の為の遺伝子構造を解明し、遺伝子操作によってそのプロセスを改良するという研究である。日本バイオインダストリー協会が二〇一三年に東京で主催した、発酵・代謝研究部会の放線菌特集の六つの演題のうち、五つが菌の生合成及び遺伝子改変についての話だったというのがその証左である。実際創薬関係者は、化合物の部分構造が少しでも変化するとその生理活性が大幅に変化するという。余り働いていない遺伝子をいじる事で、二次代謝物の生産量を増加させたり、その構造を微妙に変化させる事が期待されているのである（2007/12/21）。

しかしこうした研究にも、それなりの問題がある。まず第一に、天然物研究者の中にはこうした遺伝子技術に不慣れな人もおり、その新規習得の必要性がある。実際第2章で示した様に、技術習得の為に別のラボに研修で送り込まれた者もいる（2007/10/30*）。更に問題は、放線菌等の場合、大腸菌の様な標準化された遺伝子操作手続きが存在しないので、遺伝子断片の挿入といった手続きすら、試行錯誤が要求される。これも又、前述した「出来ない」（undoable）仕事（Fujimura 1996）のもう一つの実例である。後述する様に、こうした障害によって、大学と企業の間のレジリエンスが異なってくるのである。

技術的適応のもう一つの例としては、コンビケム等のハイスループット・スクリーニング技術を応用して、天然物ライブラリーを活用しようとするものである。実際日本の製薬企業は、二〇〇〇年代初頭までは、リード化合物探索は主に企業内部で執り行ってきたが（Kneller 2003）、今では「オープンイノベーション」とアウトソーシングが大ブームである（岩木 2008）。日本最大級の天然物ライブラリーは産業技術総合研究所で運営されている（2012/3/8）が、こうしたライブラリーは、高速処理の化合物アレーといった新技術に支えられており、それによってリガンド―タンパク質の結合関係を迅速に判断したり、候補となる化合物の生理活性の検査を迅速に行う事を目的としている。このライブラリー化の諸側面については、第5章の創薬をめぐる政策、及び第7章の知識インフラ論とも密接に関係するので、そこで又詳しく議論する事にする。

（3）再ブランド化――強調点の移動

ライバルの技術的優位性へのこうした適応は、単により多くのシード化合物を生産し、状況を改善するという目的の為だけではない。もう一つ重要なのは、天然物を研究の対象から、研究の「ツール」として使う事で、新たな分野を開拓しようという戦略である。こうした動きは第2章で紹介したケミカルバイオロジーと関係が深いが、この新たな文脈で、天然物化合物そのものにも、生物対象の研究の為のバイオプローブという役割が加わったという点が重要である（Osada 2000）。この力点の移動は、天然物研究がレジリエンスを発揮する為には必要な要素であり、新技術を導入しても新規化合物の生産が必ずしも向上しない時に、こうした再定義によって、いわば一息つけるという利点があるのである。

（4）文化的イコン性

こうした努力の背景には、天然物研究の持つ歴史的、文化的価値の強調という面もあり、ここではそれを「文化的イコン性」と呼ぶ事にする。こうした文化面は、ある場合には日米の科学実践の違いとして経験される。例えば米国の国立ガン研究センターの天然物デポジトリに留学していた若手研究者が指摘するのは、同じ天然物研究といっても、まず米国の天然物デポジトリの世界的規模での収集といった、スケール面での差の違いである（cf. Parry 2004）。次に天然物の収集から抽出、分析といった一連の過程が、日本と異なり、米国では段階毎に厳格な分業体制に従っている（日本では一人で全部やる）。更に抽出物に対する日米の取り扱い方についても、米国で彼が目撃したやり方は余りに雑であり、日本での様に、試験管を何度にも渡って丁寧に洗浄したりして、微量の生理活性物質を取りこぼさない様に細心の注意を払ったりしないので、あれではモノは取れないだろうと言う（2009/1/29）。

実験過程に現れるこうした文化的な差については前述した遠藤も一家言持っており、こうした理論的予測の難しい、行き当たりばったりに近い研究スタイルは、欧米の科学実践では余り尊重されないと彼は考える。しかし海の向こうで、組織的、高速大量処理的な手法が席巻しているからこそ、逆に日本式の泥臭い方法にもある種のチャンスがあり、実際それが彼自身のスタチン発見に結びついたのだと言う[4]（遠藤 2007）。

こうした意味づけに加えて、この研究分野が歴史的に、農学部や、農芸化学といった制度と深く関係してきたという点も重要である。この分野が、もともと生物と化学の境界領域を扱ってきたからこそ、後のケミカルバイオロジーに対して迅速に同化出来たという面もある。実際前述したシュライバーらがChemistry and Biologyという雑誌を一九九四年に創刊した時、それは八〇年代からある農芸化学学会の『化学と生物』誌といかにも似ていたのである（吉田 1994）。更にケミカルバイオロジーの中心的な手法である、低分子化合物を用いた生物学研究という考えに似た議論は、『動的天然物化学』（後藤 1983）といった著作の中で既に提唱されていた。かくして微生物系の天然物研究は日本の「牙城」だという表現をしばしば見かける事になる（稲村ほか 2007）。鈴木梅太郎の様な歴史的人物が、ケミカルバイオロジーの始祖の一人であるといった主張も（長田 2006）、「伝統の創造」（ボブズボーム＋レンジャー 1992）的な側面は否定出来ないものの、無視出来ない重要性を持つ。

こうした再ブランド化という現象は、ナノテクノロジー等でもよく見られるとは既に指摘したが、ここでのケースでは、更にそこに文化的イコンとしての修辞が伴っており、ケミカルバイオロジーの様な領域も、自らの過去からの連続的な進化の結果とされるのである。こうした傾向は、時には「伝統」という言葉で表現される事もあり、これは文化要素を含む、都市のテクノロジーの「持続する伝統」というホメルズの議論と通底する要素もある（Hommels 2005; リヴィングストン 2014）。

(5) レジリエンスの不均衡な分布

とはいえ、こうした文化的イコン性（あるいは伝統感覚）が研究機関の間に均等に分布している訳ではなく、特に産と学の間ではそのギャップが著しい。その様子は、前述したバイオインダストリー研究会の事例でも見る事が出来るが、放線菌の二次的代謝物についての最先端の研究の紹介が続いた後、最後の発表者（製薬会社）が語ったのは、皮肉にもその会社が長年維持してきた発酵部門を閉鎖する事になったという話だったのである。この分野での開発に必要な時間とコストを、企業が維持するのが難しくなったという理由からであった。実際、大学のレベルでは、こうした研究は、化合物を使った基礎研究へとその研究の意義をずらす事で、時間稼ぎが可能だが、時間に追われる営利企業には、そうした迂回戦略を取るゆとりはなく、もはや市場の要求に十分に答えられないと判断したのである。

結　語

この章の中心的なテーマは、伝統的な天然物研究（特にその微生物版）が、周辺分野の革新による挑戦を受けながら、ある種の復権を果たす過程の分析である。この復元過程を分析する為、この章では「研究過程のレジリエンス」という概念を提案し、環境からの挑戦に対してシステマティックに対応する能力について論じた。ここでは天然物研究のダイナミックな動向をもとに、暫定的に、いくつかの要因について議論を行った。

まず、レジリエンス成立の為の制度的な前提として、本邦の天然物研究（特に微生物版）が、農学部や農芸科学といった日本の研究制度に深く根付いており、この背景は欧米とはかなり異なるという点である。こうした独自の背景によって、この分野が製薬会社と、歴史的に緊密な関係を取り持つ事を可能にしたと思われる。

第二に、そうした基盤にも関わらず、コンビケムや生物製剤の挑戦は、天然物研究の弱点を克服可能な、より合理的な創薬プロセスの構築への道とされ、大きな挑戦であった。これに対して、天然物研究はある種のレジリエンスを示してきたのだが、そこで取られたのが本章で論じた戦略である。一つは天然物に含まれる「天然」(natural) という概念の再定義であり、進化論的な意味に基づく再評価である。二つ目は、生合成における微生物の遺伝子操作や、天然物ライブラリーでのハイスループット処理等、新興勢力の技術的な優位性の吸収である。三つ目は、天然物研究をケミカルバイオロジーの様な新たな文脈で再定義する事で、天然物をバイオプローブとして使う新たな生物学という意味の拡張を、一部の研究者が行ったという点である。これらの動きの裏には、四つ目の要素、つまりこの領域を日本の研究文化に根付いた伝統（文化的イコン）として考えるといった側面がある。最後にこうした戦略の構成は、産学間では異なった形で現れるが、それはレジリエンス戦略が、異なって作用するからである。

さて、ここで示した研究過程のレジリエンスは、他の領域でも興味深い事例がある。例えばショスタックは伝統的な毒性学が分子生物学の挑戦にあって、ゲノム毒性学（toxicogenomics）という新領域を生み出した過程を分析しているが、これはリスク評価という目的を達成する為に、この両者の間でプラグマチックな翻訳を行った成果である（Shostak 2005）。ハインは、伝統的（生物学的）システマティックスという分類体系の学が、コンピュータ科学と同化する中で、ある種のサイバー科学として多くの混乱と矛盾を含みながら、自らを再定義する様子を記述している（Hine 2008）。更にソマールントによる、微生物環境学と分子生物学の衝突の分析は、レジリエンスが殆ど「抵抗」に近い形を取った例であり、そこでは伝統的な博物学的パラダイムと分子生物学のそれが奇妙な形で同居しているのである（Sommerlund 2006）。これらの研究の成果を本章でのレジリエンス概念から再分析して見るのは、大変興味深いが、どの様な条件でこうしたレジリエンスが現実化、維持、あるいは否定されるのかは、まだ分からない事が多い。

レジリエンスの概念は、天然物研究の持つ独特な復元力を理解する為だけではなく、更にいくつかの理論的な目的を持っている。まず一つは、テクノロジー研究における、影の部分のダイナミズム、つまり使用中のテクノロジー（technology-in-use）や技術的堅牢さ（obduracy）といった議論が、常に変化を要求される科学の分野でどの様に論じられ得るか、その理論的橋渡しをするという機能である。こうした比較可能性によって、テクノロジー研究におけるある種の前提も更に再検討されるかもしれない。

第二の利点は、このレジリエンス概念の導入によって、エコロジーから経営学に至る、他の分野のそれとの理論的な対話の可能性が開けるという点である。つまり研究過程が持つ独自のダイナミズムという問題を、特定のシステムが、ある種の定常性を維持しつつ、如何に環境の挑戦に対応するか、という一般的な問いと読み替える、という作業である。これはまさに従来のテクノサイエンス論の枠組みを超えた議論の文脈に、こうした議論を置くことを意味している。

最後に、もしこうした研究の中核価値を「伝統」と呼ぶ事が出来るならば、従来、科学論とは全く無縁と考えられてきた一連の人文系の著者の仕事との新たな関係性を吟味する新しい領域を示す事になる。その結果科学と技術を「文化」そして「伝統」の問題として、捉え直す事が可能になるのである。

（1）　シュライバーのＤＯＳ（Diversity-Oriented Synthesis）という手法は、より大きな分子量の物質を素材に使って、コンビケム程のスピードではなく、より複雑な合成を行うものであるが、シード化合物の合成という意味ではニュースを聞かない（Borman

2004）（2009/4/30; 2012/3/8）。

（2）天然物討論会の過去データを見る限り、海外一〇年のべ一五三〇件の発表の中で、海外での調査は二四件しか報告されていないが、微生物に関するものはない。http://www.tennenyuuki.ne.jp/index.php/（2014/11/9 参照）

（3）上記の過去一〇年の天然物討論会の記録では、生合成に関する発表が五二件だったのに対して、メタゲノムに関するものは二件しかなく、両方等も海洋生物に関するものであった。

（4）抗生研主任も、大量の化合物を高速度で解析する事で、逆に個別の重要な特性が見過ごされる危険を感じていた（2014/8/28）。

第5章　ラボと政策の間
研究、共同体、行政の相互構成

序　研究と政策の相互関係を観る

本章の目的は、ラボにおけるミクロな実践を取り巻く、より巨視的な変化との関係を、マクロの政策形成の過程との関わり合いで観察する事にある。前章ではこの関係を、特定研究分野が環境の変化に対して示すある種の持続性について、レジリエンスという概念を中心に記述、分析を行った。この章では、これを別の角度、則ち新たな研究分野の形成や、それがマクロの科学政策とどう関係するか、という点からの記述を中心とする。その意味で、前章と重なる部分もあるが、前章が旧勢力のレジリエンスを扱ったのに対し、この章では、寧ろ新興勢力がミクロ、マクロ領域を再編成していくあり方を分析する。

本章では、前章でも重要な役割を果たしたケミカルバイオロジーの動態について、更にスポットを当てる。特にここでは、ラボの活動を超えた、学会（研究者コミュニティ）の形成、及び政策形成のプロセスを分析するので、政策過程という概念そのものについて、まず簡単な説明をする。

1　政策の作られ方——イシューからアジェンダへ

(1) 問題（イシュー）の概念

政策過程を理解する為に、まず問題（イシュー）とは何かについて説明する。我々が住む世界には、日々様々な出来事が起きるが、その中には解決を必要とする特殊な事象がある。これは普通、問題（イシュー）と呼ばれ、その成立の過程は、「問題化」あるいは「問題構成」（problematization）とも呼ばれる。フーコーは、古代ギリシャに於いて、性がどの様な問題として理解、議論されているかを、特定の時代固有の問題構成という形で論じている（フーコー 1986）。又カロンは、後にアクター・ネットワーク理論とされる議論の原型を、問題化のネットワーク状の構造として示している（Callon 1981）。つまり、彼らのネットワークとはまさにこうした「問題」の集まりであるとも言えるのである。

ここで注目すべきは、問題化の過程が予期しにくいランダムな特性を持つという点である。言い換えれば、どの様な理由である事情は問題化され、他のものはされないのか、更にそうした問題がどう脱問題化されるのか、その過程がかなり複雑だという点である。このダイナミズムを理解する一つの例として、この問題化という概念を、森田療法における、神経症の理解と関係づけてみるのも面白いかもしれない。この学派の考え方によると、神経症というのは、精神分析の言う様な、無意識のトラウマに由来するものではなく、健康な人なら、余りこだわらない様な些細な問題に病的にこだわることを意味する。例えば、赤面する、高い場所に恐怖を感じる、寝つきにくいといった事は、日常誰にでも起こり得るし、そうした経験をしたとしても、我々の多くはそれを解決すべき「問題」とは考えない。しかしある人達にとっては、これが解決すべき「問題」と捉えられて、それを「治そう」とし始める、とこの学派は考える。それが彼らの言う「とらわれ」である。こうした問題化によって、意識が常にある特定の経験に集中し始めると、病感が強化され、結果としてそれが「症状」になってしまうのである。それが赤面恐怖、高所恐怖、不眠ノイローゼになるという訳である。この学派にとって問題化とは、こうした関心の固着であるが、それがどういうプロセスで起こり、どう解決（脱問題化）されるかは、森田療法の実際が示す様に、かなり複雑である。同様に、現実社会の一般でも、事件が起こり、メディアが騒ぎ出し、従来は見過ごされていた事柄が急激に政治問題化するといった光景はいわば日常茶飯事であるが、その過程にも、同じ様にランダムな特性が備わっている。

(2) 政策的アジェンダ

さて、話をよりマクロの政策過程に移す。社会の一部で問題が発生し、それが政治的解決を必要とする様になると、それは政治の舞台に持ち込まれる。この過程はかなり複雑なものであるが、そのどの部分に着目するかで、分析の方法はかなり異なってくる。一方には、現実の行政機構の中での意思決定の研究がある。この場合、政策を立案する行政官に近い立場から見れば、行政機構内部の論理や情報の流通、国内、国外の情勢について彼らが得る情報空間の構造と、その優先順序を決める為の手続き等がその分析の中心になる（早川ほか編 2004; 縣ほか編 2007）。これを科学政策に関係づけると、行政機構と関係する諮問機関の働きについての研究等がこうした分析の典型となる（Jasanoff 1990; 城山編 2008; 城山+細野編 2002）。

他方焦点を社会全体に拡張すると、前述した様々な問題（イシュー）が紆余曲折を経て行政的なチャンネルに繋がる過程そのものの研究という事になる。その中には、社会全体の動向の中で、何が政策全体の方向性を決めていくか、といった問いも含まれる。問題を科学政策に限って見ても、例えばエルジンガらは、米国の科学政策について、政策決定の動向に影響を与える主要要因として、官僚／軍、科学者集団、経済界、一般市民の四つを挙げ、これらが歴史上それぞれ異なる時期にその影響力を持ったとしている（Elzinga & Jamison 1995）。

本章では、この二つの方向性、つまり行政機構内部の政策過程への関心と、複数のプレーヤーの全体的絡み合いへの視点を折衷したアプローチを取る。つまり現場の科学者集団のレベルでの観察を中心として、そこでの問題（イシュー）が、どういう過程を経て政策レベルの構造に達するかを、行政側からの視点ではなく、ラボからボトムアップ的に問題が生成し、研究者共同体の形成を経て、政策レベルに接触するまでという視点から記述を行う。言い換えれば、ラボ、研究者共同体、そして政策が同時並行的に変化する様子を、ボトムアップ的に観察する。

（3）ラボラトリー研究と政策

ラボラトリー研究史については、序章等で解説したが、政策過程研究との関わりで見ると、ラトゥールらの研究に代表される初期の代表作には、ラボの活動を科学政策との関係で分析するという視点は殆どなかった。ビンバーらは、ギヤマン（ノーベル賞受賞者）のラボに、一五〇万ドルの大金が投入されている事実についてラトゥールらが何も言及していないと批判している（Bimber & Guston 1995）。つまりこのラボはアメリカの科学政策上かなりの重要性を持っていたという事実が分析の対象になっていないのである。

勿論ラボラトリー研究は、一部の社会学者が不当に論難している様に、ラボ内部のミクロの過程分析に終始していた訳ではなく、寧ろ後続の研究者達は、それをより広い文脈との関係で理解しようとし、バンドワゴン（Fujimura 1996）やバイオ医療的プラットフォーム論（Cambrosio & Keating 1995; Keating & Cambrosio 2003）といった形で議論を展開してきた点は既に述べた。

この様に関心の対象を、個別のラボから研究者集団のマクロの動きの方に拡大していくと、当然の事ながら、話は政策レベルに接近してくる。例えばフジムラが詳述しているガン遺伝子研究の場合、歴史的に有名なのは、ニクソン政権のもとで、ＮＩＨがガン・ウィルス起源説に肩入れして、その方面の研究に大量の資金を投入したという事実である（Fujimura 1996: 130–135）。結果としてこの理論は正しくなかったが、フジムラは、この膨大な資金の投入についての科学者集団の微妙な反応について記述している（Fujimura 1996: 145–146）。

こうした事例研究は、ラボレベルでの活動分析から出発しつつ、それらの集団的動きと、政策レベルとの接点を、ミクロの活動への関心を維持しつつ分析している。ここで重要なのは、政策過程を、中心から周辺への、いわばトップダウンの過程と単純に見做すのではなく、複数のラボの集合的な動きとの複雑な相互作用の結果として観るという点であり、それがこの章の中心的なテーマとなる。この様に、政策と深く関係する研究過程という事になると、当然、そこには所謂「ビッグサイエンス」と総称される、巨大化する科学プロジェクトについての一連の考察が重要な役割を占める事になるが、それに関連する議論は、後続する第6章のタンパク3000論に於いて、詳しく述べる事にする。

(4) 政策過程における制度と偶発性

さて、政策過程分析の理論的な枠組みには、様々な流派が存在するが、ここでは特に、一般的な問題（イシュー）と政策アジェンダの決定に関する、キングダンの「政策の窓」(policy window) 理論を取り上げる。政策過程の研究は、常に二つの矛盾する傾向を分析する必要性がある。政策過程の入り口の範囲（問題レベル）が社会全体に広がっており、複数のアクターが複雑に交差し、そこではイシューが飛び交っているのに対して、政策の最終決定（アジェンダレベル）が、政治・行政機構に集中しており、このどちらを強調するかで、理論的枠組みが大きく変わってくるという点である。序章でも取り上げた、アクター・ネットワーク理論は、相互翻訳の不安定な揺れ動きを記述するという点で、前者の分析には優れているが（ラトゥール 1993; Callon et al eds 1986）、他方比較的安定した制度が持つ特性についての分析に対しては、目立った成果を上げていない。第11章で述べる様に、ネットワークが安定化している状況に関しては、この理論は、余り目新しい事が言えないのである。他方政策過程研究で影響力がある（新）制度学派のそれは、制度の扱いには長けている一方、それが時に応じて大きく変化したりする様を余りうまく分析出来ていない[1]（例えば上崎 2007）。

政策過程が持つ、一方での制度的なルーチン性と、他方での偶発的な事態に左右されるという中間的な性格を扱う理論的枠組みは複数提案されているが、ここでは特にキングダンの政策の窓モデルをその優れた解決策と考えている。既に政策過程研究ではよく知られているが、この理論は、所謂「意思決定のごみ箱理論」（Cohen et al 1972; マーチ＋オルセン 1986）からその枠組みを借りている。この理論は、もともと大学の教授会の様子からヒントを得たものだが、組織的意思決定の過程を、合理的な意思決定のプロセスとして見るよりも、問題とすべきイシューが、「ごみ箱」（garbage can）というある種の猶予空間の中に入れられ、多くの場合はそれが検討される事なくそのまま放置、決定され、たまにその一部が取り上げられて議論に呈される、という形で組織のリアルな意思決定の様子をモデル化したものである。この理論が重要なのは、単にそれが組織論や政策過程論に基本的なモデルを提供しているだけではなく、後の第8章（捏造問題）で詳述するリーズンに代表される組織事故の理論にも重要な影響を与えているという点である。

こうした基本的な枠組みを、政策過程の記述に応用したのが、政策の窓モデルである。キングダンは、様々な問題（イシュー）が最終的なアジェンダとして取り上げられる為の前提として、問題（problem）、政策（policy）そして政治（politics）という三つの流れ（stream）を仮定する。流れとは、そうしたイシューが形成される、制度的な枠組みである。「問題」の流れは、社会に存在する多様なイシューが、政府に着目される過程、「政策」の流れは、政策関係者（政策共同体）間で流れる様々なアイデアの選別過程、そして「政治」の流れは、色々なアジェンダの優先順序を決定する過程である。問題が最終的に実行可能な政策として具現化するには、問題／政治の流れが一致して、政策の窓が開くと同時に、そこに政策の流れが合流（coupling）し、政策が実行可能なものになる必要がある（Kingdon 2003; 大藪 2007; 早川ほか編 2004: 第1章）。つまり現存する多様な問題は、政府に注目され、政策のアイデアとして具体化される必要があるが、その為には、それを実行する政治力が必要である。この理論では、こうした問題、政策、政治は比較的独立した動きを示すと考える。独立はしているが、何かのタイミングでそれらが合流して初めて、イシユーは政策アイデア化し、その結果としてそれは政治として実行される。その為の過程を、「窓が開く」と表現しているのである。

キングダンによると、こうした窓の開放と流れの合流は、ある意味偶発的で、そのタイミングによる。ちょうどごみ箱理論での、イシューの吟味（ごみ箱から取り出す行為）が偶発的である様に、どこで窓が開くかは、様々な偶然に左右される。ここで言う流れはある種のネットワークの拡大と記述出来ない事もないが、複数の流れはある意味制度的に独立しており、別の文脈に属している。他方流れの伸縮は、制度論的な側面で全て理解出来るという訳でもなく、ある種の偶発性を備えている。その意味で、この枠組みは上述した対立する理論間の相反する傾向（ネットワークの不安定性と制度的な安定性）のバランスをうまく保った理論構成になっている。

更にこの流れという概念は、イシューが関係者の注目を浴びる様になる為に必要な勢い、あるいは潜勢力をうまく表現しており、前述したフジムラのバンドワゴンという概念と親近性を持つ。実はキングダン自体、全く独自に政策アイデアの形成過程で、バンドワゴン効果の重要性について論じているのである（Kingdon 2003: 139–141, 161–162; Zahariadis 1999; 小島 2003）。

ただし、本章では、この三つの流れ全ては取り扱わず、寧ろ政策の流れに関係する政策共同体が、暫定的に形成される過程に特に注目する。というのも、特にこのケースの場合、話の中心は研究者と行政機構の関係であり、余り政治（政党）レベルの話の重要性は見られないからである。又イシューも国民的なそれというよりは、より科学者共同体内部の議論に限定されている。その記述の中で、実は問題の流れと政策の流れが、理論的に想定されている様には、完全に分離したものではなく、イシューによってはその二つが最初から構造的に制約を受け得る事を示す。

2　事例研究——ケミカルバイオロジーの形成過程

(1) ラボとその環境

さて前章等で示した様に、ケミカルバイオロジーは、もともと著名な有機合成化学者であるウッドワードのもとで学んだシュライバーらが中心となって、その拡大を図ってきた新分野である[2]。従来の分子生物学的手法では、遺伝子をノックアウト（機能を止める）したり、大腸菌等に遺伝子の断片を導入したりして研究を行うが、ケミカルバイオロジーでは、そうした操作を低分子化合物を使って行う事になる。特定のタンパク質に作用する低分子化合物をうまく操作する事で、その動きを止めたり、逆に促進したりしつつ、新たな生物学研究を押し進めようとするものである[3]（2010/2/26）。前章で述べた様に、このアイデアを実現するには、様々なタンパク質に結合する膨大な低分子化合物の合成、更にその結合を分析するマス・スクリーニングの技術が不可欠である。この背景には、九〇年代から普及し始めたハイスループットの分析技術があり、更に化合物の大量生成の技術もその裏付けとなっている（武本 2005; 高岡 2005）。

(2) ケミカルバイオロジーへの対応

理研・抗生研の周辺では、シュライバーのＦＫ５０６研究以降彼らの動向に注目し始めていたが、特に化学系の研究者の間でその評価が高かったという[4]。シュライバー側からも抗生研の重要な成果の一つである、ある化合物についての共同研究を申し込まれるが、日本側はこの時点では協力を断っている。その後、合成化学界の大御所であるニコラウとシュライバーが編集者となった Chemistry and Biology 誌が一九九五年に創刊され、抗生研の周辺でも米国でのケミカルバイオロジーの動きに対し、関心が高まる事になる（長田ほか 1998）。

抗生研自体も、低分子化合物で生物現象を操作するという観点から、九五年頃よりケミカルバイオロジーという用語を使いつつ、特にアメリカの工業微生物学会と連携して国際会議を開き、これと並行して化学生物研究会という名称で、後に日本のケミカルバイオロジー研究の中核になる人々の一部が集まる事になる（2010/2/26）。こうして、ケミカルバイオロジーの枠組みを意識した研究者が集まり始めたが、この新領域の理念を実現するには、従来の天然物化学の様に、偶然ヒットした化合物のみを扱うのではなく、有効な化合物の大量集積が必要となる(5)（Schreiber 2004）。二〇〇〇年にハワイで開かれたケミカルバイオロジーの環太平洋国際会議で、シュライバーは、個別の化合物の作用機作研究については、日本側が優位なので自分達はやらない。我々はよりシステマティックに、アレーを利用した化学ゲノム学を目指すと明言し、アカデミアで化合物のスクリーニングをする体制が整いつつある点を指摘したという（2008/6/24; 2010/2/26）。

こうしたシュライバー側の動きに加え、理研内部でも、化学工学系の研究者から、個別の化合物に対する従来の解析手法に対して、より高度化した分析手法の開発の必要性が指摘される様になり、化合物ライブラリー、高速度スクリーニングシステムの開発といった新たな方向性が、理研でも追求される様になるのである（2010/2/26）。

だがこうした基盤技術の問題は、一つのラボのレベルで解決出来る問題ではない為、より大きな集団を巻き込んでいく事が必要となった。自らのラボで細々と化合物を収集する段階から、研究所の体制の一環としてライブラリーを作るという構想に研究所が合意し、ライブラリーは理研全体のプロジェクトの重要な一部を構成する事になった。この構想をめぐって、ラボ内部の活動は、公的な政策との関わりの度合いを深めていくのである。

（3）学会の設立過程

ここで日本におけるケミカルバイオロジー関係の他のプレーヤーの動きを見てみよう。前述した様に、日本では、二〇〇五年に世界に先駆けてケミカルバイオロジー学会が成立した（Osada 2006）が、その前身であるケミカルバイオロジー研究会も含め、多くの研究者が関与している。ここでは紙面の都合上、二つのラボのケースについての聞き取りを紹介する。一つは東京医科歯科大学の萩原正敏研究室、そして東京大学の長野哲雄研究室である[6]（ここでの記述は全て調査当時の記録に基づく）（長野ほか 2006）。

東京医科歯科大学は、日本で初めて正式にケミカルバイオロジーの名を冠した講座を公募した大学であり（Osada et al 2006）、萩原研は、当時ケミカルバイオロジー研究会、学会の事務局を司っていた。又、長野哲雄はケミカルバイオロジー学会の初代会長であると同時に、彼の研究室に、日本で初の公的化合物ライブラリーが設立された。前述したChemistry and Biology誌の創刊に加えて、ハーバード大学等で、ケミカルバイオロジーが学部名に加えられる様になり（Schreiber & Nicolaou 1997a; 1997b）、更にNature Chemical Biology、JACS Chemical Biologyといった類似誌も続々と刊行される様になると（Wells 1999; 長田 2006; Wikstrom 2007）彼らもそうした動向に敏感に反応した。特に萩原達にインパクトを与えたのは、ＮＩＨによる、二〇〇三年のバイオ医療研究の為の所謂「ロードマップ」、つまり今後の生命科学、医療の基本方針の宣言である。ここでポストゲノム研究の重要な政策の柱として、システム生物学、ナノバイオ医療等と並んで、化合物ライブラリーの整備とスクリーニングセンターの全国展開が、重要な政策課題として大々的に打ち出される事になる（Wikstrom 2007: 11–14）。このロードマップの中には、ケミカルバイオロジーと直接関係する項目もあり、その結果米国では、コロンビア大学医療センター他九か所に低分子化合物スクリーニングセンターが設置され、公的化合物ライブラリー設立に力が入る様になるのである。

もともとリン酸化酵素阻害剤の研究の流れを汲む萩原研は、前述したシュライバーらの仕事が脚光を浴びるはるか以前、八〇年代から低分子化合物によって酵素の働きを阻害し、研究を進めるという手法を精力的に展開していた。萩原によれば、この分野での日本の研究水準は世界的に見ても非常に高く、国際学会では、リン酸化酵素（キナーゼ）阻害剤のセッションを組むと、その出席者が日本人だけという事も少なくなかったという（2010/3/19; 長野ほか 2006）。こうした背景を持つ萩原にとって、ケミカルバイオロジーの重要性に気づくきっかけは、前述したロードマップであり、特に化合物ライブラリーを国策的に拡充するという米国の方針に強い刺激を受けたという。更にケミカルバイオロジー関係の国際雑誌が続々と創刊されるという情報もそうした関心に火をつける事になった。

彼は特に、ポストゲノムの科学政策としてケミカルバイオロジーを据えたところにＮＩＨのある種の「うまさ」を感じたという。事実ゲノム解析の後、ライブラリーで網羅的にスクリーニングをすれば、論理的には全部のターゲットに対する化合物が取れるはずであり、それを政策として打ち出した点について、米国は組織力がすごいと実感したという(7)。そこで彼は、所属する大学の講座名にケミカルバイオロジーの名を用いて公募を行うと同時に、日本にケミカルバイオロジーの名を冠したフォーラムを作り、長田裕之、長野らに声をかけて、大学でシンポジウムを行い、研究会を立ち上げる事になったのである。[8][9]

ケミカルバイオロジー学会で初代会長になった長野の場合、ケミカルバイオロジーへの合流は更に異なった経路を辿っている。生体内の生理活性物質の直接観察に早くから着目して、バイオイメージング等の研究で多くの成果を挙げた長野は、薬学部に入学して以来、薬学部が創薬支援やターゲットタンパクといった研究を進める一方、そこでは創薬そのものが出来ないという点に疑問を持っていたという。三〇代半ば、助教授時代にデューク大学医学部に留学した際、医者が化学をよく理解し、構造式で会話が出来る事に強い印象を受けた。又米国に於いて、ＮＩＨ等が化合物ライブラリーを充実させている実態を見聞きし、それがないと本当の意味での創薬基盤が作れないと実感したとも語る（2010/4/6）。

この様に、化合物ライブラリーの重要性についての関心がもともと深かった為、ケミカルバイオロジー研究会結成への萩原からの呼びかけには即座に反応して、以後研究会・学会を通じて重要な役割を果たす事になった。[10] こうして、学会成立の為の重要なプレーヤーが少しずつ集まりつつあったが（勿論これは全体の大きな流れのごく一部を記述したものに過ぎないが）、こうした研究者共同体の形成には、もう一つのプレーヤーが非常に重要な役割を果たした。

（4）政策としてのライブラリー

そうしたプレーヤーの一つが行政である。前述した様に、化合物ライブラリーの必要性については、複数の研究者が、相互に独立した形で自覚すると同時に、行政への働きかけを個別に始めていた。抗生研の長田も、シュライバーの動きに刺激を受けて、化合物ライブラリーへの準備会（二〇〇二年）として、協力者達とともに働きかけを始めている（2008/6/24）。そうした行政の場で、他にも同じ様な関心を持っている人達がいる、と指摘され、後にケミカルバイオロジー関係で繋がりを持つ様になる。だがこのライブラリー案は、どの省庁に持っていっても門前払い扱いで、「そんなものは出来ない、無理だ」とか「必要性がよく分からん」という事で相手にされず、唯一反応があったのが、文部科学省のライフサイエンス課であった。ただしこの際、ある条件が付けられたという。それは当時進行していたタンパク３０００計画とそのライブラリー計画をリンクさせるというものである（2008/6/24; 2010/2/26）。

タンパク３０００計画については、続く第6章で詳しく分析する。基本的なタンパク質三〇〇〇個の構造決定を組織的に行う為、文科省が巨額を投入し、二〇〇二年から五年計画で行った野心的な計画である。当時はちょうど五年計画の後半に入って、その出口戦略が模索されていた。その中で出てきた考えの一つが、それをより明示的に創薬と結びつけるというものである。このタンパク３０００計画を中心的に担ってきた理化学研究所の横山茂之らが、新たなアプローチとして、創薬と関係したケミカルプロテオミックスという考えを提唱し始めた。ここで創薬というキータームが、ポストタンパク３０００という政策的な文脈に登場し、それと化合物ライブラリーという案が合流する事で、具体的な政策として動き始めるのである(11)（2008/6/24; 2010/2/26）。

このタンパク３０００と化合物ライブラリーを結びつけるというアイデアについて、長田は、文部科学省のライフサイエンス課側から示唆されたが、他方長野は、タンパク３０００関係のフォーラム（二〇〇六年）に招待されて、ケミカルバイオロジーについて招待講演を行った際に、横山と知り合い、その後タンパク３０００後のプログラムの為のライブラリーという構想に協力し始める様になる（2010/4/6）。この様な形で、タンパク３０００は二〇〇七年に終了し、一年間の準備期間を経て、ターゲットタンパク計画に継承されるが、ここでケミカルバイオロジーの役割が大きく前面に出る事になる。

このターゲットタンパク計画では、前回の網羅的なタンパク構造解析から、創薬を意識した解析の困難なタンパク質へとその対象が変わったと同時に（文部科学省 2006; 長野ほか編 2009）、ケミカルバイオロジー概念の結実として、全国初の公的化合物ライブラリーが東京大学薬学部に設置された。又理研では、天然物を中心としたライブラリーが設置される事になった（これについては第7章で説明する）。

3　理論的考察——研究、共同体、政策

(1) 政策と科学者共同体の共進化

本章は、ラボでの観察から出発して、ラボ間の集合的な動きと、政策過程との関係を描く試みである。その舞台がケミカルバイオロジーという新たな研究領域であるが、前述した様に、日本におけるケミカルバイオロジー学会設立は世界初であり、研究者共同体の形成が急速に進んだ。と同時にケミカルバイオロジーは、公的化合物ライブラリーという形で、政策とも深く関わっており、ラボと政策の関係を検討するのに適している。

ここでまず注目すべきなのは、複数のラボが、ケミカルバイオロジー領域に参入してきた経由の多様性である。実際ここで取り上げられた研究者達は、ケミカルバイオロジー研究会成立以前に相互にそれ程面

識があった訳ではない。ケミカルバイオロジーへの関心の内容も、シュライバーの研究（理研関係者）、ＮＩＨのポストゲノム政策（萩原）、化合物ライブラリーの必要性（長野）と比較的バラバラである。この多様な動向をまとめる役割を果たした要素の一つが、実は政策レベルでの関心なのである。似た様な点は、米国におけるケミカルバイオロジー理解の幅という面からも見て取る事が出来る。少なくともシュライバーとＮＩＨの間では、ケミカルバイオロジーが何を目指しているかという点について、かなり深刻な意見の対立があり、当初ＮＩＨはシュライバーの研究をサポートしていたのだが、シュライバーが基礎研究志向であったのに対して、ＮＩＨ側ではこの分野を創薬基盤の新展開と見做していた為、シュライバーはＮＩＨからブロード財団に乗り換え、自前の研究所を作って独自の路線を探求する事になったのである(12)（Schreiber 2004）（2008/6/24）。

だがこうした理解のずれがある一方で、どちらの方向に進もうと、化合物ライブラリーはその研究に必須のアイテムである。その意味で化合物ライブラリーの性格は両義的で、典型的な「境界物」（boundary object）であると言える（Star & Griesemer 1989）。そしてそれは個別のラボでは維持できないという意味で、最初から政策的色彩を持たざるを得なかったのである。

興味深い事に、この化合物ライブラリーの必要という共通の考えによって、本章に登場したプレーヤー達は、キングダンのいう「政策企業家」（policy entrepreneur）に近い存在に押し上げられる事になる。政策企業家というのは、政策実現の為に、自らのリソースを使って、複数の領域を結ぶ役割をする人物を意味する(13)。実際これらの指導者層は、最初は大学や研究所内部での指導的な役割を引き受けているが、人によっては行政への関係も深まらざるを得なくなる。結果として政策企業家としての役割がますます強まる事になるのである。

又ここで興味深いのは、研究者共同体が形成されていく過程における、行政の働きである。このケースでは、ライブラリーをめぐる行政への働きかけを通じて、その主要メンバーがお互いに知り合うという過程が見受けられる。つまり行政が、相互に独立して活動していた一連のグループを結びつける「場」、ないしは「触媒」の役割を果たしており、そこでケミカルバイオロジー学会の中核メンバーがお互いに結びつく様になるのである。実際それぞれの申請者が計画を行政に持ち込む段になると、それらを一本化して持ってくる様にという、ある種の行政指導の様なものを複数の研究者が経験している。その過程で研究者の共同体が少しずつ形成されるという側面も否定出来ないのである。

個別の研究者集団を結びつける媒介項が、ライブラリーという装置と、行政という場/触媒であったとすれば、もう一つの重要なファクターは、行政と研究者共同体を結ぶ共通の環境、つまり米国の動向である。そもそもケミカルバイオロジーという言い方自体外来語であるが、ここに登場した研究者は皆、その詳細は別としても、米国での動向に敏感に反応して行動を開始している。当然行政レベルでも、このアメリカの動向は注視しており、結果として研究者集団と行政は、同じ様な環境要因に対して反応している事になる。この両者が合流していく背景には、環境要因の共有が重要な働きをしているのである。

ただし興味深いのは、前述した様に、関係者の多くが、自らの研究領域（農芸化学や天然物化学、生化学的薬理学、バイオイメージング）が、現在ケミカルバイオロジーと呼ばれる領域を先取りしており、殆ど日本のお家芸だと異口同音に強調している点である（長野ほか 2006）。その意味では前章で分析した「文化的イコン性」は異なる領域でもその姿を現している。欧米では、生物学と化学の学際領域というケミカルバイオロジーの曖昧さから、学会の成立は遅れたが、日本でこうした動きが急速に進んだ背景には、日本が伝統的に優位性を持つ研究分野に関して、それをケミカルバイオロジーと読み替える事によって、国際的な環境の中で、優位性を維持したいという目論見も窺われるのである[14]。

他方行政レベルには、特殊な政策的文脈がある事は既に指摘した。それはタンパク3000の後継プロジェクトをどうするかという具体的な問題である。タンパク3000の学術的成果についての論争については次章で詳説するが、大規模な税金投入とその社会還元という政策的「大義」から言えば、何らかの形で目に見える成果が欲しい。その意味で、創薬についてのより明示的な計画と、その前提としての化合物ライブラリーの整備という案は、政策的にも正当化しやすく、研究者集団の様々な思惑と、政策的文脈が、このライブラリー案によって、うまく「合流」する事になるのである。

だがこうした調整の成功も、かなりの部分このポストタンパク3000という文脈でのみ可能だったのではないか、と思わせる側面もある。そもそも理研が目指した化合物ライブラリー構想は、オールジャパンを目指したものであったが、それが省庁の枠を超えた計画を目指した途端、調整が難しくなったという背景がある（2008/6/24）。

(2) 創薬という「空気」

こうした動向の収斂を支えた別の共通フレームとして、創薬というテーマがある。この創薬という概念の漠然とした内容が、ラボレベルで持つ多義性については第2章で詳説したが、勿論これは多様な文脈で繰り返し現れる重要な概念である。当然の事ながら、この概念が具体的に何を意味しているかは、人や文脈により著しく異なる。他方この概念は、それを面と向かって否定するのは難しく、その意味では、「共生」や「エコ」といった、曖昧だが強力な政策的レトリックと同様に、潜在的には強い拘束力を持つ概念である。期待の社会学で有名なヴァン・レンテはこうした曖昧だが吸引力のある政策的な概念を ideograph（直訳すれば表意文字）(cf. Van Lente 1993; McGee 1980) と呼び、それがテクノロジー開発の様な分野で重要な役割を果たしている事を指摘している。実例としては「民主主義」や「サステナビリティ」といったキャッチフレーズであるが、こうした用語はその具体的な内容の曖昧さによって、大きく異なる解釈が可能である一方、基本的には漠然とした肯定的な価値を持ち、それをうまく操作する事が、政策形成に大きな役割を果たすのである。

その意味で、この創薬という概念も又、科学的成果を社会に還元するという近年流行りの掛け声の中では、最も通りのいい概念の一つであり、行政的な用語としても、実際の研究者のモチベーションについても肯定的に働き得る。ケミカルバイオロジーという枠組みそのものがこの創薬概念と親近性がある為、研究者も行政も、いわばこの方向への磁場が常に働き、そしてその磁場に従って似た様な志向性を示す訳である。この傾向性は、前述したバンドワゴン (Fujimura 1996; Kingdon 2003) 程限定されていないし、又プラットフォーム (Keating & Cambrosio 2003) というほど物質的、装置的な基礎がある訳でもない。いわば人が漠然とそれに拘束される、時代的な雰囲気、あるいは「空気」の様なものである(15)（山本 1983）。この創薬という概念の持つ多義的な色彩が、今回のケースでの動向の収斂を支える、もう一つ重要な背景となっているのである。

結　語

本章の目的は、ラボ、研究者共同体、そして政策のレベルが相互にどの様に関係しているかを、ケミカルバイオロジーという新興領域の例を取りながら、概観したものである。ここでは特に、複数の異なる背景を持つラボの研究の流れが、どの様な形で一つの学会という形に収斂し、それがどう政策と接点を持つかを、キングダンの政策の窓論を意識しつつ見てきた。その文脈で言うと、政策共同体を中心とした政策の流れの記述という事になるが、ここで重要なのは、政策共同体と彼が指摘する集団、つまり行政官や審議会、アドバイザーといったグループは、それ自体がこの流れの中で徐々に形成され、場合によってそれが特定の政策へと収斂していくという点である。その意味では、複数の個別のラボがより集まり、一つの集団を形成すると同時に、それが行政レベルと相互構成するあり方の一端は示せたと思われる。

この際、こうした凝集化を可能にした背景としては、米国のポストゲノム政策という環境、化合物ライブラリーという装置、そして創薬という概念の役割を指摘した。こうした様々な媒介項は、ミクロのレベルではラボの日常の活動や組織形態を、マクロのレベルでは、国家政策のあり方の両方に影響を与えるものである。こうした媒介項の理解を通じて、ラボと政策を繋ぐ理論的枠組みについて、更なる考察を進める事が可能になるのである。

（1）制度論とネットワーク論は、政策過程研究一般でも、その強調点の違いが顕著である。政策ネットワークについてはMarsh & Rhodes（1992）、Marsh（1998）、古坂（2007）。政策研究側による、アクター・ネットワーク理論のネットワーク概念への批判は、Hay（1998: 37）。

（2）ただしハーバード大学周辺では既にこの名称は使われていたという（2008/6/24）。日本でも、一九六〇年代に、農芸化学は化学生物学（chemical biology）であるという主張も見られる（水島 1964）。

（3）なおここら辺の事情は、佐藤（2007）がうまく記しているが、特に合成化学の分野での、新規で複雑だが社会的な有用性がハッキリせず、しかも高額の研究費を必要とする化合物の世界的合成競争への反省と反動として、こうした化合物を利用して、医療、生物科学の様な実践的な分野での貢献を目指した新領域がケミカルバイオロジーである、というのが佐藤の主張である。

（4）雑談の中で、ある生物学者は、化学だとA＋B＝Cという反応は厳密に予測出来るが、生物学だと、例えば細胞内のある因子XとYが反応して、Zが予想されたとしても、それが必ずそうなるとも言えないし、又他の反応とも複雑に絡み合っているので、かなり曖昧な面が残る。これを化学者は我慢出来ないという。

（5）ライブラリー／バンクは互換的に用いられているが、ここではライブラリーという言葉に統一する。

（6）学会形成に関しては、当然他の多くの研究者が関与しているが、ここでは紙面の関係上、特に学会という組織の設立に直接関係した中心人物に焦点を絞った。

（7）萩原の評価では、低分子化合物を中心としたケミカルバイオロジー自体は、他の様々な手法の一部に過ぎないという。

（8）この際に、政策面での働きかけは長野に任せ、萩原自身はケミカルバイオロジー学会というコミュニティ設立の為の下働きとして事務局を引き受ける事になる（2010/3/19）。

（9）研究者集団としては、ケミカルバイオロジー研究会以前には、「生体機能と設計分子」（1997-1998）（日高弘義代表）、「生物新機能と創薬をめざす生体内分子科学」（2001-2005）（鈴木正昭代表）等があり、これらは後のケミカルバイオロジー研究会の前身と言える。

（10）ただし当時長野が関係していたバイオミメティック化学に於いては、研究が試験管レベル中心で、それを細胞レベルでやろうとすると、研究室内に合成化学から生物学に至る諸装置が揃っている必要があり、なかなか簡単に出来るものではないという。シュライバーの重要性は、細胞レベルで実際に効いたものをやったという点だとしている（2010/4/6）。

（11）藤井ら（2005）は、従来のゲノム及びタンパク研究が創薬に結びついていないと指摘し、タンパク研究と創薬をより明確に結合させたケミカルプロテオミックス～ケミカルバイオロジーの重要性を強調している。

（12）シュライバーの学生だったワンドレスも、シュライバーがその基礎的側面を強調していたと指摘している（2009/3/2）。このブロード研の分子生物学研究室については、スチーブンスの詳細な記述がある（Stevens 2013）。

（13）同様の概念としては、政策仲介人（policy middleman）（Heclo 1974: 311）、政策アクティビスト（小島 2003: 20）等がある。

（14）この点については、萩原がはっきりとその国際戦略的な意義を強調している（2010/3/19）

（15）長野は、特に日本に於いてこの創薬という概念が非常に曖昧に用いられており、現実の基礎実験から、リード化合物、治験、そして薬の販売に至る過程のどのレベルを示すのか全く曖昧であると指摘している（2010/4/6）。

第6章　巨大プロジェクトの盛衰

タンパク3000計画の歴史分析

序　日本版「ビッグバイオロジー」の肖像

本章は、戦後最大の生命科学プロジェクトの一つであるタンパク3000計画についての分析を示す。前章で示した様に、化合物ライブラリーが科学政策上の課題として浮上してきた背景には、このタンパク3000計画終了に伴う後継計画問題があり、その文脈でケミカルバイオロジーにスポットが当てられたのである。このタンパク3000計画は、国際的なゲノム研究と、それに続く国際的な競争という、日本及び世界の生命科学政策そのものに深く関連している。この章では、歴史を遡って、この計画の誕生とその後について、詳しく検討する事にする。

1　『ゲノム敗北』とその後

二〇〇五年にネイチャー誌は、本誌としては珍しく、岸信博の『ゲノム敗北』という三七五頁に及ぶ大著の書評を掲載した（Ito 2005）。この本は「日本の知財政策が危ない」という副題が示す様に、知財を含めた日本の科学技術政策の問題点について警鐘を鳴らしたものであり、出版当時かなり評判になったものである。その冒頭で、岸は日本のDNA解読構想が、米国のそれを少なくとも五年は先んじていたという。一九七〇年代の終わりには、三〇億にものぼるDNAの遺伝情報を機械で高速に読み取ろうという所謂「DNA高速自動解読構想」が既に日本にはあった。それを推進したのが、生物物理学者の和田昭允である。

ゲノム研究史に於いて、和田の名前は、何よりまずマクサム・ギルバート法に基づくゲノムの自動読み取り法を世界に先駆けて提案した事で知られている（Wada et al 1983）。一九八一年には、当時の科学技術庁の支援を得て、この装置の開発の為の所謂「和田プロジェクト」も立ち上げている（岸 2004: 27）。後のヒトゲノム計画の発案者の一人となるデリシはこのニュースに接し、日本の計画は、米国のそれを五年は先んじているという警鐘を鳴らす程であった（クックディーガン 1996）。

だがこうした日本のリードは長くは続かず、あっと言う間に、米国に追いつかれ、追い越される。例えば一九八二年に完成し、翌年には国内の特許を取得した、伏見譲の四色蛍光ラベリング法（後のゲノム配列解析に絶大な威力を発揮する技術）は、政府の「公費による研究の特許取得はまかりならん」という不可解な判断により、せっかく取った特許を放棄するという、とんでもない失策に晒されている。これは一九八〇年のバイドール法に代表される米国の知財保護の動きとは全く逆の動きである。実際、特許が放棄された年に、カリフォルニア工科大学のグループが似た様な装置の特許を取得して、これが後のゲノム解析の基幹技術になるのである（岸 2004: 46–53）。更に神原秀記のキャピラリーアレー方式を採用した、蛍光式ＤＮＡシークエンサーという日立製の国産機も米国のＡＢＩ社が持つ四色蛍光標識法の特許という壁が超えられず、米国企業の国際的な独占を許す事になる（岸 2004: 53–64）。一九八八年の米議会による国際ヒトゲノム計画についての報告書では、日本への関心は薄れ、日本の政策は、六つの省庁に分かれて統合が取れておらず、寧ろ欧州の動きに着目すべきだ、と指摘されている（米国議会技術評価局 1990）。二〇〇三年にヒトゲノム計画が一応の完了を見た際には、米国の五九パーセント、英国の三一パーセントに比べ、日本の貢献はたったの六パーセントに終わっている。岸の言う『ゲノム敗北』とは、まさにこうした顚末を示しているのである。

しかしこの本の後半では、そのトーンが変わってくる。その理由がタンパク構造の網羅的解析プロジェクトという新たな計画の誕生である。余りにまとまりが悪かった日本のゲノム政策に対して、今回は明らかにより強固な体制で事態に臨んだというのは事実であろう。二〇〇一年に成立した文部科学省の管轄のもと、総額五三五億円の巨大予算を、国際的な目標である一万個のタンパク質構造の三割に当たる三〇〇〇個の解析の為に支出するという巨大プロジェクトとして、二〇〇二年にタンパク３０００計画が開始されたのである。

五年後の二〇〇七年、文科省の報告書によれば、この巨大プロジェクトは十分にその目的を達成したとされた。解析完了したのは四五一七個のタンパク構造、そのうち三九二三個がタンパクデータベース（Ｐ

ＤＢ）に登録され、四〇三の特許申請、四一九五本の論文が発表された（文部科学省 2007）。国際的なデータベースに登録されたこうしたデータは、未知のタンパク構造の予測に対して大いに貢献する事になり、論文の中には、その引用回数が二〇〇〇回を超えたものもある、とその成果が語られた（理研 2008）。

　この計画に対するネイチャー誌の解説記事が示す様に、まさに「数量的な意味では、このプロジェクトは成功した」（Cyranoski 2006）のである。しかしタンパク３０００計画の最中から、このプロジェクトに関する批判や、否定的な評価が、学術誌のみならず、一般誌やオンライン上の議論まで散見される事になった。その批判の内容は様々で、「三〇〇〇」という目標値の問題化（大島 2007）、予算の独占（荒田 2008; 2010; 伊倉 2008）、「ビッグサイエンス」的アプローチそのものへの疑問（中村 2007）等である。又創薬への貢献不足という製薬会社の不満も報道された（日経新聞 2007; 読売新聞 2009）。

　だが中でも特に影響があったのは、ネイチャー誌に掲載された批判記事である。ヴュートリッヒは、タンパク質構造をＮＭＲ（第3章参照）を使って解析する手法を開発しノーベル賞を取った世界的権威であるが、彼は「（このプロジェクトは、理研にある）四〇台のＮＭＲのワンマンショーであり、そこには（科学として）見るべき知識は何もない」とこの計画をこき下ろしたのである。又他の日本人学者も、このプロジェクトが扱ったのは「くず（junk）タンパクだけだ」と追い打ちをかけた（Cyranoski 2006）。

　だがこの論難には少し奇妙な点がある。「ゲノム敗北」は、米国等に対する技術的優位性を生かせず、六パーセントという結果しか残せなかったから敗北と言われる。他方タンパク３０００計画では、その目標値であるタンパク構造三〇〇〇個（全体の三割）を超えており、とても失敗とは言えない。後に詳述する様に、この研究分野である構造ゲノム学（structural genomics）の分野では、日本の研究者達は、それなりに先導的な役割を果たしたのである。更に言えば、今回は「ゲノム敗北」本の主役でもある和田が計画の中心で活躍しているのである。加えて不思議なのは、タンパク3000計画に続く、ターゲットタンパク計画である。筆者自身の現地調査は、この後続プロジェクトの時期と重なっており、その経過報告会には、時折参加したが、これ自体は、特に問題もなく、粛々と執行されていたのである。

この章の目的は、計画の達成という現実と、それに対する厳しい論難というギャップの裏に何があるのかを解明する事である。その原因はこの計画が成立してくる過程そのものにありそうである。

2　プロジェクトの成否——期待と失望のダイナミズム

(1)　期待のダイナミズム

プロジェクトの成功や失敗は、それを評価する視点による、というのは当然であるが、普通分かりやすい「失敗例」は、プロジェクトの目標を達成出来ない場合である。例えば未来型の交通システムの開発を予定しつつそれが実現しなかったフランスの「アラミ」(Aramis)計画等がその典型例である(Latour 1996)。あるいはNASAによるチャレンジャー号の爆発の様に、誰の目にも明らかな惨事が起こった様な場合も、失敗というレッテルは貼りやすい。

他方、そのプロジェクトの目標を達成したのに失敗と批判されるとすれば、そうした「失敗言説」は、そのプロジェクトの成り立ち自体に何か問題がある。本章のケースでは、こうしたプロジェクト形成前史に着目する必要がある。序章で紹介した様に、特定のプロジェクトが発案されてから、実行に至るまでの過程では、「期待」の役割は重要である（van Lente 1993; Borup et al 2006）。この期待というのは、ある種の発話行為として理解されるのが主流であるが（Fortun 2008）、希望とか熱狂（hype）といった情動面に注目する研究も少なくない（Brown 2003; ベルーベ 2009）。こうした熱狂については技術動向調査会社のガートナー社が定式化した所謂「ハイプ・サイクル」という図式があり、特に産業界で人気がある（Pollock & Williams 2010）。新規テクノロジーに対する一時の熱狂は、失望に転じ、そこからの回復には時間がかかるとされる。このモデルは余りに単純で、現実には、期待への幻滅が起こると、それから回復するのはかなり困難である事が多い。例えば再生医療の分野では、研究者達は、期待の失敗の反動を恐れて、より攻撃的な研究戦略を取る事で、落ち込みをカバーするという報告もある（Michael et al 2007）。

ここでのポイントは、プロジェクト初期に発生する多種多様な期待をどうやって調整し、実行へと誘導していくかという点である。そうした調整の過程は、漸進主義的な「試行錯誤」の過程であり（Collingridge 1992）、「境界物」（boundary object）（Star & Griesemer 1989）や「表意文字」（ideograph）といった、誰にでもアピールする曖昧なキャッチフレーズが重要な役割を果たす。プロジェクトを、こうした複数の期待の相互調整過程と見ると、前述した様な失敗言説は、この調整の失敗と見做す事も出来る。つまり問題は、「何故プロジェクトが失敗したか」ではなく、何故期待の調整に失敗して、結果として批判される様になったかである。

（2）期待を阻害する三つの要因

この点から言うと、論じるべき三つのポイントがあると思われる。一つ目は、「構造的排除」という問題である。計画の初期に多様な期待が沸き上がる中で、現実には、あるものが選ばれ、他は周辺化、あるいは排除される。コリンリッジらはこうした選別排除のプロセスの否定的な副作用について多少言及しているが（Collingridge 1992）、この章ではこの排除の力学により明確な焦点を当てる。ここで言う「構造的」というのは、本事例では、こうした排除の過程が、このプロジェクトを取り巻く制度上の変化と密接に関係しているからである。

二つ目のポイントは、境界物（boundary object）の失敗という点である。この境界物という概念が広く論じられるのは、それが関係する当事者に対して、玉虫色の解釈を提供する事で、相互の関係が安定するからである（Star & Griesemer 1989）。しかしタンパク３０００計画の場合には、こうした条件が満たされずに、寧ろ逆効果と言える現象が起こっている。実は、こうした可能性はこの概念そのものに内在しており、玉虫色の解釈は、一つ間違えば対立を起こしかねないのである。境界物の成立を、ある種の遷移状態、つまり良性の境界物（解釈が共存する）から、対立する紛争状態へと並べてみると、その中間に一見表面的には境界物の様な作用を持つ様に見えながら、逆にその存在そのものが深刻な対立をもたらす状態がある、というのが本章での主張である。この存在をここでは「反境界物」（anti-boundary object）と呼んでみようと思う。

反境界物というのは、中途半端な存在であり、一見ある種の協力関係をもたらす能力を持っている様に見えつつ、実は関係を破壊する働きをする。それ故、それが不在の方が関係が安定するのである。反境界物は、境界物の一つのバリエーションだが、わざわざ「反‐」という接頭語をつけたのは、人を惑わす存在という意味で、反キリストの様なニュアンスを込めているからである。「構造ゲノム学」という概念が、こうした社会的働きをしたと、ここでは考えている。

三つめのポイントは、「国際競争」という側面である。どんな巨大国際プロジェクトも、協力と競争という二つの側面がある。しかし従来の所謂ビッグサイエンス論（Galison & Hevly 1992）、巨大プロジェクト研究（Collingridge 1992）、あるいは近年のビッグバイオロジー論（Vermuelen 2010; Parker et al 2010）といった一連の議論では、どちらかと言うと国際的な協力面に焦点が当てられ、その競争面についての議論が乏しい印象を受ける。他方タンパク３０００計画の前史を繙いてみると、誕生しつつあったバイオ産業をめぐる主導権争いという側面は否定出来ない。この競争的側面がタンパク３０００計画にも受け継がれていくのである。

又こうした競争的な環境は、ある種の副作用をもたらす事にもなる。巨大なプロジェクトは、変更が難しく、ある種の硬直性を示すとされている（Collingridge 1992; Vermuelen 2010）。しかし本プロジェクトでは、計画実行中に生じた新たな期待に応じて、その強調点が、微妙に変更される事になる。しかしその結果、既に累積してきた失望の上に、更に新たな失望を上塗りするという結果になるのである。

以下の節では、タンパク３０００計画の展開について、主にこの三つの要素（構造的排除、反境界物、国際競争）を中心に分析していく事にする。計画の展開は、二〇〇二年の実施開始までの間に、大きく分けて三つの段階があった。そのそれぞれの時期に、この三つの要素が大きく変化しており、様々な不満や批判的な意見がそこに溜まってくるのである。こうした不満の蓄積が、形式的には成功を納めたプロジェクトに対して、「失敗」という評価をもたらす大きな原因になるのである。

3　研究分野と制度的背景

(1) 構造ゲノム学

このプロジェクトの理解には、次の二つの点について、説明が必要になる。その一つが、構造ゲノム学(structural genomics)という研究分野である。その基本的な発想は、ゲノム研究の方法をタンパク質の構造解析に応用しようというものである。しかし、四つの塩基配列(ＡＧＣＴ)を高速度で解析するゲノム研究と比較すると、タンパク質の高速度構造解析には、いくつかの問題がある。タンパク質は二〇種類のアミノ酸が連なって出来ているが、その配列に加え、三次元的な立体構造を持ち、それが重要な役割を果たす。そこで「高速度で解析」といった場合、それが何を示すかで、研究の方針が大きく変わってくるのである。

一般にプロテオミックスという分野は、普通このアミノ酸の二次元配列を高速度で同定する事を意味する。他方、タンパク質の立体構造を分析する分野は、伝統的に構造生物学と呼ばれており、タンパク質を結晶化し、それをX線で解析する。二次元配列に限れば高速化は比較的簡単であるが(Twyman 2004)、立体構造解析はとたんに難しくなる。タンパク質によっては、結晶化が困難なものもあり、又結晶化の方法もまちまちだからである。マイヤーズによると、カナダの構造生物学の教育では、その構造を研究者の身体の動きに絡めて教える様なやり方を取るという(Myers 2008)。マイヤーズ本人もダンスを趣味としていて、その主張にはやや誇張を感じるが(分子量が非常に大きいタンパク質の場合、その複雑な構造をどうやって身体的に表現するのかよく分からない)。しかし構造生物学者の関心が、個別のタンパク質に固有な構造に向けられている、という指摘は正しい。

もう一つの問題は、塩基配列の様に、量的な限界がハッキリしている場合と異なり、タンパク質の構造を「網羅的」に解析するといっても、どこまでやるか判然としないという点である。実際、タンパク質構造の「網羅的、高速度解析」という議論が出始めた時に、従来の構造生物学者が非常に批判的な態度を取ったのはある意味当然と言える（Montelione 2001; Goldstein 1998）。

この様に、タンパク質構造の網羅的解析という考えに対する批判的な眼差しに対し二つの新たな潮流が、全体の動向に影響を与えてきた。その一つは、もともと化学の分野で用いられていたＮＭＲ分光機（以下ＮＭＲと略称）を、高分子タンパク質の構造分析に使うという技術の開発である。第3章でも少し触れたが、分子間の結合状態を分析するＮＭＲは一九五〇年代に開発が始まり（Blume 2003）、八〇年代になるとヴュートリッヒとエルンストが、それをタンパク質構造に応用する方法を開発して二〇〇二年にノーベル化学賞を受賞している（Suea et al 2005）。従来のＸ線解析法に比べて、ＮＭＲではタンパク質の「結晶化」が必要としないという利点がある。前述したマイヤーズは、結晶学者達がこの結晶化の不確実性に対して、それを「ブゥードゥー科学」（voodoo science）と冗談まじりに呼んでいると記している（Myers 2008）。又強力な放射光装置（最大一〇億ドルくらいかかる）が必要なＸ線解析に比べると、ＮＭＲは五〇万ドルくらいであり、相対的に安価である（宮野＋田中 2001）。ただしＮＭＲは、解析精度に限界があり、特定タンパク構造の部分（ドメイン）しか扱えない（Wüthrich 1986; Twyman 2004）。

こうした技術上の革新に加えて、タンパク構造についても、チョティアの主張、つまりタンパク構造は、有限個の「基本構造」（この段階ではほぼ一〇〇〇個）に還元出来、残りはそこからリサイクルされる

(Chothia 1992) という考え方が、大きなインパクトを与える事になる。この基本構造数は後に多少増加する事になるが、まるでレヴィ＝ストロースの『親族の基本構造』(レヴィ＝ストロース 1977/78) を連想させるこの議論が、後の構造ゲノム学という分野に大きな影響を与える事になる。つまりここで、タンパク構造の網羅解析の意味が、「基本構造」の解析に置き換えられるからである。そして残りの構造は、この「基本構造」情報からシミュレートすればよい事になる。実際、構造ゲノム学を推進した海外の研究者は、「一万ほどのタンパクの新構造さえ明らかになれば、殆ど全てのタンパク構造の世界をモデル化出来る」(Bonanno 1999: R851) とまで嘯いていたのである。

この二つの新たな潮流の助けを得て、構造ゲノム学、則ち、タンパク構造の網羅的解析という考えが現実味を増していく。ある研究者はそれを、「バイオ情報学が運転席にいる」(Gaasterland 1998: 625) と表現し、こうした新動向が多くそうである様に、「革命は近い」という、新たなハイプ言説の雰囲気を生んでいたのである (Gershon 2000; Hol 2000)。

(2) 科学技術庁と文部省

タンパク3000計画を理解するに当たって、もう一つ重要な要素は、その制度的背景である。このプロジェクトでも理研が重要な働きをするが、その背後には、二つの省庁との複雑な関係が存在する。その一つが、一九五六年に総務省の外局として成立した科学技術庁である。もともとは技官の管理育成や原子力、宇宙、海洋研究といった分野の企画調整等をその任務としていたこの庁は、所謂振興調整費によって、国家主導の大規模科学政策を強力に推進してきた (プロメテウス編集部 1986; 新技術振興渡辺記念会編 2009: 17–

26)。理研は戦前の影響力が嫌われて、戦後は一時的に株式会社になる等、困難な時期を過ごしていたが、公的研究機関として復帰した背景には、この科学技術庁の長期的な戦略がある。

これに対して、大学教育、研究を管轄する文部省は、科学政策をめぐって、科技庁とある種の主導権争いを繰り広げてきた[1]。この二つの省庁の狭間にあって、理研はやや微妙な立場に立たされており、それがタンパク３０００計画の性格と複雑に絡み合っている。『科学者たちの自由な楽園』（宮田 1983）という本のタイトルは、戦前の理研での研究活動を示しているが、実際、理研のスタッフは大学と兼務の事が少なくなく、主任研究員会議という半ば自治的な意思決定機関が大きな影響力を持っていた。理研が科技庁によって公的研究組織として復活するプロセスは、この相対的な自治性が徐々に失なわれ、科技庁の直下型研究組織に変貌していく過程であるとも言えるのである。

一九六七年に、理研本部が埼玉県和光市近郊の米軍基地跡に移ると、理研の巨大化が始まる。時限付きの「センター」が特定のプロジェクトの為に立ち上げられ、そこに予算が集中的に投下される様になる。その結果、もともとの理研（和光市にある本部、後に他のセンターと区別する為に中央研究所、基盤研究所等と名称が変わる事になるが、ここでは諸センターと区別する為に、和光理研と呼ぶ事にする）にいた約五〇名の主任研究員達と、任期付きのセンターとの力関係は逆転し、最終的には理研全体が、時限付きセンターの集合体になっていく。タンパク３０００計画というのは、こうした理研の制度的な変化と密接に関わっている。

４　ＮＭＲパーク計画――第一フェーズ

タンパク３０００計画の初期段階は、上に挙げた二つの領域と密接に関係している。一つはＮＭＲによるタンパク構造解析への関心の高まりであり、もう一つはこのプロジェクトの原型が誕生した和光理研の状況である。更にこの時期は、ヒトゲノム計画の急速な進展によって、この網羅解析という考えが、タンパク構造解析に影響を与え出す時期でもある。

（１）「バイオデザイン」計画の誕生

前述した様に、タンパク構造解析の本流はＸ線による結晶解析であるが、その分野で、日本はかなり立ち遅れていた。当時その中心的な装置は文部省管轄下の高エネルギー加速器研究機構、略称高エネ研（ＫＥＫ）にあり、当初は理研の構造生物学系の人々もこの施設を利用していた。理研が独自の放射光施設を持つ様になるのは、八〇年代末に世界最強光度を誇るSPring 8（Super Photon ring-8 GeV）という放射光施設が建てられてからである（2011/10/13）。

こうして結晶解析系の設備が段々と整備される一方、ＮＭＲがタンパク構造解析の為に大学に導入されたのは、東京近郊では一九七六年に東京大学の宮沢達夫研究室（ブルッカー社の超伝導型ＮＭＲを導入）、関西では一九八〇年に大阪大学の京極好正研究室が導入したのがその始まりである（田隅 2006）。宮沢研からは、タンパク３０００計画の主導者を輩出している一方、京極研は構造生物学全体に大きな影響力を持つ様になる。

他方、和光理研に於いては、一九八五年に研究室を開いた柴田武彦（同型リコンビナントＤＮＡ研究）が、理研におけるライフサイエンスの地位向上と予算獲得を兼ねて、一九九〇年に「バイオデザイン」計画というプロジェクトを立ち上げている。実はこの計画が、後のタンパク３０００計画の重要な雛型となる。一九九三年に柴田は構造生物学研究室の立ち上げの為、横山茂之（後のタンパク３０００計画の中心人物）を理研に招聘する（2011/8/17）。横山は前述した宮沢研の出身で、当時としては先進的な、ＮＭＲを使ったＤＮＡ―タンパク質相互作用の研究をしていた。柴田は八〇年代の初期に、既にＮＭＲを使って溶液中のリガンド―タンパク相互作用を研究する事を考えていたので、横山の研究に興味を持ったという。柴田は横山の提案、つまりＮＭＲを複数購入し、それを国際的に公開した共有施設を作るという計画にも関心を持った。当時最先端のＮＭＲを単独の機関が購入するのは困難であり、この案なら国際社会の支持も得られると踏んだからである（2011/8/17）。

こうして、バイオデザイン計画の一環として、横山は一〇〇台のＮＭＲを使ってタンパクの基本構造を解析するという大計画を打ち上げる事になる。『理研八十八年史』には生体物理化学研の飯塚哲太郎が、横山の様子を心配して、二人して当時の主任会議長の井上頼直を訪ねるというシーンが描かれている（理研 2005: 328）。当時も今も、それほどの台数のＮＭＲを一か所に集中した例はなく、狂ったと思われても仕方はないが、横山本人の弁によれば、少なくとも二つの大きな理由がその背後にあったという。

一つは前述したチョティアの「基本構造」論である。横山自身これを読んで、タンパク質構造の網羅解析という考えの実現可能性について確信を得たという（Chothia 1992; 大島ほか 2002: 867）。もう一つは、この「一〇〇台」の意味である。本人の弁では、これはもともと八台くらいという話であったのだが、それを和光理研の物理学者に言うと、六〇〇メガのNMRを八台並べても、それでは二・四ギガにしかならず、それでは新しい科学は出来ないと説されたという。理研は自前の加速器を戦前から作っており、巨大加速器に慣れた物理学者達に言わせると、インパクトが弱いとされたのである（2013/8/28）。

実際複数の人々が、当時の理研の巨大計画は一〇〇億一単位と言われていたと指摘している（2007/8/8; 2011/8/17）。更に当時、同じ性能のNMRを並列するという発想は、国際的に類例が無かったと横山は指摘する。実際、ヴュートリッヒ等からも「世界では二つ同じ規模のNMRを並べる事すらやらないのに、多くのNMRを並べてどうするのか」と問いただされたというが、ここでのポイントは、まさに同性能の装置を並列する事で、分析を加速化するという点である。実際この計画は「NMR購入プロジェクト」と揶揄される事もあったというが、他方世界でもその後こうした並列方式が採用される様になった。その背景には、タンパク構造解析への需要の高まりがあり、それに対応する必要があったという訳である（2013/8/28）。

こうしてNMR一〇〇台計画は、その見かけの極端さにも関わらず、理研及び科技庁の承認手続きをクリアしていく事になるが、この迅速な承認の背景にはいくつかの要因があったとされる。一つは原子力船むつが放射能漏洩事故の影響で廃船の憂き目に遭い、その余剰予算を急遽消化する必要があったという点である[2]（2011/8/17; 2012/9/2）。こうした財政面の裏事情に加えて、網羅的解析を刺激する新たな研究が当時進展していた。それは日本の温泉で見つかった高度好熱菌（*Thermus thermophiles*　高温度に耐えるグラム陰性菌）が生産するタンパク質が、哺乳動物のそれに比べて著しく結晶化しやすいという事実である。倉光成紀は、大阪大学出身の医学生化学者で、この高度好熱菌をベースにして、そのタンパク構造を網羅解析するという考えを、当時から抱いていたという。一九九五年に、とある学会で横山と知り合うと、この倉光のプランは早速横山自身のプロジェクトに採用される事になり、後のＮＭＲ計画への重要な起爆剤となる（理研 2005）（2013/8/8）。最終的には、一九九五年の科技庁の航空・電子等技術審議会（航電審）に於いてこの計画は承認され、理研を中心として、構造生物学を強力に押し進める事になるのである（Yokoyama et al 2000）。

（2）「ＮＭＲパーク計画」と期待の社会学

この手続きの過程で、二つの相矛盾する傾向が顕著になってくる。一つはＮＭＲの共有施設という考え（後に「ＮＭＲパーク」案と呼ばれるが）に対する期待の高まりであり（2011/8/17）。他方はそれへの否定的な動きである。オランダにおける同様の計画について短い分析があるが（Vermeulen 2010）、想定された規模は日本の計画の方が桁違いに大きかった(3)。このパーク案に対しては、熱狂的な期待から抑制された懐疑論に至るまで、様々な反応があったが、国際的なレベルでは、かなりの歓迎を受けたとの複数の証言がある。実際一九九六年にはネイチャー誌に好意的な紹介記事が載っている（Swinbanks 1996）。ただし、そうした歓迎の裏には、日本がやれば、自分達も予算を取りやすくなるという計算（2008/9/18）や、ＮＭＲが不足しているアジア諸国の期待の高まり等、その内実は多様であったという（2012/8/17）。

これに比べ、国内の反応は、より複雑だったが、ある研究者は、若いＮＭＲ研究者達が、明らかにこうした動きを歓迎していたという。これから業界に乗り出していこうとする若手にとって、最新鋭の機械を真近かに使えるというのは希有のチャンスだからである（2012/9/11）。一方、中堅レベルの反応になると、話はもう少し複雑で、別の研究者は、ある研究会でこのニュースを紹介したところ、出席者達から、「へえ」とか「それはすごい」という反応があったと証言している。しかしその反応は、実現可能性を疑う意味もあった（2012/9/20）。この様に、期待のレベルは様々であったが、この後、NMRパーク計画は思わぬ展開を示す様になる。

5　NMRパーク計画の変容――第二フェーズ

この第二フェーズでは、当初のNMRパーク計画とそれを取り巻く環境は大きく変化し、結果として、初期に生じた多様な期待をまとめ、誘導する過程に狂いが生じる事になる。制度的には、この計画の拠点が、和光理研（バイオデザイン計画）から、新たな理研のセンターとして横浜市鶴見区に設立されるゲノム科学総合研究センター（GSC　略称してゲノム科学センター）に移る事になる。と同時に、『ゲノム敗北』の主人公である和田昭允がここに再登場する。

この変化の過程で、前述した「構造的排除」の意味が段々と明らかになってくる。つまり初期の多様な期待が、段々と周縁化される過程である。と同時に、こうした急速な展開の裏にある国際的な状況の変化にも目を向ける必要がある。特に米国で進むタンパク構造解析についての動きが、タンパク構造情報の特許をめぐる思惑と重なって、計画推進者達をある方向に駆り立てる様になる。こうした諸要因が積み重なって、計画の方向性が大きく変化すると同時に、批判が噴出する様になるのである。

（1）理研・ゲノム科学総合研究センターの設立

複数の要因のうち、二つは当時の大蔵省の介入と関係している。この時期は、国際ヒトゲノム計画が、一九九八年に設立された、ヴェンター率いるセレラ社の挑戦を受ける等、かなり荒れていた時期であるが（Venter 2007）、同計画には日本から四つのチームが参加しており、そのうちの一つは理研からであった（清水 2000）。又理研の筑波センターでは、林崎良平が率いるマウスｃＤＮＡ解析計画が進んでおり（理研 2005: 329–351）、それに加えてのこのＮＭＲパーク計画である。大蔵省の第一の要請は、これらをまとめて、より包括的なライフサイエンス計画を作成せよ、というものであった。

元文部大臣・科学技術庁長官で、その後理研の理事長に就任した有馬朗人は、その計画立案を彼の旧友である和田に依頼したのである。当時和田は東大を定年退職後、かずさＤＮＡ研究所の理事を務めていたが、これを機に科学政策立案の表舞台に復帰する事になる（2014/7/31）。有馬の呼びかけに呼応して、ゲノム・ポストゲノム研究を五つの階層（ゲノム、トランススクリプトーム、プロテオーム、メタボローム、そして現象レベルでのフェノーム）からなる「オミックス空間」（omics space）と名付け、それをライフサイエンス基本計画という形で統合して見せたのである（和田 2008: 67–68）。科技庁のトップを歴任した後、理研の理事になった大熊健司は、この和田の枠組みが、現在行われる予定のタンパク構造研究といったものを、オミックス空間という形で包括しているのにいたく感動したと、その印象を述べている（2013/3/18）。

この包括案を実施するセンターとして、理研のゲノム科学センターが、一九九八年に横浜市鶴見区に創設された（理研 2005）。今後、ここが前述したＮＭＲパーク計画、マウスｃＤＮＡプロジェクト、そしてヒトゲノム計画等の日本側の司令塔になる。ただし和光理研でＮＭＲパーク計画に関わってきた人達から見ると、彼らの計画の内容は急速に変質している様に見えた。バイオデザイン側では、主任研究員会議等を通じて、和光理研とこの新センターの間の橋渡しを試みるが、理事会の賛同を得る事は出来なかった（2011/8/17）。前述した大熊（理研理事の後、ゲノム科学センター長になる）は、ある意味和光理研のあり方そのものに曖昧さが残っていたとする。それは科学技術庁の傘下でありながら、研究員が大学と兼任している状況を示している。こうした曖昧さから脱して、理研をより目的志向的な研究機関に変化させる為の手続きの一つが、ゲノム科学センターに代表される時限付きセンターの設立なのである（2013/3/18）。

又初代センター長になった和田自身、当時のセンターのある種の「独走ぶり」を認めている。科技庁の精鋭部隊がこぞってセンターの幹部に参加する等、「オミックス空間」計画を実現する為、磐石の布陣を敷いたからである。前述した『ゲノム敗北』は、ヒトゲノム計画にまつわる科技庁の先見性の無さが指摘されているが、今や風向きは変わり、ゲノム科学センターが、科技庁の十全な支援を得られる体制が整ったのである[4]（2014/7/31）。

（2）構造ゲノム学とその批判者達

こうした制度的な変化に加え、構造ゲノム学という新興分野そのものへの異論も目立ってくる。実はこの点が、前述した大蔵省の二つ目の要請、つまりＮＭＲパーク計画等を国際的にもっとアピールせよというそれと密接に関係してくる（2012/9/21）。前例が無いこうした巨大な支出に関しては、役所はやりたくないが、世界から遅れをとるのもまずいので、半馬身リードくらいがよい立ち位置だという（2012/9/21）。その結果横山らは渡米し、ＮＭＲに関わる会合に参加して、ＮＭＲ一〇〇台計画を説明する事になった。その後、プロジェクトに関するよれよれのコピーが、米国関係者の間に流通し、所謂ＮＭＲパークショックというのが起きたという。米国側もうかうかしていると、日本にやられるという懸念が広まったというのである（2013/8/28）。

実際国際構造ゲノム学会（ＩＳＧＯ）のホームページの学会史欄を見ると、この学会の始まりは、一九九五年に横山が理研で行った提案がその端緒、と年表の一番上に書かれている。それに続いて一九九七年のニュージャージー会議、更にアルゴンヌ国立研究所での構造ゲノム学ワークショップ等と話は続く。後者のワークショップで「構造ゲノム学」という言葉自体が公式に承認されている（Terwilliger 2000）。これに続いて、ネイチャー構造生物学誌が米国、欧州、そして日本における構造ゲノム学の進展を特集した（Terwilliger 2000; Heinemann 2000; Yokoyama et al 2000）。更にヴァージニアの会議に於いて、国際構造ゲノム学会が正式に発足し、国際協力によってタンパク質一万個の基本構造を分析するという目標が設定されたのである（Smaglik 2000）。

構造ゲノム学の国際的な流れに対して、伝統的な構造生物学者からの根深い疑義も様々な形で表明される事になる。まず最初に、和田が前述したライフサイエンス基本計画を作成する際に、その概略を聞いたＮＭＲ研究の重鎮達は、そもそも構造ゲノム学が主張する方針そのものに対して明らかに好感を持っていなかった。ヴュートリッヒはＮＭＲパーク計画を積極的に支持していたが、二〇〇二年にＮＭＲ学会を立ち上げ、その初代会長になった荒田洋治は、最初からこうした構想そのものに距離を置いていた。彼自身は構造ゲノム学のみならず、ゲノム研究という概念自体に明らかな不信感を示しており、又ヴュートリッヒが開発した、ＮＭＲによるタンパク構造解析法（Trosy）に対しても批判的であった。つまりこのやり方では、高分子のタンパク構造（例えば分子量一五万のイムノグロブリン）は明らかに出来ないという。そこで彼自身は、^{13}Cで標識を作り、丹念にその構造を解析したが、本人によれば、これがＮＭＲによるタンパク構造研究の王道だと言うのである（2012/8/17）。

ここまで露骨ではなくても、他の構造生物学の指導層も、やはり構造ゲノム学についてのある種の不信感を表明していた。例えば一九九九年のタンパク研究雑誌での座談会では、ある構造生物学者が、伝統的な構造生物学と、当時理研で進みつつあった横山の構造ゲノムプロジェクト（ＮＭＲパーク計画を含む）は本質的に性格が異なると断言している（柳田ほか 1999）。後のタンパク３０００計画開始前夜（二〇〇二年）の座談会ですら、あるバイオ情報学者が、そもそもタンパク質の機能をその構造から明らかには出来ない、とかなり根本的な疑問を投げかけているのである（大島ほか 2002）。

横山本人も、国際構造ゲノム学会での議論の方向性に完全に満足していた訳ではない様である。特にヴァージニア会議に於いては、米国の代表的なバイオ情報学者達が、情報論を振りかざして会議の流れを牛耳り、個別のタンパク構造をどうやって高速度で解析するか、その具体的な方策が無いと感じたという（大島ほか 2002）。

（3）切迫する特許問題

こうした違和感にも関わらず、一部の指導層は、国際会議に参加した後、事態は切迫していると感じた。それは米国側の急速な展開である（cf. Meyers et al 2000）。当時日本に先んじる形で、米国でも「タンパク構造イニシアティブ」（Protein Structure Initiative: PSI）が動き始め、横山の証言によると、タンパク構造情報でも特許が取れるという話が流布していたという。事実その段階で米側は、ｃＤＮＡについての特許を取り始めていたので、もしこれがタンパク構造まで拡大されると大変な事になる。特に当時米国側と揉めていたのは、構造データの公開についてである。米国側は登録後、原則即時公開を主張していたが、横山は、米国にはこうした情報を産業に結びつける力があるが、日本ではそれは無理なので、頑強に抵抗したという。結果的にそれは半年後の公開という形に落ち着いたのであるが（2013/8/28）、こうした米国の動きを見て、構造生物学の指導層の一部は、こちらもやるしかないと腹をくくったという（2013/8/7）。かくして、指導層のレベルでは、仮に構造ゲノム学の基本前提に対してある程度の不信感があったとしても、国際舞台における競争の圧力をも同時に痛感する事になった。それがタンパク３０００計画を推進する大きな機動力の一つになってくるのである。

6 計画の国家プロジェクト化——第三フェーズ

この第三フェーズは、二〇〇二年のプロジェクト開始に至るまでの時期であるが、この段階で、更なる制度上の大変化が起こり、従来の理研—科技庁による計画の執行という原型は崩れ、タンパク３０００計画は構造生物学コミュニティ全体を巻き込んだ巨大プロジェクト化していくのである。この過程で、初期のＮＭＲパーク計画は最終的に消滅し、三〇〇〇個という具体的な数値目標を伴ったタンパク構造の解明という内容が舞台の中心に置かれる様になる。と同時にこの時期に、計画終了後に吹き荒れた批判の萌芽形態を既に観る事が出来るが、それはこの時期に、計画の初期段階で中心的な位置にいた人々が周辺に追いやられ、批判の姿勢を強めていくからである。

（1）プロジェクトの意味の変化

行政面での大きな変化といえば、まず小渕内閣で閣議決定された所謂ミレニアム予算（一九九九年）である。これは二一世紀を前にして、重要な科学プロジェクトに多額の資金を投入するというものであったが、タンパク３０００計画はそうした国家プロジェクトの一環として、正式に予算措置がなされる事になった（2013/3/18）。これに加え、二〇〇一年には大規模な省庁再編があり、何かと対立していた科技庁と文部省が文部科学省という形で統合される事になったのである（Oda 1998）。

この後者が、タンパク３０００計画の最終形態に与えた影響は大きい。大学教育を司る旧文部省が全体の枠組みに関与する事になり、理研—科技庁ラインから、オールジャパン計画という形で、プロジェクトの性質が変化したからである。その結果、大学の研究者や結晶学者、バイオ情報学者等も新たにプロジェクトに参加する事になった（2013/4/5; 2013/8/28）。しかし、参加者の範囲が急激に拡大した為、具体的な目標設定や、その配分について、運営上の難しい問題が生じる事になったのである。

そもそも、何故タンパク「３０００」なのであろうか。プロジェクト終了後、総責任者の一人である大島泰郎が、ある雑誌に答えて、それは政治的な文脈で決まったという発言をして、物議をかもしている（大島 2007; 荒田 2008）。関係者が指摘するのは、当時政策担当者の間で流通していた「科学技術立国」というキャッチフレーズで強調された、世界の科学の三分の一を日本が背負うという目標と、予想されたタンパクの基本構造数（一万）の間の単純な掛け算の結果がこの数字だという（ただしきりがよいところで三〇〇〇）。この目標は、ヒトゲノム計画における日本のゲノム解読率六パーセントという数字に対する、再挑戦の意味があり、三割死守というのは、政策担当者の間で広く合意された大目標であったのである（2013/4/5）。

実際三〇〇〇という数字を聞いた時に、三〇〇の間違いではないかと感じた構造生物学者もいた（2012/9/20）。しかし横山その他、計画の主要リーダー達にとって、この数字は必ずしも実現不可能という訳ではなかった。と言うのも、前述した、タンパク質を結晶化しやすい高熱菌の遺伝子が二〇〇〇しかない為、五〇〇個程の膜タンパク質（通常結晶化が難しい）を除くと、残り一五〇〇個のタンパク構造は、この高熱菌で稼げるという判断があったのである（2013/8/8; 2013/8/28）。

タンパク３０００計画が国家的プロジェクトになった為に起きた、もう一つの問題は、この数値目標を関係者の間でどう配分するかという点である。プロジェクトの最終形態では、理研に加えて、八つの研究拠点が、発生から代謝に至る諸分野毎に、課題を分担する事になったが（大島 2007）、和田率いる理研のゲノム科学センターと結晶学会の間での交渉の結果、結晶学者側は、結局五〇〇個を八つの研究拠点が引き受ける事になり、残り二五〇〇個は理研のゲノム科学センターが担当する事になったのである（2013/8/28; 2014/7/31）。

（2）ＮＭＲパーク計画の終焉

それにしても、五年間で二五〇〇個ものタンパク構造解析をセンター一つで行うというのは尋常ではない。構造生物学ラボで、一つのタンパク質の複雑な構造を何年もかけて調べたりするのは普通であり、特に膜タンパクでは結晶化が困難で、非常に時間がかかる事もある。こうした中での二五〇〇個であるから、理研に配備される事になった四〇台のＮＭＲについて、最終的にゲノム科学センターもプロジェクト関係者に限るという決定をしたのである。この決定は、当初の国際的な共有設備としてのＮＭＲパーク計画とは、真っ向から対立するものであり、これがパーク案を推進してきた関係者を激怒させる結果になった。例えば、和光理研のバイオデザイン関係者は、施設を国際的に公開し、世界の研究者を呼び寄せた方が、結果的にタンパク構造解析もスムースにいく筈だと考えていた。その為、外部利用を可能にしようと努力したが、うまく行かなかった（2011/8/17）。他の構造生物学者も、この点がタンパク３０００計画がＮＭＲ研究者の間で最も批判された原因の一つであるとする（2012/9/20）。ゲノム科学総合研究センターを統括していた和田も、ＮＭＲ研究指導層からの公開要求は強かったと指摘している。ヴュートリッヒもそうした批判者の一人であり、ＮＭＲパーク計画が実現しなかった事が、前述したネイチャー誌における彼の批判に繋がっていくのである（2014/7/31）。

しかしこれを理研・ゲノム科学センターの側から見ると、話はそう単純ではない事が分かってくる。まず第一に、文科省のプロジェクトとなったタンパク３０００計画は、省の内局予算というカテゴリーに基づくものになり、これは政府が立案し、研究者が受託する形での予算執行が必要となる為、その特定目的以外に予算を使用する事は出来なくなっていた。予算の法的根拠というレベルで既に、国際共用設備としてのＮＭＲパークという話とは大きくずれてしまっていたのである（2013/8/28）。

更に前述した大熊（科技庁出身）は、自分自身はＮＭＲパーク計画は採用しなかっただろうという。研究者の思惑とは別に、政策側から言えば、五年で明確にこういう成果が出る、といったハッキリとした目標がなければ、金は出ないのである（2013/3/18）。更に理研にとっても、このタンパク３０００計画は組織の存亡をかけた計画であり、失敗が許されない旗艦プロジェクトという扱いだったのである（2013/8/28）。

センター長の和田本人も、こうした閉鎖性への批判は認めた上で、やはり公開は現実問題として難しかったと考えている。ゲノム科学センターは、生物データの大量生産工場として、タンパク３０００計画のみならず、並行する他のプロジェクトも統括する必要があり、もしＮＭＲを国際的に公開すると、関係者間で「このデータは俺のだ、いや私のだ」となり、収拾がつかなくなっただろう、と考えているのである（2014/7/31）。

（3）プロジェクトの立ち上げとその余波

かくしてこのプロジェクトの最終形態は、当初のＮＭＲパーク計画とは似ても似つかぬものに変化した。計画の司令塔は、和光理研から横浜のゲノム科学センターに移り、四〇台のＮＭＲは導入出来たが、外部者の使用が許可されず、もっぱらプロジェクト専用になってしまった。初期計画の協賛者のかなりの部分が脇に退き、科技庁―理研ラインとは異なる、旧文部省傘下の機関や大学一般の研究者が大量に参加する様になり、文科省がその手綱を握る事になったのである。

このプロジェクトの執行に関して、二つの点について、更に言及しておく必要がある。まず第一に、二五〇〇〇個のタンパク構造解析という目標の為、ゲノム科学センターの規模が急速に拡大したという点である。ヒルガートナーは、ヒトゲノム計画に関して、米国が意図的に避けたのは、巨大センターに人員と金を集約して、全部の作業を任せるという方法だったとしている（Hilgartner 2013）。ある意味でゲノム科学センターは、まさにそうした巨大センターになったのである。実際この大量の課題をこなすには、播磨のSPring８の結晶構造解析と、新規導入したＮＭＲ四〇台をフル回転させる必要があった。その為ゲノム科学センターの担当研究室は総勢三〇〇人規模の人員（ポスドク、テクニシャン双方を含めて）を新規採用する必要があり、彼らを一九の研究チーム（Research Unit: RU）に配分して、工場の様な作業体制を作ったのである。その為には、まずタンパク質発現用のｃＤＮＡ集めから始まり、そこからタンパク質を体系的に発現させる。それらを結晶化の度合いで仕分けて、SPring８で結晶解析するか、ＮＭＲを使ってそのドメインの構造解析をするか、というプロトコルを作り、流れ作業的に解析を行う事になったのである（2008/9/18; 2012/9/13; 2012/9/28; 2013/3/27）。

四塩基の配列を読むのが目的のゲノム解析に比べると、タンパク構造解析で自動化可能なのは、SPring８での結晶化作業を部分的にロボット化する、といったケースに限られる。実際ＮＭＲに関係した作業工程ははるかに労働集約的であり、ネイチャー誌がその人手不足を記事にしている程である（Triendl 2001）。雇用された新人は、工場の様に、分業化された工程のどこかを担当し、作業の効率化が図られた（2008/9/18; 2012/9/13）。こうした体制を整備する過程で、基本構造の解明という本来の目的の意味も少しずつ変化する様になったという。実際最初はタンパク質構造間に、メンデレーエフの周期表の様なパターンがあるかもしれないとして、構造を比較検討したりしたが、結局そうしたパターンは見つからず、結局構造解析の数を稼ぐ方に全体の流れが移ったという（2012/9/13; 2013/8/8）。

タンパク３０００が実際に動き始めたから生じた別の問題は、その過程での新たな期待の高まりと、それに呼応した調整の必要性である。巨大科学技術プロジェクトを論じた研究者達は、その特性として、執行の「硬直性」、則ち、いったん計画が動き始めると、内容が変更出来ないという特性を挙げている (Collingridge 1992; Vermeulen 2010)。こうした議論とは対照的に、タンパク３０００計画では、その前半が予想以上に順調であった為に、途中から政策担当者達が、創薬という新目標をより明確に示す事を要求し始めたという。実際横山は、中間レビューの時期になると、「この計画の成功は創薬に結びつく」といった言い回しが、政策担当者の間で流通しているのに気づいたという。ヒトゲノム計画の場合、塩基配列そのものだけでは、創薬には結びつかないが、タンパク質の活性部位についての情報は、ドラッグデザインと親和性があり、そういう期待が高まると、対応せざるを得なかったというのである (2013/8/28)。

この目標シフトのもう一つの理由は、米国での状況の変化である。前述した様に、タンパク３０００計画の開始以前、二〇〇〇年から米国では既にタンパク構造イニシアティブ（ＰＳＩ）が立ち上がっていたが、次の段階として、米国がこうした情報を医療面（疾病治療）に利用するのは予想出来た。それ故日本側もそれに対応する必要に迫られたのである (2013/8/28)。だが「創薬」という事になると、従来の高度好熱菌によるタンパク発現ではなく、哺乳類のタンパク質構造の解析が要求される様になったが、これだと結晶化の難易度が増すのである (2012/9/28)。しかもプロジェクトの後半では、文科省側が、数値目標の達成をよりうるさく要求する様になる一方、解析しやすいタンパク構造の数は減って、より困難なものが残っている状態になってしまった。その為、最終年度は目標達成が困難を極めたという[5] (2012/9/20; 2012/9/28; 2013/3/25)。

播磨のSPring 8で構造解析を統括していた倉光は、こうした日本のやり方を外人に説明すると、いつも不思議な顔をされたという。と言うのも海外では、計画が五年と決まれば、その期間は当初の計画通り予算が施行されるのが普通だが、日本ではそれが途中で減ったり、計画が変わったりするからである。実際タンパク３０００の時も途中から減額になり、色々な問題が起きた（2013/8/8）。

（4）プロジェクトの余波

二〇〇七年、文科省のライフサイエンス委員会は、このプロジェクトが成功裏にその数値目標を達成したと発表した（文科省 2007）。タンパク構造解析に関わる設備について言えば、全国で九九台のＮＭＲ、二二六台のＸ線デトラクタ、SPring 8と高エネ研フォトン・ファクトリーにおけるビームラインの整備、タンパク発現法に関する数々の技術革新、ミクロ結晶化マニピュレータ等の開発が挙げられる（文部科学省 2007）。

タンパク３０００計画についての、こうした自信に満ちた報告とは裏腹に、その成果に対する批判の声は、二〇〇七年の計画終了以前に、既にちらほらと聞こえ始めていた。二〇〇二年、日経バイオジャーナル誌は、このプロジェクトに関して、文科省の巨大プロジェクト運営能力、三〇〇〇という目標の科学的根拠、集められたデータの質といった点について懐疑的な記事を掲載した（増田 2002）。プロジェクト終了後には、推進本部長であった大島泰郎が、雑誌の質問に答えて、このプロジェクトの利点と欠点を比較的率直に語り、その中でこの三〇〇〇という目標が政治的に決定されたと発言した事は、既に示した。この記事は更に、それまでに表明された疑義や批判についての一覧表が掲載されており、特許の欠如、データ登録の遅延、人材の浪費、更には過剰なコストといった論点が含まれている（大島 2007）。続けて生命誌博物館の館長である中村桂子が新聞に批判的論評を発表し、その中で中村はタンパク３０００計画を、米国のガンゲノム・アトラス研究と比較し、後者に比べて前者は、その計画内容の科学的、社会的意味を十分に精査する事なく、性急に行われたと主張し、こうした大規模プロジェクトそのものの価値を批判した[6]（中村 2007; 伊佐治 2009）。和田は早速この見解に反論した（和田 2007）が、この中村の批判はオンライン上での多くの議論を誘発する事となった。

翌年にはタンパク研究誌がこのプロジェクトを特集したが（月原+中村 2008）、いくつかの論考が、資金の配分や研究の経済的な有効性への疑義を表明した（伊倉 2008; 箱嶋 2008）。その中で最も批判的だったのは、前述したＮＭＲ研究者の荒田であり、このプロジェクトはＮＭＲを中心としたタンパク構造研究に対して何の革新ももたらさず、科学にも創薬にも何の役にも立っていないとこき下ろした。更に、こうした問題の背景には、日本の科学政策の根本的な欠陥、つまり手続きの不可解さと正当性の欠如があると強調したのである（荒田 2008; cf. 荒田 2010）（2012/8/17）。

この批判のトーンは、前述したヴュートリッヒの「（このプロジェクトは）四〇台のＮＭＲのワンマンショーで、そこには科学的知識はない」という糾弾と同種のものである（Cyranoski 2006）。実際、推進側の国際チームの反論にも関わらず（Yokoyama et al 2007）、このネイチャーの記事が、このプロジェクトの国際的な評判にかなりの影響を与えたという点は、多くが認めている（2011/8/17; 2012/9/11; 2013/8/28）。こうした論争がプロジェクトの評価に与えた影響は、二〇〇九年に新聞に掲載された科学政策への論評記事にも見て取れるが、そこでは「この計画は疾病関係のタンパク質構造を解明する事で新薬の開発を目指したが、そうした期待に添えなかった」（読売新聞 2009）と、冷ややかに論評されているのである。

7　期待／境界物／国際競争

振り返ってみると、タンパク３０００計画で注意すべきなのは、それがもともと岸が呼ぶところの、「ゲノム敗北」を超えるという意図で推進されたという点である。その意味で、このプロジェクトをめぐる顚末は、英国の人工知能研究に対してライトヒル報告という公式報告書が酷評し、その結果人工知能研究が大きく停滞する事になったといったケース（Lighthill 1973）とはかなり異なっている。実際岸の観点から言えば、タンパク３０００計画は、明らかにその要求をクリアしているのである。

実際「ゲノム敗北」時の混乱ぶりに比べれば、①「オミックス空間」に代表される明確なビジョンに基づくタンパク構造研究、②ヒトゲノム計画時の、科技庁の腰が引けた態度に比べ、国際的な構造ゲノム研究に於いて主導権を握るという目的のもと、理研・ゲノム科学センターに対するより腰の入った支援の姿勢、③大きな予算規模の集中投入により、国際的な競争の中で、目標の三〇パーセントを超える数値目標を達成した等、そのコントラストは明らかである。これら諸要素を羅列しただけでも、少なくとも表面的には、タンパク３０００計画は、「ゲノム敗北」の諸原因をクリアし、日本の科学政策として再挑戦を成し遂げたと言えなくもないのである。

(1)　期待の周辺化と排除

とすれば、このプロジェクトに対する冷やかな評価は、ヒトゲノム計画時の様々な混乱とは別のところにその原因がある筈である。その原因の一つが、複数の期待をまとめ上げ、調整・誘導する過程そのものの失敗である。実際、そうした過程は制度上の劇的な変化の影響を被り、大きく蛇行する事になった。前述した中村のビッグサイエンス批判や、マスコミの印象論的な論評を除くと、(7) こうした批判的言説のかなりの部分が、初期のＮＭＲパーク計画が失墜していく事への失望と批判に関係している。その過程で計画実行の主体は、和光理研から、横浜のゲノム科学センターに移動し、同時にＮＭＲ研究指導層の発言力が低下し、最終的にゲノム科学センターでのＮＭＲの非公開化という決定が、多くの関係者の反感を買う事になったのである。荒田らが指摘した、意思決定過程の「不透明さ」（荒田 2008; 2010）の背景には、こうした状況があったが、そこには推進者達ですら予測が難しかった、歴史的偶然も加わったと言わざるを得ないのである。

(2) 反境界物としての構造ゲノム学

とは言え、この説明では不十分な面もある。例えば前述したネイチャー誌の記事にある「科学的知識の欠如」とか「くずタンパク質」といった批判（Cyranoski 2006）は何故生まれたのであろうか。あるいはこのプロジェクトが創薬に役に立たなかったとマスコミが書き立てたのは何故であろうか（日経新聞 2007; 読売新聞 2009）。これらを理解するには、この構造ゲノム学という前提そのものの果たした役割をより正確に理解する必要がある。

このプロジェクトの特殊な性格は、国際的には構造ゲノム学に基づいたプロジェクトと「自己呈示」しているのに対して、それを遂行している研究者の大部分は、伝統的な構造生物学者だったという点である。この二つの領域の視点の差は既に紹介したが、プロジェクトにも参加した構造生物学者の次の批判はそれを如実に語っている。つまり、タンパク構造の微細な変化ですらその機能に大きな差を生む、という構造生物学の理解からすれば、構造情報の蓄積によって最終的にはそのタンパク質の機能も推察出来るという構造ゲノム学の仮定は、根拠が乏しく、構造ゲノム学は、構造と機能の間の複雑な関係を等閑視しているというものである。この研究者は更に、米国では、この両グループは相互に交わらず、その研究資金の出所も異なっていると言う（cf. 大島 2002）（2012/9/20）。

米国でも、タンパク構造イニシアティブ（ＰＳＩ）の成果をめぐって、推進派と反対派の間で激しいやりとりが行われた（Service 2002; Gerstein et al 2003）。推進派がその成果を自己賛美（Abbott 2005）するのに対して、その批判者は猛烈に反論し、このイニシアティブは、基本的に小さい構造のタンパク質しか扱っておらず、構造生物学者が重要と考える貢献、則ち、長期間に渡る「英雄的な努力」によってのみ可能になる巨大なタンパク構造の解明に比べると、このイニシアティブにはまともな成果が無い（Pellegrini 2005）とこき下ろしたのである。

タンパク３０００計画に対する批判の第二のルーツは、この二つの領域間の認識ギャップが最後まで埋まらなかったという点にある。ＮＭＲ専門家がこのプロジェクト全体に対して抱いた初期の期待というのは、現行のタンパク構造解析の限界を超えて、より大きなタンパク質の構造解析を可能にする事にあった。一方、このプロジェクトは前述したチョティアの、タンパク質の「基本構造」（Chothia 1992）仮説とバイオ情報学的な手法を組み合わせて、全体を推測するという計算科学的な発想に基づいている。それ故、このプロジェクトで扱う構造のサイズは小さくて当然なのである。実際倉光は、このプロジェクトの指導層の中で、多少なりとも構造ゲノム学の原則に忠実だったのは自分と横山だけではなかったかと漏らしている（2013/8/8）。もう一人、ゲノム科学センター長の和田が、いわば「オミックス空間」の名付け親として、君臨していたのではあるが（2014/7/31）。実際のところゲノム科学センターの一人も、こうして蓄積された構造データを用いて、興味深い議論を行ったのは、国内よりも寧ろ海外のバイオ情報学者だと指摘しており（2012/9/28）、別のバイオ情報学者もこのプロジェクト内部で彼らが果たした役割はかなり限定されていたとしている（2013/8/7）。

反境界物というのは、こうした奇妙な状況を記述する為に考案された概念である。国際的な研究者集団には構造ゲノム学と自己呈示したものの、プロジェクト内部では、この概念自体の実質的な「不在」によってのみ、国内の参加者がかろうじてまとまる事が出来た様に見えるからである。実際のところ現場レベルでは、構造ゲノム学への賛否を明示しなくても事が足りた。全体目標の五〇〇〇個のタンパク質を八つの拠点に分割し、更にそれを複数の研究室で分担したので、個別のラボでのノルマは、理研の様に極端にはならなかったからである。

シュレーダーは魚を殺す毒性を持つ謎の成分について、その「存在」自体があるともないとも言えない状態にあると論じた論文の中で、幽霊的な（phantomatic）存在論という面白い表現を使っている（Schrader 2010）。この意味で言うと、この構造ゲノム学も多少そうした雰囲気を持っている。しかし彼女の論点が、その研究対象の、ある／なしの幽霊性であるのに対して、構造ゲノム学はより具体的なレベルで、関係する集団に様々な軋轢を生んできたという意味で、寧ろ反境界物と呼んだ方が、その複雑な状況をより正確に表現する事が出来る様に思われる。この相互了解の欠如という状況の中で、批判的な学者やマスコミから、このプロジェクトが何の知識も生まなかったとか、くずタンパクといった批判が生まれる様になったのである。

（3）国際競争の中でのプロジェクト

批判の三番目の原因としては、序章で「二番目の謎」と記した点、つまりタンパク3000計画と比較した場合の、後続のターゲットタンパク計画に対する世間の反応の違いが重要である。この後続プロジェクトに関しては、リアルタイムで見聞きしたが、伝聞したかつてのタンパク3000計画とは異なり、文字通り粛々かつ整然と進行していた。

この違いの一つの理由は、この後継プロジェクトでは、解析の難しい膜タンパク質やより大きな分子量を持つ複雑なタンパク構造といった、構造生物学者が好み、しかも実際に創薬にも直接関係するテーマが選ばれた、という点であろう。ここには、かつてあれほど紛糾した構造ゲノム学の痕跡はなく、ある意味、タンパク3000計画で批判された論点を全てここでやり直しているという印象すら受けるのである。

これに加えて、プロジェクトの実行過程にも大きな違いがあったと関係者は証言している。ターゲットタンパクでは、何度も準備委員会を開いて、複数回に渡り報告書を作る等、事前の打ち合わせに万全を期した。他方タンパク3000計画の時は、全てが余りにバタバタと進み、こうした会議も、一回か二回開催しては、すぐ次に進むという慌ただしさだったというのである（2013/4/5）。

こうした慌ただしさの背後にあったのが、当時の国際状況、つまり、日米貿易戦争、ヒトゲノム計画、セレラ社の挑戦、パテント独占をめぐる軋轢といった一連の出来事である。タンパク3000計画が展開する過程で、特に米国に対する強い警戒心、ないしは「焦燥感」を指導層が感じていた点については既に指摘した。構造ゲノム学に対して、全ての指導層が納得していた訳ではないにしても、競争相手が既に動き始めている以上、三〇〇〇という目標に向ってともかく動く必要があった事、又プロジェクトの最後に、強調点が創薬にシフトしたのも、米国への対応によるものであった。マッケンジーの、期待の分布に関する「確実性のくぼみ」(certainty trough) 論は対象に中心的に関わる人達よりも、その準周辺部でその期待がより高い場合があると指摘しているが (MacKenzie 1990)、創薬に関する期待も、現場に直接関係しない政策担当者のレベルで盛り上がり、それがマスコミに伝播したものである。こうした期待の上昇はその反動としての失望を生み出し、更なる失敗言説を生み出す事になったのである。

(4) プロジェクトの後遺症

タンパク3000とその後継プロジェクトを比較すると、コリンリッジの言う、巨大プロジェクト運営の成功に必要な漸進主義 (incrementalism) と試行錯誤型の学習の重要性という議論 (Collingridge 1992) が思い出される。これによると、タンパク3000計画ではこの二つが欠けていたから批判が噴出し、後続プロジェクトはそれを守ったので穏便に納まった、という具合に説明出来る。しかし筆者は、仮に前者でこういうアプローチが採用出来たとしても、物事がより穏便に納まったとは到底思えないのである。

この点は、複数の研究者が語った、近年におけるNMR研究の動向という点が参考になる。最近所謂変性タンパク質 (intrinsically disordered proteins) つまり本来的な構造を持たないタンパク質が関心を呼んでいるという (Chouard 2011)。安定した構造が無いというのは構造生物学の基本原理に対する挑戦でもあり、NMRにとってもその可能性を広げる重要な機会である。実際欧米諸国では現在NMR装置の充実化が顕著であるが、本邦ではそれは望むべくもない。何故なら既に絨毯爆撃的に投資をした為に、現在予算申請をしても通らないからである（2011/8/17; 2012/8/17; 2012/9/11; 2012/9/20）。

こうした後遺症の裏には、研究の基本方針をめぐる深い溝がいまだ存在する様に、筆者には思える。実際和田は自分の足跡を振り返って、このプロジェクトで得られた「データ」は何世代にも渡ってその重要性が誇れるとする（2014/7/31）。他方、彼の対抗者は、四〇台のＮＭＲが見える風景を、「横浜市鶴見区の理研の敷地内に、ゴーストタウンと化した壮大な無駄遣いの跡を留めている」（荒田 2010: 161）と記しているのである。

この両者の立場の差は、単に構造ゲノム学のみならず、分子生物学や生命科学一般に関わるという点については、複数の議論がある（Fujimura 1999; Lewis & Bartlett 2013）。こうした状況では、仮にコリンリッジの言い分を聞いていたとしても、果たしてタンパク３０００計画時に巻き起こった批判がこれで食い止められたか、正直筆者には確信が持てないのである。

結　語

日本の生命科学政策という文脈に於いて、タンパク３０００計画は、多くの問題について、それを再考する為の重要な素材を提供する興味深い事例である。本章で着目したのは、特定のプロジェクトが立案される過程で、その初期に発生する様々な期待を如何にまとめていくかという過程で必然的に生じる排除とその副作用についてである。この排除の手続きを一歩誤ると、周辺化された集団や、終えた期待がいわば逆流して、執拗な批判の源泉となり、そこで生み出される批判が、そのプロジェクトの一般的な評価に深く関わってしまうという点である。この様な側面は、「期待の社会学」の、いわば影の様な存在である。そしてその影のダイナミズムは、公表された報告書だけでは理解出来ない。より広範囲な社会領域での反応、批判の論理、社会文化的な背景をも含めて、広く検討がなされるべきなのである。

第二に、科学技術の社会的研究で影響力がある「境界物」(boundary object) という概念にも又影の部分が存在する。これが本章で示した反境界物という概念である。これはヤヌスの様な二つの顔を持ち、統合と混乱を同時にもたらす。こうした媒介物の持つ特性や働きは、今後の研究の対象となろう。

最後に、この研究を通じて見えてきた激しい国際競争という観点は、近年のビッグ・サイエンス／ビッグバイオロジー論の、国際連携と協力へのやや偏った関心を是正する役割を示し得る。そしてこうした競争的な側面が、漸進主義的なアプローチの現実的な限界をも示すのである。

「失敗」という評価が生まれる過程の研究は、満たされない期待の暗い力が生み出す後遺症を出来るだけ避ける為にも、必要な研究であると思われる。結局、全てのプロジェクトというのは、何らかの形での未来への夢に基づいているが、その夢が、ある人達にとっては悪夢に変わるのはそれほど稀な事ではない、とこの研究は示しているからである。

(1) こうした対立の具体的な例としては、七〇年代の日米共同の光合成研究の会議の場で、日本側の理研（科技庁）と分子研（文部省）の科学者が、米国からの出席者の前で激しく言い争ったという証言がある（2011/9/13）。
(2) 原子力船むつは一九六八年に作られたが、一九七四年に放射能漏洩事故を起こし、研究は一九九三年に終結した。http://www.

jaea.go.jp/04/aomori/nuclear-power-ship/index.html（2012/5/13参照）

（3）日本が先鞭をきり、それを米国があわてて追っかけるという別の例として、ゲルファートは、ナノテク政策についての日米のやりとりをあげている（Gelfert 2012）。

（4）ある海外の研究者は、日本とインドの再生医学の実践を比較して、大物が全体を取り仕切るという共通点を見出し、これをメラネシア人類学の古典的な概念であるビッグマンという言葉で表現している（Sleeboom-Faulkner & Patra 2011）。これで言うと、和田は典型的なビッグマンという事になる。しかし林（2006）は日米のヒトゲノム計画のやり方を比較し、日本においては、米国の様な「境界的組織」（Guston 2000）が発達していないと見ており、和田の様に個人的人脈の必要性は、こうした組織的未成熟さと見做した方が適切であると思われる。しかもヒトゲノムの段階では、和田ですらそうした媒介が不可能だったのである。

（5）ノルマがきつくなってくると、複雑な構造の変化の途中を一つとして数えるという抜け道を利用して、ノルマを達成しようとしたラボもあるという（2008/8/7）。増田の記事は、この可能性について既に危惧していた（増田 2002）。

（6）伊佐治の修士論文はこの中村の見解に重点を置き、ビッグ・サイエンス批判をタンパク３０００への批判の中心と位置づけているが、議論としては弱い（伊佐治 2009）。実際は多くの批判的な言説のルーツは寧ろ別のところにある。

（7）ＮＭＲ関係者以外での強い批判として、例えば分子生物学側からは、予算がタンパクに偏ってしまい、必要なゲノム研究への予算が十分に回ってこないといったもの等もある（清水 2000）。

第7章 知識インフラと価値振動

データベースにおけるモノと情報

序 研究を支える知識インフラ

本章は、話を再び現在進行中の場面に戻し、今度はそれを情報とそのインフラという観点から見る事を目的とする。前章のタンパク3000計画に於いても、その隠れた主題の一つが、生命科学への情報学的なアプローチとそれに対する従来の研究者の反応という面があり、こうした情報学的研究は、そこで得られた膨大な情報をどう処理するか、という喫緊の課題と深く結びついている。勿論情報化の問題は、前章に限らず、多くの分野に直接、間接を問わず関係するものであるのは言うまでもない。

本章では、その情報化の流れについて、これまでの章とは別の観点から論じる。それは情報にまつわるインフラ整備という問題である。本章の前半では、この情報インフラ研究という分野が持つ、概念上の困難を指摘し、それを踏まえて、後半では現在進行中の創薬基盤整備にまつわる動きを二つの事例から観察する、その一つは化合物データベース整備、もう一つは神戸理研を中心とした京コンピュータと、その創薬への応用という事例である。

1　インフラ概念の基本問題

我々が使用する分析概念は、一見透明、中立的に見えても、その背後に歴史的な由来を隠しており、そこから生じるニュアンスの差が、長い論争を引き起こしたりする。更に日本語でそれを論じる場合には、翻訳による問題の複雑化という副作用もある。そこで人文・社会科学で用いられる概念について、その歴史的な系譜を吟味する研究はこれまでにも多数行われてきた。社会科学、社会思想に限ってみても、主観／客観（subject/object）等に代表される主要概念の屈折した歴史的系譜を扱ったウィリアムズ（1976）の浩瀚な『キーワード辞典』がそうした研究の最も典型的なケースであるが、これを見ると、中心的な概念の意味が歴史的にどれだけ変化しているかよく分かる。更に subject という言葉が、もともと下に投げる、という意味で臣下等を意味していたのが「主観」、更には日本語に入って「主体」（小林 2010）になってしまうといった流れも、そうした概念のさまよう歴史の一つの典型であろう。こうした観点から見ると、インフラストラクチャー（infrastructure）という言葉にもそうした概念史の亡霊が付きまとってくる。この語は、単に社会の基礎技術という意味に加えて、近年では情報あるいは知識インフラという名前で、比較的議論が盛んであるが、だいたいはインフラという言葉をその最も日常的な対象（道路、水道あるいは電気）として設定し、それをコミュニケーションや情報、知識といった分野での意味を論じるというパターンを取る（Star & Ruhleder 1996; Star & Bowker 2002; Edwards et al 2007; Bowker et al 2010）。こうした形で知識インフラを論じるのは、ある意味分かりやすいが、この言葉が持つある種の歴史的系譜を等閑視する危険もある。

一つここで興味深い例を見てみよう。一九七八年に、Current Anthropology という人類学の雑誌が、ゴドリエ特集を行っているが、そのタイトルは「インフラストラクチャー、社会、歴史」というものであった（Godelier et al 1978）。ゴドリエは、マルクス主義人類学とフランス構造主義の独創的な統合を図った学者として人類学業界では知られているが（ゴドリエ 1986）、ゴドリエのこの論文は、マルクス主義の文脈でこの infrastructure という概念（ここでは「下部構造」の意味）、つまり「生産様式に代表される経済的な下部構造が、対応する上部構造（superstructure）を規定する」という古典的理解に対して、人類学者が観察する多くの社会では、寧ろその逆の現象、つまり親族や宗教制度といったものが逆に下部構造を決定している様に見えるという問題をどう考えるか、という問いを発している[1]。彼の回答は、現象学や構造主義に触発されて彼が発案した idéel reality という概念（英文でもフランス語のまま使われている、ここでは仮に「思念的現実」と訳す）を使って、従来の下部／上部構造図式を乗り越えようとするものである。思考、言語、自然への知識や道具使用の知識、更にはタクソノミーや分類体系といった、従来なら「上部構造」に含まれそうな要素を、ゴドリエはあえて下部構造（infrastructure）の一部と定義し直す事で、前述した人類学的な諸問題に理論的な解決の糸口を与えようとしたのである（Godelier et al 1978: 764）。

ここで和訳という手続きが介在する為に、話が複雑になるが、日本語での場合、こうしたマルクス主義系用語には、下部構造という訳が用いられ、技術的な意味でのインフラ（ストラクチャー）とは区別される為に、この両者の関係が見えにくくなっている。しかし英語では、この下部構造も infrastructure とされる場合も多く、その典型が前述したゴドリエの論文なのである。この翻訳の難しさは、フランス語の sujet（英語なら subject）という言葉が「主体」／「臣下」という歴史的な意味を兼ね備えている為、sujetisation というのが、主体になる事／臣下になる事、の両方を含むといった、一種の概念的な曲芸が、日本語に翻訳するとうまく伝わらないのに似ている。

話を infrastructure 概念に戻すと、英語圏ですら、科学論での代表的なインフラ研究や論文集等で、このマルクス主義的な「下部構造／インフラ」概念について言及される事はほぼ皆無と言っていい。例えばある詳細なインフラ概念史のレビューは、マルクス主義史以外は詳しく書いている（Carse 2012: 542–544）。言うまでもなく、この infrastructure（下部構造）という概念は、マルクスが『経済学批判要綱』で定式化したものであり、その後膨大な議論があるものの、現行の情報インフラ論の言葉を借りて言えば、「組織的忘却」の憂き目にあっているとも言える（Bowker & Star 1999: ch. 8）。

勿論、この忘却の裏には、英語圏ですら、マルクス主義の術語としては、infrastructure の代わりに、base という言葉が使われる事が多いという事情もあるだろう。又別の原因として、インフラ論者達の理論的な背景が、象徴的相互作用論（Star & Ruhleder 1996; Star 1999）やパーソンズ／フォンベルタランフィ流のシステム理論（Hughes 1983）といったもので、マルクス主義の中心教義からは距離感がある理論体系に基づいている点も指摘出来よう。

実際、この歴史的な忘却の利点も否定出来ない。新規の分類体系／タクソノミーを作る事の利点をバウカーらは論じているが、それにより過去の痕跡を「綺麗にし、消し去る」（Bowker & Star 1999: 257）事で、新たな出発が可能になる。そして実際のところ、海外の科学論研究者達は、具体的な技術的インフラについて、経験的で、細部を穿つ研究を生み出してきたのである。

しかしこの章では、こうした歴史的な忘却が持つ負の側面について議論する。ある意味このインフラ（下部構造）概念は、その対抗概念、つまり上部構造（つまり宗教、政治、教育、法、芸術等）との関係で意味を持っているが、まさにこうした目に見える「上部構造」に対して、それを支える下部構造（インフラ）が実は全体を決定しているというのが、初期の理論的な革新だった筈である。そこにありながら見逃している土台に社会の基礎を見出すという観点から言えば、インフラという語が持つもともとのニュアンスとそれが全く違うとも言い切れないのである。

実際、infraというのは、ラテン語で、～の下という意味の前置詞であるが、それは同時にinferus（劣っている）という言葉とも関連がある。実際、現行のインフラ研究を見ると、このインフラそのものについての人々の否定的な見解について、多くの言及を含んでいる。例えば、スターは、インフラを研究するという事は、「退屈で余り気乗りのしない」ものを研究する事であるとし（Star 1999: 377）、又インフラ整備といった活動は、余り評価されない、見えない労働者達によって行われており（Star & Bowker 2002; Bowker et al 2010: 98）、その価値についても一種の相剋（tension）があると指摘されている[(2)]（Edwards et al 2013: 26）。

ハインは、生物の学問的分類システムの発展を研究した学者であるが、タクソノミー（分類学）という分野がある種の学問的インフラであるとされる事に対する、研究者達の微妙な反応をうまく表現している。

タクソノミー（分類学）がある種の（学問的な）インフラとして扱われるというのは、微妙な栄誉である。その分野が少なくとも基礎的だとされる事は、確かにその地位を多少は高める事にはなるが、その様に見做される事によって、いわば、他の、より目立つ話題に比べて、あって当たり前として、結果的に無視されるという扱いをされるリスクもあるからである（Hine 2008: 215）。

舞台が所謂メタデータ（データに関するデータ）の領域に移ったとしても、こうしたインフラの持つ否定的なニュアンスが消え去る訳でもない。

みな「メタデータ」の潜在的な価値については認めているとはいえ、現実にその問題を見据えると、「メタデータを無償の形で」他者に対して供給する事で、他者に貢献するという話も、実は余りとても魅力的には感じられないのである（Edwards et al 2011: 683）。

こうした一連の先行研究を参照にしつつ、この章では、インフラをめぐるある種の認識上の分裂、つまり一方でインフラが持つ力を認識しつつ、しかもそうしたインフラに関わる事を出来るだけ避けたいという態度（その中にはインフラ建築のみならず、他者への奉仕、インフラ整備や修繕といったものも含まれる）という、ある種の矛盾した傾向性について取り上げる。現実に、インフラ関係の仕事というのは現状の価値観ではしばしば相対的に低く見られる傾向があるし、スターらが指摘している、不可視で、退屈なものとしてのインフラという観点も、この潜在的な価値の構造に関係している。

こうしたインフラ一般を分析するアプローチとして、バウカーは、不可視の状態にあるインフラをいわば逆転し、それを可視化する戦略的な作業の事を「インフラ論的転倒」(infrastructural inversion) と呼んでいる (Bowker 1994)。この章での主張は、この「インフラ論的転倒」は、実は基本的に「ヘーゲルを転倒させる」というマルクス主義の古典的戦略 (それによって上部構造と下部構造の間の分析的な重要性の重みが逆転する訳であるが) と構造的に近似しているという点である。勿論、この場合、何が逆転されるか、その逆転される対象の関係のレベルは、この両者ではかなり異なっている(3)(4)。

ただし、バウカーの言う転倒は、基本的に研究者の分析上の操作に留まっているが、この章では、寧ろ現場の実践者達が、直面するインフラに対して、どの様な価値付与をしているか、という点に焦点を当てる。先行研究が示している様に、インフラ形成を任される様な場合、関連する価値の構造には様々なタイプの葛藤や矛盾、あるいは動揺／振動の様なものが含まれている。社会のインフラ形成に従事するという事は、それを社会の土台を作る重要な作業と見做すか、それとも日の当たらない裏方作業と見做すかで、それに対する価値付与のあり方も大きく異なってくる。又その価値付与の様子が、特定の文脈毎に揺れ動く様な事態も想定し得る。

こうした振動する価値 (value oscillation) の様態を表現する指標として、ここでは、インフラ (下部構造) をめぐる価値の問題に重要な貢献をした二人の名前を取って、M—B (マルクス—ベッカー) 指標と呼ぶ事にする(5)。M—B指標とは、インフラ的なもの一般についての、当事者の価値付与の程度を示す。ここでインフラ的と言うのは、単に技術的なインフラだけでなく、他人への公的な奉仕、下請け作業的な仕事、インフラ維持や修繕に関わる舞台裏的な作業一般を広く含む。

このM—B指標がゼロの場合、それは当事者が、こうしたインフラ的なものへの関与を徹底的に避ける状態を示し、他方例えば一〇なら、インフラ形成に十全にコミットする事を表すとここでは定義する。過去に論じられている諸ケースを見ると、インフラ形成や維持について、かなり矛盾した態度、価値の動揺が見られるケースが多いが、ここではM—B指数と表示する事で、その変動の様子を、あたかも株価が変動する様に示したいというのが、ここでの目的である。

こうした価値振動は、伝統的なラボラトリー研究に於いても似た様な事例を見る事が出来るが、それは研究装置（research tools）と研究対象の関係が、複雑に入り組んでいる事と関連している（Clarke & Fujimura 1992; Joerges & Shinn 2001）。第4章で、こうした相互関係については言及したが、特定の装置や道具を開発する事を、それを用いて研究する作業の優先順序が、ラボ内部でも微妙に上下するという点は既に指摘されている（Clarke & Fujimura 1992: 16）。

又実験装置にまつわる労働の特性や、テクニシャンの役割等についても、より本格的な研究が不足しているという主張もある（Barley & Bechky 1994; Barley & Orr 1997）。ブッリが分析した、病院内での、MRIの導入に対する放射線技師（radiologists）の戦略の分析は、科学社会研究の文脈では比較的珍しい、ブルデュー流の文化資本論と、境界確定作業（boundary work）（Gieryn 1999）という分析枠組みの組み合わせに基づいている（Burri 2008）。こうした議論は、古典的なマルクス主義の議論の基本精神をある意味忠実に追っているとも言える。

ただしインフラ一般は、ラボの実験装置や特定の研究分野の境界線を越えるスケールを持ち、しかも多重的な層を成しているので、そこでの価値振動の問題はより複雑になる。更に話が込み入ってくるのを、このインフラ研究が、情報や知識という分野に拡張される場合である。と言うのも、ここで一般に知識インフラと言われるものを概観してみると、データベース、コンピュータ化、グリッド、「e-science」等々、かなり雑多な起源のものを含んでいて、この語が具体的に何を示すのか、研究者の間でも見解が一致していないからである（Edwards et al 2009; 2013）。ラボあるいは学問分野レベルの研究では既に、価値振動の興味深い側面が示されているが、その対象がインフラに広がると、この価値振動的な現象へのアプローチは、やや焦点が定まらなくなり、「緊張」（tension）とか「科学の摩擦」（science frictions）といった用語で曖昧に議論される傾向が強い。

実際、コンピュータ、情報、そしてデータ科学等が次から次へと新しい科学的潮流として称揚される現状では、価値振動の問題は非常に興味深い形式を取る可能性が出てくる（Hine 2006; Edwards et al 2013）。と言うのも、こうした新動向を一つのインフラ形成と見做し、高い価値付けがされていると考えれば、ある意味そのM—B指標を上向きに押し上げる事になるが、他方で、そのインフラとしての性格が不安定と見做せば、それなりに社会的な評価が安定した従来のインフラ（道路や水道、電気等）に比べて、その価値は下がり得る。結果として現状ではそこに安定した解がある様には見えないのである。

2　創薬基盤の問題

本節では、特に近年日本のみならず多くの先進国で急務となっている、大学、研究機関を中心とした創薬研究を推進する為の、創薬基盤形成に関わる二つの事例を取り上げる。一つは既に先行する章で取り上げた化合物ライブラリーであり、もう一つは、神戸を中心にした、世界最速を競う京コンピュータによる、計算機科学に基づく創薬支援と、それを補完する大規模仮想ライブラリーという構想である。

ここでの中心的な問いは次の二つである。まず第一に、いくつかの仕事の層が積み重なって出来ているデータベース関連の作業に於いて、ここで言う価値振動がどの様な形で観察されるかという問いである。創薬基盤という大きなインフラが形成される為には、複数の下位インフラが設計、調整される必要があるが、実際にはそれらは特定の制度やセンターといった形で、徐々に形成される。そこで、特定のデータベースという知識インフラを観察する事は、様々なレベルで起こるインフラ化の過程を観察する事と繋がり、それは同時に、価値振動問題を様々なレベルで観察する機会ともなる。

第二に知識インフラをめぐる価値振動が、物質的なインフラとどう関係するかという問いである。薬というのは化学物質であると同時に多種多様な知識の集合体でもあり、その意味で創薬基盤における知識の側面は、その物質的な面と密接に関係している。この二つの問いに着目する事で、この章では、創薬基盤という特殊なタイプの知識インフラが持つ諸特質を背景にして、価値振動の問題がどの様に観察され、更にそれが長い伝統を持つ価値をめぐる論争と深く関わっているかを論じる。

言うまでもなく、創薬プロセスは、目的となるターゲットタンパク質を同定し、適切なリード化合物を絞り込んでから、それを動物実験や三相の臨床治験にかけて最終的にその安全性を確認するまでに、膨大な知識と、様々なインフラを必要とする（Petryna 2009; Keating & Cambrosio 2012）。アカデミアの世界にこの創薬開発を共有させようという最近の政策的な動向の裏には、近年の爆発的な技術進歩やそれに伴うバラ色の予想にも関わらず、加速する費用及びリスクの増加による生産性の低下という現実が存在している。

実際この停滞が、安全性をめぐる規制の厳しさに由来するのか、あるいはそれとも製薬会社の経営方針そのものに問題があるのかといった論争については第4章で既に紹介した。こうした背景から、その開発リスク軽減の為に、リード化合物探索を産学共同で行うというのは、世界全体での動向である。第5章でも論じた、ＮＩＨの「バイオ医療研究の為の工程表」はその典型である。

ここで、創薬基盤という概念を、より一般的な「知識インフラ」の一つと見做す事の妥当性について多少論じる必要があろう。基盤という用語はまさにインフラの別名であるが、普通インフラとは、その典型例である道路や水道を見ても分かる様に、一般的、公共的な色彩を持ち、所謂創薬という特殊な目的に特化したものとはやや異なるのではないか、という指摘も可能である。英語でよく用いられる別の表現、例えば創薬パイプラインという言い方も、どちらかと言えば、基礎から臨床へという過程をいわば水平的に統合する工程というニュアンスがある。実際研究者の中には、例えばバイオ医療的「プラットフォーム」（Keating & Cambrosio 2003）という言い方で、複数の異種混交的な要素が水平に統合される側面を強調し、あえてインフラという言い方を避ける人々もいる。

とは言え、創薬基盤にはやはり知識インフラと呼ぶべき理由があるのは明らかである。まず創薬基盤という制度の中には、ラボから国家全体に至る複数の層が共存しており、その中には、一般に開放されたデータベースといった、他のインフラと同様の性質を持つものも含まれている。次に、この創薬（基盤）という過程が、前述した様に、物質性と知識という両面と複雑に関係しているという点も重要である。薬とは、ある種の「情報化された物質」（informed material）（Barry 2005）であり、その合成の為には、タンパク質化学、有機化学、医学といった様々な分野の膨大な知見（知識）が凝集された形でそこに介在している。こうした知識体系の必要性によって、創薬基盤は知識インフラとしての特性も持ち合わせていると言えるのである。

以下の節では、こうした創薬基盤の諸階層のうち、どちらかと言うと下位制度のレベルに焦点を当てるが、基盤の上位レベルの層も重要な役割を果たしているのは言うまでもない。ここでは、この章のテーマである、知識（情報）インフラという観点から、二つの興味深いデータベースを中心的に取り上げる。一つは、天然物データベース（天然物化合物に特化したデータベース）であり、もう一つは、仮想空間上に人工的に作られた、仮想（化合物）ライブラリーである。

後に詳述するが、ラボの現場から研究所全体に至るまで、ちょうどロシア土産のマトリューシュカ人形の様な、多層的なインフラ構造の中で、価値振動の問題は、様々なレベルにその具体的な姿を見る事が出来る。ここでは特に、その一つのレベルであるデータベースやライブラリーが中心的な議論の対象となる。

だがその前に、こうした創薬基盤という装置そのものに見え隠れする価値振動の問題について、簡単に言及しておこう。多くの研究機関には、ある種の基盤技術を提供する為の、様々な制度がある。そのうち、時限付きのセンターとか、ライブラリー、データベースといった施設の整備については既に先行する章で言及した。第2章の記述も、該当研究室がセンター化の方向に進んでいる最中での観察である。当然そこには、この章で論じる様な、インフラ関係の問題が生じていた。

こうしたセンターといった制度で興味深いのは、そこにインフラ的な役割と、センター自体で研究を進めるという、ある種の二重性が存在するという点である。ラボでのハイスループット（高速処理）機器の改善や、アッセイ系の確立、データベース／ライブラリーへの材料の収集・整理といった作業は、そうしたインフラ的な色彩を伴うものである。前にも示した様に、こうした作業の暗黙の腑分けは、所謂研究者／テクニシャンといった公的な職種に限定される訳ではなく、どの研究者も一つかそれ以上のインフラ関係業務を果たす必要が出てくる訳である。

こうした複雑な業務配分は、価値振動のいわば生きた事例の様なもので、その二つの側面のどちらかが強調されるかは、かなりの部分文脈に依存している（2008/6/24）。実際現場では、研究内容が余りに下請け的になると自らの研究の質が低下しかねないので、時折それに気をつける様にという指摘があったり（2008/4/15）、外部からの業務委託が来ても、もしその内容が学問的に興味深いものであれば、それを共同研究に変えるという方針も示されている（2007/11/13）。こうした状況は、M―B指標的に言うと、その値が状況毎に上下している典型であり、インフラ面へコミットすると同時に、それに完全に没入する事へのためらいすら、感じられるのである。

3　知識インフラとしての天然物データベース

さて、ここで知識インフラという観点から、創薬情報にまつわるいくつかの制度の動態を考察するが、ここで問題を価値振動という観点から分析するには、多少の追加説明が必要となる。それはこうしたデータベースが持つ特殊な性格と、それを取り巻く他のインフラの複雑な各層（レイヤー）の問題である。特にここで最初に取り上げる天然物データベースというのは、具体的な天然物化合物のライブラリーと密接に関係しているという点で、我々が普通一般的に考えるデータベースとは多少趣を異にしている。

天然物データベースは、第5章で取り上げた、創薬の為の化合物ライブラリーという計画を補完するものとして、収集された天然物化合物に関係するメタデータ、例えば生物活性やアッセイ法についての情報をそこに呈示すると同時に、化合物ライブラリーのいわば「カタログ」としての機能を兼ね備える事を目的としている。

データベースの問題以前に、この化合物を収集するという計画そのものにも、多少の困難があった。まず第一に、市販の化合物を収集するのとは異なり、そもそも天然物化合物をどうやって収集するかという問題がある。天然物化学を研究するラボにとって、その抽出と精製に労力がかかる天然物化合物は、いわばそのラボのお宝であり、おいそれとそれを公共目的の為に提供する訳にはいかない（2008/5/25; 2011/6/30）。マウスのゲノム情報データベースに関する似た様な問題をハインが指摘しているが、そこでは若い研究者達が、自ら調べた研究情報を「データ」として、データベースに提供する事に抵抗している姿が描かれている（Hine 2006）。こちらのライブラリーに関しては、定年で引退する研究者が残していく化合物を提供してもらうというのがより現実的な戦略とされたが、近年知財に関して大学当局が管理を強める傾向にあり、こうした提供への抑制要因となる可能性があった（2014/5/29）。クラインマンがそのラボ研究で力説した様に、政治経済的な制約が、こうした公共インフラの構築にもその影を投げかけているのである（Kleinman 2003）。

こうしたモノとしての化合物の収集の成否が、そのデータベースの成功とも密接に関わってくるのだが、他方でデータベースには別の問題も存在する。それは競合するライバル・データベースの存在である。一般的に、化学の分野では、米国化学会の SciFinder という有償のデータベースが、最も包括的で権威あるデータベースとされている。(6) 実際、話を聞いた化学者達は、自分の研究の為にはSciFinder一つで十分だと指摘する。ただし、近年米国の国立生物工学情報センター（National Center for Biotechnology Information: NCB）が二〇〇四年に公開したPubChemという、特に低分子化合物の生物活性等に焦点を当てた無償のデータベースが、ライバルとして急速にその影響力を増している。(7) 天然物データベースの企画の初期は、まだこのPubChemの将来がはっきりしなかったのだが、現状ではPubChemの力が強く、それに直接的に対抗するのは難しいというのが実情であった（2014/5/29）。

しかし実はこうした強大なライバルのデータベースに対して、天然物データベースが対抗出来る重要なポイントがある。それは後者が、対応する天然物ライブラリーの「カタログ」としての機能を持っているという点である。実はここに、このデータベースの固有の性質が存在する。

ここで問題になってくるのは、いわば「言葉と物」の関係、つまりデータベースとそれに対応する実在物との関係という問題である。これをより一般的なデータベースの場合で見ると、例えば化学情報の一般的なデータベースでは、特定の化合物について、その合成方法や、その化合物を販売する業者の情報等が事細かく盛り込まれている。ゲノムデータベースに関しても、その特定の塩基配列の情報から、実験に必要なベクターを提供してくれる業者は今や多数存在する。言い換えれば、データベースに掲載されている「データ」と、それが指し示す「指示対象」（reference）の間には、それを繋ぐ論文、ラボ、業者等の重層的な社会的ネットワークがあり、それが表面にあるデータベースというインフラをその下で支える、ある種の見えない下位インフラ（対応する物を供給する為の社会的装置）としての役割を果たしているのである。そしてこの下位インフラの諸層によって、ユーザーは、データベース上の情報から、その対象物そのものを直接入手出来るのである[8]（2014/5/ 22; 2014/6/6; 2014/22）。

しかし天然物化合物に関して言うと、話はこううまくはいかない。と言うのも、天然物化合物はその量が圧倒的に少なく、又合成も難しいから、データがあったとしても、それがすぐ入手出来るかどうかは分らないからである。実際データベース上で、ある特定の天然物化合物のデータを得たとしても、大抵の場合、その天然物を扱っているラボと直接交渉して、分けてもらうしかない場合も少なくない。しかしある天然物化学者によれば、この手続きが結構やっかいであるという。と言うのも、データベース上にあるからといっても、実際に調べてみると、そのラボが既に消滅していたり、ラボ所有の化合物の量が不足していて、分けてもらえなかったりするからである。更に、たまに特定の天然物が業者によって合成され、販売されている場合も、その精度に問題がある場合が少なくなく、その製品を再分析して、もう一度精製し直すという余計な手間がかかる事も少なくないという（2014/8/22）。

こうした理由によって、天然物ライブラリーの固有性とその潜在的な重要性が分かってくる。つまりユーザーにとって、自分が欲する化合物が格段に見つけやすくなると同時に、化合物獲得の為のプロトコルを整備する事で、面倒くさい個別交渉の労を省く事が出来るのである。この様にライブラリーが充実すると、それに呼応して、データベースの有用性も一気に増す事になる。つまり、ユーザーは単に特定天然物の情報を得るだけでなく、そのデータベースのカタログ機能によって、ライブラリーから目的の化合物そのものの入手も容易になるのである。

興味深い事に、データベースとライブラリーの間のこうした関係は、普通のデータベース論では余り出てこない。新興データベース問題は、しばしば「ゲートウェイ問題」、つまりローカルなデータベースと他の巨大データベースの間の接続問題（Edwards et al 2007; 2009）としてのみ語られる傾向がある。まるでソシュールの記号論の様に、記号（データ）は他の記号（データ）との関係でのみ決定されると言わんばかりである。しかし天然物データベースが示すのは、データとそれが指し示すモノの関係がそう単純ではないという点である。それは天然物化合物が持つ物質としての希少性という側面が、普通の化合物やゲノム情報の様に、言葉とモノを関係づける社会的装置が整備されているケースとは顕著に異なるからである。

このデータベースを、価値振動という観点から見た場合、一般的な基盤施設よりはその特性がはっきりとは見えてこないという印象が否めない。勿論、モノや知識インフラの一部として、これらのライブラリー／データベースを整備し、維持するというインフラ整備業務に対する価値振動は十分に予想出来る。しかし現状では、この価値振動の問題は、これらデータを具体的なモノと変換する手続きを支える、より広いネットワークレベルで観察されるようである。具体的に言えば、個別のラボが、手持ちの天然物をライブラリーに供出するのをためらうといった場面である。

4　仮想ライブラリー——未来の知識インフラ？

ここで示した様に、天然物ライブラリー／データベースは、潜在的には価値振動問題を示しているが、データベースそのものが発展途上の為、その様子が不分明の部分がある。これを補足する為、次に化合物の仮想ライブラリーを作るという計画について更に見ていく事にする。このプロジェクトは、一九九五年の阪神・淡路大震災以降、理研の京コンピュータを中心として、神戸を新たな生物医療研究のハブにするという計画に関係している[9]。

京は、兆の一万倍の単位で、一秒間に一〇ペタフロップの計算速度を目標としたスパコンの事を示すが、その計算速度に関して米中といったライバル国と抜きつ抜かれつの競争をしているのはよく知られている[10]。この京コンピュータを用いた創薬支援のプロジェクトは複数進行しているが、ここで着目するのは、仮想化合物を集積した仮想ライブラリーの試みと、ビッグデータを用いたタンパク質―リガンド（それに結合する化合物）関係の解析計画である[11]。

最初の計画は、目標とする化合物を合成する為の最適な経路を探索するArchemというソフトを逆方向に使用する事で、膨大な量のバーチャルな化合物を仮想空間上に作り出そうというものである。関係する研究チームは五〇億もの仮想化合物を作り出したというが（芦田2010）、この数字は、前述の各種化合物ライブラリーや、あるいは製薬会社が所有していると想定される水準（最大一〇〇〇万化合物くらい？）から見ても文字通り桁違いである（2012/5/12）。しかしこの様な膨大なライブラリーには、天然物化合物の様な、複雑な三次元構造（例えばキラリティ）を持つものは含まれていない（2014/9/2）。このライブラリーの目的は、仮想化合物と目標タンパク質の間の相互作用を計算機上で検討し、その間の最適な組み合わせを探る事である。こうした計算を行うスパコンに対する期待は大きく、富士通の様な企業も又この計算機科学に基づく創薬という分野に多くの期待をかけている様に見える[12]。

しかしこうした方法にも問題がない訳ではない。実際、計算量が爆発的に増えるのを防ぐ為に、ニュートン力学と量子力学的計算の間のバランスをどうするか（後者なら厳密だが計算が大変なので、前者と混ぜる）、あるいはタンパク質―リガンド間の相互作用を計算する時に、溶液や細胞間の環境の影響をどう計算するか（それを計算すると計算量が増える）といった様々な問題が存在している（2014/8/12）。更に膨大なノイズの問題もある。かつてコンビナトリアル化学（コンビケム）でも起こった事であるが、新しい化合物を迅速・多量（ハイスループット）に合成したとしても、そのかなりの部分が、現実の化合物としては余り意味がないという問題があった（Barry 2005; Borman 2004）。この仮想ライブラリーでも、こうした、実用性の乏しい膨大な仮想化合物の中から、どうやって真に有用な構造を取り出していくかという問題が残っている（2014/9/2）。実際、京コンピュータ以前の実例についての過去の研究を見ると、タンパク質―リガンドの結合予測の精度は一〇パーセント以下という報告もあり、その予測精度の向上が必要とされたのである（金井 2012）。

そこで二番目の研究プログラムは、このタンパク質―リガンドの結合関係をコンピュータそのものに機械学習させ、それによりこの結合予測の正解率を上げるというものである。この機械学習は、コンピュータが筆跡や人の顔を学習するのと同じ原理であるが、この方法を用いると、予測精度は、従来のそれに比べて二倍以上になるという（金井 2012; 奥野 2012）。

これらのプロジェクトを価値振動という点から見ると、前述した天然物データベースの事例では余りはっきり見えなかった側面が明らかになる。これらのプロジェクトは、現時点ではまだ開発途中であり、公開利用が行われている訳ではないが、研究者達は、今後の進め方について、いくつかの問題点を既に指摘しており、筆者の解釈ではその中に既に価値振動に関わる問題が内在している。

例えば、現時点での開発フェーズの終了後、仮想ライブラリーや化合物データの適合予測の様なサービスを彼ら自身がどの程度、自分達で行うかは、現時点ではまだ明確ではない。仮想ライブラリーの責任者は、その点ではこの作業のインフラ的な性格をはっきりと自覚しており、M―B指標は高い（つまりインフラ的活動への参加意欲が高い）様に見える。しかし、計算機科学、天文学、生物学の複合領域にまたがって活動してきた後者の様な研究者にとって、それぞれの分野の研究者集団に対して、彼自身がどういうスタンスで臨むのか、やや曖昧なところがあるという。例えば、情報科学系の学会に行くと、そこでの発表内容が、ややトリビアルな成果を誇っている様で、現実味が無いと感じるという。この章での言い方でいえば、彼はこうした情報科学の同僚達が、十分なM―B指標をもってその開発に貢献していないと感じているのである。しかし生命科学の学会に参加すると、今度は逆に、彼の業績が何となく生命科学者（所謂ウェット系）の下請け作業、インフラ的なものと見做されていると感じるのである（2014/9/2）。言い換えれば、彼は自分の仕事が持つインフラ的な特性をある意味十分に認識しており（それ故M―B指標は基本的に高いのであるが）、別の文脈に於いては、その指標は相対的に下がるのである。実際、ラボの内部でも、一種の下請け的な仕事は発生するが、例えば仮想ライブラリーの中にあるノイズや無意味な構造を除去するという作業を若手に引き受けさせる時に、彼らの今後のキャリアを考えると、躊躇する事もあるという（2014/8/2）。この点はハインも似た様な懸念の存在を指摘している（Hine 2008）。

第二番目のタンパク質―リガンド結合の機械学習の研究者は、インフラ的な業務に関する関心は低く、M―B指標は低い。実際こうした機械学習を一般に公開して、サービスを行うという作業は、自分が立ち上げたベンチャー企業に一任されており、彼自身はそれにタッチしていない。彼のラボは新たな手法の開発に専念しており、それ以上のサービス的な作業は自分では行わないのである（2014/8/8）。

しかしこの新手法を現実の創薬過程に適用しようとすると、価値振動の問題は不可避となる。それはこうした予測結果に基づいて、最適とされる化合物を実際に化学者に合成してもらう時に現れる。機械学習の過程は、その予測をブラックボックス化しているが（つまり何故そういう予測結果が出るかは分からない）、この研究者によれば、こうした結果そのものは、合成化学者にとって、殆ど何の理論的な魅力もない。それ故彼らが、そうした作業に従事する動機が殆どなく（つまり下請け作業であり、M—B指標は限りなくゼロになる）、協力してくれる化学者を見つけ出すのが非常に難しいという。仮想ライブラリーのケースでは、こうした実際の合成の仕事は業者に任せているが、これも又、学問的にうまみの少ない下請け的な作業を化学者にお願いするのを避ける為の方便である（2014/8/8; 2014/9/2）。

より一般的に言えば、こうしたプロジェクトは、当初は発展段階の初期として、その革新的な性格が世間の注目を集めるが、いずれそうした華やかな時期は去り、ある種のメンテナンス的なモード（つまりインフラ化）に移行する事になる。こうしたモードの中に、前述した天然物におけるデータ—モノ関係と似た様な側面、つまりデータとして存在する情報を具体的な物質に転換するプロセスが必要となり、そこで合成化学者達の協力が必須となるのだが、ここに彼らの低いM—B指標によって、そうした過程が困難なものになるのである。

ここで合成化学者のケースとして語られている、知識（データ）とモノの不安定な関係は、知識インフラという概念が持つある種の構造的な不安定性をいわば換喩的に示している。この点について、京コンピュータ計画に参加しているタンパク構造シミュレーションの専門家は、コンピュータ技術における革新性とインフラ的性格の避けがたい二重性と、そのバランスを取る事の難しさを語っている。実際コンピュータ技術はいまやタンパク質解析の基礎技術の様々な分野、例えばＸ線やＮＭＲ分光機等に於いて、複雑なシグナルのデータ処理の為に、広く用いられている。そこで彼のラボでも、この革新的な開発の側面と、インフラ的な作業は肩を並べて存在している。しかしシミュレーション用のソフト開発や調整といったインフラ的な作業の扱いは、注意が必要だとこの研究者は言う。と言うのも、こういう作業をやったところで公的な業績にはならないし、その為にラボメンバーにこうした作業を任せる時は、ある種の慎重な説得が必要だというのである（2014/8/12）。

5　データベースを支えるもの

天然物データベースや仮想ライブラリーという事例は、ある意味、より一般的なデータベース群を含む座標系の、いわば両極端を構成すると言える。これら既存の巨大データベースに比べると、ここで紹介したケースはまだ発展途上の段階にあり、現時点で最終的な結論を述べるのは時期尚早である。しかしここで見られる兆候は、他のデータベース（知識インフラ）にも潜在的に見られる特徴であるとも言える。

インフラの基本特性である、ある種の重層性という点から言うと、ここで取り上げた二つのケースもそうした重層的な構造の中に位置している。前述した様に天然物データベースはもともとセンターの一部として計画されていたし、仮想ライブラリーは、神戸市を含む京コンピュータ関係プロジェクトの一端を担っている。しかしこれらの装置が、より大きな組織階層の一部を成しているという自明の事実に比べると、これらが知識インフラとして、自律的な機能を持ち得る条件とは何かという問いに対する答えは、それほど自明ではない。天然物データベースがより良く機能する為には、対応する化合物ライブラリーが必要であるし、それを支える人員や、材料を喜んで提供してくれる研究者のネットワークも必須である。仮想ライブラリーの方は、その「仮想」構造を現実の物質に合成してくれる研究者の協力が必要であり、それが無いと、現実の創薬過程でその効力を発揮する事が出来ない。

この比較的マイナーなケースを通じて見えてくるのは、より確立したゲノム／化学系のデータベースの背後にある、広範囲のラボや業者のネットワークの重要性である。データベースは、単にそこにデータを供給する人々の存在のみならず、それらの情報を具体的なモノに変換してくれる、広範囲のネットワークが必要となる。これは非常に拡散したシステムであり、具体的なインフラという形でイメージするのは難しい。しかしそれがないと、現存するデータベースは、その現実的な効用のかなりの部分を失うのである。

そこで価値振動の問題は、そうした層の存立のいわば安定度に依存するという事も出来る。ゲノム研究におけるインフラ問題として、既に所謂ウェット（生物学）とドライ（計算機科学）の間の緊張や矛盾を論じたかなりの研究があるが、それらは必ずしも「知識インフラ」という観点からそれを論じている訳ではない。例えばガルシア＝サンチョは、遺伝学／タンパク質研究とシークエンス技術の間の歴史的な関係を分析し、それが対立と強調の間を揺れ動いている事を記している（García-Sancho 2012）。ルイスらは、バイオ情報学者が新しい知識を探求する科学者としての立場と、ウェット系の生物学者をサポートする技官の様な立場の間で、アイデンティティが引き裂かれている姿を示している（Lewis & Barlett 2013）。ラボにおける活動の知識インフラ的な側面により着目した先行研究としては、スター達が、遺伝配列研究ネットワークについて、「道具の作成と報酬構造」という題で、ある種の価値振動の原型の様な議論を既に行っているし（Star & Ruhleder 1996: 126）、又ハインはマウスゲノム・データベースについて、生物学者とリソース・センターの間の潜在的な対立点とそれを避ける努力について、価値振動問題とも共通する形で、詳しく論じている（Hine 2006）。

この章の事例で分かってきたのは、価値振動のあり方は、インフラに関わる広い範囲に複雑な形で分布しているという点である。創薬基盤機構といったレベルでは、この価値振動は一種の基盤業務と個人的研究の間の、二つの方向性の間の対立としてその姿を現す。そこでM―B指標は、特定の文脈に応じて上下を繰り返す様に見える。それとは対照的に、天然物データベースと、仮想ライブラリーのケースでは、価値振動は、これらのデータベースを更に下から支えている層のレベルでこそ、よりハッキリとその姿を現すのである。

結　語

この章の議論から導き出される結論は二つある。一つはインフラ研究の初期に主張された、インフラ概念の相対性（つまりある人にとってのインフラは、他の人にとっては作業の対象であり、インフラとは言えない）という議論（Star & Ruhleder 1996）は、このインフラストラクチャーという原語が、それを構築しようとしている人々にとって持つ、ある種の微妙なスティグマ性をうまく捉えていないという点である。前述した様に、この概念の微妙に否定的なニュアンスは、このinfraという接頭語が持つ、下位のというニュアンスに示されているが、その価値が微妙に変化する様は、例えばヨルヘスらの研究器具（研究テクノロジー）を開発する人々の地位の研究にも見て取る事が出来る（Joerges & Shinn 2001）。この章で着目した知識インフラというテーマに於いても、ある意味似た様な屈折したダイナミズムが存在するというのが、ここでの主張である。それ故知識インフラ研究には、その価値の相剋や振動という問題への分析が欠かせない。

もう一つの結論は、現在「評価」(valuation) 研究の名で活発になりつつある科学社会論での価値研究 (Dussange et al 2015) のある種の前提に、多少の修正が必要だという点である。この研究動向は、プラグマティズム哲学の影響を強く受けており、その論者は彼らのアプローチと、マルクス主義的なそれ (cf. Rajan 2006) の間にハッキリとした一線を引こうとしている様に見える。しかしこの章では、M—B指標という用語そのものが示す様に、こうした図式的な対立構造は、この両者のより連続的な理解に取って代わられるべきだと考えている。この二派の差とは、寧ろ同じ座標軸上のベクトルの差 (つまり積分的か、微分的かの違い) として理解されるべきなのである。こう考えると、近年のインフラ研究における益々のミクロ化的な傾向 (cf. Vertesi 2014) に対抗する形で、古典マルクス主義流の大文字の「下部構造」(インフラストラクチャー) という概念そのものにも、あらたな出番があるかもしれない。つまりインフラ構造の細密な (微分的な) 研究が進めば進む程、どこかの時点で、それらを統合する、積分的な視点が必要となってくるからである。しかし勿論これは、古典マルクス主義の下部構造 (物質生産) の優位性、といった教条的な議論を繰り返す事を意味している訳ではない。寧ろこれだけ多くのインフラ (一〇〇〇のインフラ) が累積され、重層化した後に、それが全体として一体どういう意味や働きを示すのか、という問いを改めて問い直す為の、いわば「積分的」な視点の重要性なのである。

（１）最近では、この生産様式ではなく、寧ろ下部構造を交換様式のパターンとして解釈し直すという議論もある（柄谷 2015）。

（２）このインフラという言葉が持つニュアンスは、例えばオランダの一派が愛用する技術的レジーム（regime）という如何にも「上部構造的」な言い方と比較してみるとより明白になる（Rip & Kemp 1998）。

（３）この二つの間を繋ぐ、いわばミッシングリンクとしては、例えば労働過程論等が挙げられる。（ブレイヴァマン 1978; 中岡 1971）。ヴァンらの論文は、科学社会論系のインフラ論としては珍しく、こうした方向性をハッキリと打ち出しているが、そこではe-scienceの供給面への着目があり、特にそれを支える資金供給当局の役割が指摘されている（Vann & Bowker 2006）。これ等は古典マルクス主義における資本階級の役割についての議論を彷彿とさせる。

（４）この親和性は、何故このゴドリエの議論がその二〇年後に書かれた「インフラとしてのタクソノミーと分類」という主張と酷似しているかも説明出来る（Bowker & Star 1999）。

（５）バウカーは、ベッカー（2016）の『アート・ワールド』がこうした「インフラ論的転倒」の先駆的ケースとしているので（Star & Bowker 2002）、ここにベッカーの名を入れる。

（６）SciFinderのホームページはhttp://www.cas.org/products/scifinder（accessed 2014/8/22）。一九九五年からの歴史はChemical Abstracts Service（2007）。

（７）PubChemは、低分子化合物の生物活性に特化したデータベースである。二〇〇四年にNational Center for Biotechnology Information（NCBI）によって立ち上げられたihttps://pubchem.ncbi.nlm.nih.gov/about.html（2014/8/22）。実際この公開データベースは、その立ち上げ以降、SciFinderとの間で深刻な摩擦を引き起こしている（Marris 2005）。

（８）ここで示した事例は、研究の現場で、データ上だけで現物と関係なくデータマイニングを行う（ex-situ data mining）が増加しているという議論（Barry 2005）に対して、一種の反証となる。又「化学は益々情報論上の議論に専念する様になる」という主張（Elvebakk 2006）にも限界があるとここでは考える。

（９）http://www.city.kobe.lg.jp/information/project/iryo/index.html（2014/8/20参照）

（10）http://www.aics.riken.jp/en/k-computer/about/（2014/8/20参照）

（11）http://www.mext.go.jp/b_menu/houdou/24/09/__icsFiles/afieldfile/2012/09/04/1325265_1_1.pdf（2014/8/20参照）

（12）東大、富士通、共和発酵は、こうした計算ベースの化合物の仮想デザインによって有力な抗ガン物質を見つけ出したと発表した。http://www.rcast.u-tokyo.ac.jp/research/report/2014/140807PR.pdf（2014/8/18 参照）

Ⅲ　リスク、組織、研究体制

第Ⅲ部は、筆者の前書『学習の生態学』で中心的に扱った組織事故、リスク管理といった問題設定と科学技術の社会的研究を繋ぐ様な議論を紹介する。前書で取り上げた、組織事故、危機管理、更に学習の実験的領域といった問題設定が、こうした科学技術の社会的研究と交差する論文をまとめている。

第8章「科学の防御システム――組織論的「指標」としての捏造問題」は、近年マスメディア等を騒がせている、科学における捏造問題が、科学界の危機管理システムと関係すると見做し、その特性を論じたものである。他の組織体同様、科学にも独自の組織的防御壁があるが、条件によっては、それが機能しない事もあり、その能力と限界について論じている。この章は、所謂ＳＴＡＰ細胞騒動以前に書かれたものであるが、その構図は基本的に同じである。

第9章「因果のネットワーク――複雑なシステムにおける原因認識の諸問題」は、この観点を更に一般化し、我々がリスク等の危険因子を同定するやり方について、それをネットワーク的、分散型の議論が持つ認識論上の限界と関連づけて論じたものである。ネットワーク型の議論は、対象を多くの要素の複雑な相互作用の結果として描くが、現実の文脈では、そうした複雑な連鎖は縮小され、比較的近い、目立つ要因にそのリスク帰属が集中する傾向がある。それが持つ社会的意味合いについて、いくつかのケースを比較しつつ、論じたものである。

第10章「身体、テクノロジー、エンハンスメント――ブレードランナーと記憶装置」は、多少趣を変えて、テクノロジーによる身体のエンハンスメントという、近年盛んな議論について、その問題点をスポーツと記憶という、かなり異なる分野で比較したものである。ここでの問題は、そこでどういう身体観が前提とされており、どうエンハンスメントを定義し、対処するかである。その背景にあるのが、ここでレジームと呼ぶ装置であり、それがないとこの問題を正確に論じることは出来ない、とここでは主張している。

第11章「日常的実験と「実験」の間――制約の諸条件

を観る」では、本書で論じてきた点を、二つの新たな視点、一つは前書で取り上げた「学習の実験的領域」論における いくつかの制約要因との関係、もう一つは、本書の事例に繰り返し登場する、近年の研究の二つの動向、一つはウェットとドライ（実験科学と情報科学）の対立という点と、更にハイスループット（高速処理）という言葉で代表される高速化という軸で見直してみたものである。本書タイトルの「工場」という言葉は、この後者のイメージからつけられたものである。こうした中で、実験という概念も多様に変化していくが、それを議論するのがこの章である。

附論には「リスクを飼い馴らす——危機管理としての救急医療」という附論を載せた。これは前著以降に出版された論考で、環境が変化する中で、センターの組織や対応も変化するが、その戦略と限界について分析したものである。内容的には前書でのリスク管理の問題と密接に関わっているが、実は、本書での分析や、特に本書第8章の議論と間接的な関係もある為、附論として掲載する事にした。異なる領域での共通するテーマの一例として読んでいただけると幸いである。

第8章　科学の防御システム
組織論的「指標」としての捏造問題

序　組織事故としての不祥事

本章の目的は、近年多発する、データ偽造等に代表される科学界の不祥事について、これを単に研究者個人の倫理の問題として捉えるのではなく、システムとしての科学全体が持つ、ある種の防御システムの状態を表すバロメーターとして分析するという試みである。科学的実践の評価が持つ、政治的特性については別途論じてきたが（福島＋田原 2013）、この章も又、科学界の表面に現れる不正行為が、科学者集団の構造的特性を示すものと見做すという点で、そうしたテーマと深く関係している。その事は、附論での危機管理のテーマとも深く関連してくる。

科学界における不祥事については、既にいくつかの研究の蓄積がある。国際的に広く評判になったブロードとウェイドの本がその代表例であるが、同様の一連の事例研究もあり（ブロード＋ウェイド 2006; 山崎

2002; 村松 2006)、近年では韓国のファン・ウソク教授のES細胞研究捏造事件（李 2006）等がある。(1) こうした事例研究を参照しつつ、ここでは、科学界の不祥事問題を、一種の組織事故の様なものとして分析する。

こうした組織論的な視点は、勿論ここでの主張が初めてという訳ではない。前述した一連の研究は科学界がその品質を管理する為に緩用している三つの制度、則ちピアレビュー、レフリー制度、そして追試といった諸制度機能不全についてそれなりに言及している。しかしこうした議論は、その考察の範囲を科学界の特性に限定しており、それらが組織論的な観点から、より広範囲の社会現象とどう関係するのか、その点にまで議論を拡張しているものは殆ど無いのが現状である。本章は、科学界での現象を、より一般的な組織病理という観点から再検討し、その普遍性と独自性を探るものである。

1　組織とその病理——組織事故研究の枠組み

科学界の不祥事を論じる際に、しばしばその信頼性が失われたと騒ぐ声があるが、実はここで論じられる問題の多くが、他の業種や組織と多くの共通点を持つという点については、十分に認識されていない面がある。例えば、捏造問題で盛り上がるメディア自身がそうした捏造（やらせ）のケースに事欠かないという意味で、同じ穴の狢という性質も否定出来ない。ここでは、こうした共通の特性を見る為に、組織一般が持つ事故や不祥事について論じてきた一連の議論を紹介し、その観点から科学界の問題を再検討する事にする。

（1）組織事故のスイスチーズ・モデル

第5章で中心的に論じられた「政策の窓」理論が、組織的意思決定のごみ箱理論に由来しているという話は既に詳しく示したが（マーチ＋オルセン 1986）、興味深い事に、このモデルは、政策の窓モデルとは別の方向にも発展して、組織事故の一つの理論的なモデルを提供する事になった。それがスイスチーズ・モデル（リーズン 1999）である。

リーズンによれば、通常の組織は、そこで起こる様々な事故を防止する為に、その中にいくつかの防御壁を持っている。しかしそれらは完全ではなく、スイスチーズの様に、虫食いの穴が開いているとされる。大抵の場合は、防御壁間の穴の位置がずれているので、危険因子はこれらの防御壁のどれかに引っかかって、事故には至らないのだが、たまに運悪く、それらの穴が重なってしまうと、それらの防御壁を危険因子が貫通して、大きな組織事故に繋がる、と言うのがこのモデルの基本図式である（リーズン 1999）。

この様に、このスイスチーズ・モデルは、意思決定のごみ箱理論のバリエーションの一つである。ごみ箱理論でいう「ごみ箱」というのは、人が特定のイシューを一時的に保留にしておく社会的空間の事であり、それについて判断が止まっている状態を示す。他方ごみ箱からイシューが取り出されるというのは、そのイシューが問題として、反省的に精査されるという意味である。ごみ箱に入っているイシューを危険因子と読み替えれば、それが精査されるというのは、何かの観察でその危険性が認識される事を示す。防御壁というのは、いわばその精査の仕組みの事である。しかしごみ箱理論のもう一つの特徴は、全てのイシューが精査される訳ではないという点である。同様に、危険因子も、ごみ箱に放置されたまま気がつかないうちに、監視の目をぬけて、被害をもたらす、これがスイスチーズの穴なのである。

（2）懐疑のコスト

こうした理論化の背後にあるのは、一言でいうと、「懐疑（反省）のコスト」という考え方であり、その由来を辿れば、プラグマティズムの創設者であるパースにまで遡及出来る。組織的活動に限定せずとも、我々の日常的な活動は様々な慣習的活動に依存している。それは大まかにパターン化されており、その細部に於いて行為の大体の方向性を決めている。それは我々が有限の存在であり、遭遇する問題全てに対して、意思決定の為に無制限の時間を使えないからである。(福島2010a: 第2章)。限定合理性の議論に基づいてごみ箱理論が定式化したのは、大抵のイシューについて、我々はそれを精査する時間が無く、可能なのはその一部を扱う事だけという現実そのものである。他方、そうした精査を行わないルーティン活動は、大抵円滑に執行されるが、そこに危険因子が紛れ込むと、それが精査されないまま、防御壁を貫通してしまう事になる。その意味で言えば、この「吟味」(反省）と「放置」(信念）という対比のうち、その吟味の部分に焦点を当てると、それは政策形成の議論（政策の窓）になり、放置の問題点を追及すると、組織事故の議論（スイスチーズ・モデル）につながるのである。

この観点は、時間の制約下にある我々が、あまたのイシューをどう処理しているかについての、かなり現実的な見取り図を与えてくれるが、重要なのはこの「処理の限界」という問題が、科学的実践における不祥事への組織的対応という課題についても、重くのしかかってくるという点である。以降この視点から従来の議論を再検討してみる事にする。

2　研究室統治——科学の防御システムI

組織としての科学界は、前述した様に、その産物である科学的知識の品質管理の為に、ピアレビュー、レフリー制度、そして追試といった形で、その品質を担保してきた。これを多重化された防御壁と見做すと、一連の不祥事は、この防御壁をすり抜ける危険因子であると考えられる。問題は、この防御壁の機能不全はどういう状況で起きるかである。ここではそれを、防御壁の基礎としてのラボ内部の組織構造、レフリー制度、そして追試という三つのレベルに分け、その組織的な脆弱性について分析する。

(1) 研究室統治の失敗

巷間に膾炙した高名な捏造事例の中には、韓国のファン・ウソク事件（李 2006）の様に、主任教授が不正を指南している場合もあるが、多くの事例では、学会の著明な教授の下で、有能な研究員が不正を働くという構図になっている（ブロード＋ウェイド 2006; 山崎 2002）。この場合、スタッフの研究を管轄すべき教授が、研究内容の実質を十分に精査出来ないまま論文が提出され、それが不祥事に繋がっている。企業統治という言葉との類推で言えば、これはある種の組織としてのラボ統治の問題であると言える。

だがその内容を詳しく検討すると、これがラボレベルでの科学的実践のあり方についての複雑な問題を含んでいるというのが分かる。ベル研のシェーンの事件はまさにこの典型であるが、彼の事例については詳細な報告が出版されている（村松 2006）。それによると、主任教授であるバトログは世界中を飛び回り、研究室を留守にする事が多く、その内容を精査する事もないまま、論文が教授の名で提出され続けている。この場合、組織事故の観点からすれば、防御壁の穴はかなり大きく開いており、オーサーシップが事実上有名無実化しているのだが（cf. 山崎 2002: 56–58）、しかし問題は、これを単純に教授の監督不行き届きと断定出来ないという点である。

一般的に言うと、ラボ内部での研究活動が多岐に渡り、研究主任が個別の問題領域や実験の過程について、必ずしもその詳細を理解していないというのは決して稀ではないという印象を筆者は持っている。その場合、実験手続き上、不正があったとしても、それを主任が正確に見破る事が出来ない可能性はまあある。更に実際の研究現場では、それぞれのスタッフは細分化された実験過程の一部を担当するのが常態であり、同じラボに所属していたとしても、他のメンバーがその実験過程の妥当性について、どの程度介入するかは、当該ラボの組織体制に大きく依存していると考えてよい。

(2) ラボラトリー研究と情報管理

従来のラボラトリー研究の中で、こうしたラボ内でのチェック機構について詳しく論じたものは余り見かけないが、少なくとも筆者が見聞したいくつかのケースでは、ラボのスタッフ全体が参加する会議で、主任及びスタッフ全員が進捗状況を討議し、又研究主任個別の研究員との面談に関しては、ラボノートの厳格な管理が要求される。最近話題になったケースの様に、ラボノートが散乱、あるいは記録が曖昧で、実験過程を正確に辿れないといった事は余り聞いた事がない。

他方、ある程度の規模のラボでは、内部で複数のプロジェクトが走っているのは普通なので、異なるプロジェクト間での相互チェックというのは考えにくい。こうした研究体制を、組織安全体制という観点から見ると、まずプロジェクト内部での精査があり、次に全体会でのチェック、更に研究主任によるラボノートを含めた管理という事になる(2)。

実際、バイオ系のラボに限って言っても、そのラボ内部で、どの程度共通のテーマを設定しているかは、そのラボのリサーチ戦略により多様であり、一つのテーマに対してターゲットを集中しているケースもあれば、様々なテーマに手を出している場合もある（第1章参照）。当然の事ながら、そのラボの研究スタイルによって、相互のチェック可能性はかなり変化し得る。

筆者が観察したスタッフの議論を見る限りでは、呈示されたデータの「解釈」については議論が成される事はあるが、「君は本当にそのデータを自分で取ったのか」等という問いは、常識的には考えにくい。ここで前述した「懐疑（反省）のコスト」という問題の意味が多少明確になる。もし全ての研究者に捏造疑惑があり、他人の言う事を全て疑ってかかるのが常態となれば、そもそも協働して研究する事は全く不可能になる。まさにこうした状態は、パースのプラグマティズムの原則、則ち、人は信念を基盤として動くのであり、決して懐疑を基盤として動く訳ではないという点から、著しく逸脱している事になる。この点はルーマンの「信頼」についての議論も参考になる（ルーマン 1988）。

又この点を、前述したごみ箱理論モデルに則して言えば、イシューがごみ箱に止まっている事が多いのは、現実にはそれを精査する費用も時間も限られているからである。逆に言えば、イシューが取り出されて精査される為には、それがある種の記号論的な徴候、つまりそのイシューが他のそれとは違う、何か特殊な性格（あるいは重要性）を持っている場合に限るのである。

(3) 記号論的な徴候とそれへの対応

実はこの点に、捏造事件の微妙な側面がある。そこにしばしば見られるのは、研究主任ないし同僚スタッフが、捏造の「記号論的な徴候」とでも言うべきものを見間違えるという問題である。その徴候とは、大抵は、困難な研究課題に対する「異常な成功」である。シェーンのケースがその最も劇的な代表例であるが、他の事例でも同様な傾向が見られる。例えば一九八〇年代後半までの、ガン研究、特に発ガン性遺伝子研究の流れを描いたワインバーグの著作の中で、劇的な成果を挙げ、非常な注目を浴びながら、後にそれが捏造であったと判明した人物として、トロントのウィルス学者スパンディドス、コーネル大学のスペクター等が挙げられているが、前者は驚異的なDNA解析技術、後者はガンに関連したタンパク質が細胞内でどの様な回路を形成しているかを劇的に解明した、という点で当時絶賛された（ワインバーグ 1999）。ここでも目立つのは、その異常な生産性や、困難な課題への並外れた成功である。更に重要なのは、彼らのラボの主任達（前者は有名な遺伝学者のシミノビッチ、後者はコーネル大の有名な生化学者であるラッカー）が、こうした成果に感激し、それに大きく依存していたという点である（ワインバーグ 1999）。

人類学における伝統社会研究では、こうした並外れた成功は周囲の疑惑の念を呼び、呪術や妖術を使っているのではという社会的な排斥の対象になる事がよく知られている（エヴァンス＝プリチァード 2001）。その背後にあるのは、ある種のゼロサム的な否定的感情（嫉妬とか）であるが、科学の捏造事例では、こうした驚異的な成功が、周囲の警戒を生むどころか、寧ろ大きな敬意を生み、それが更に捏造を可能にするというインフレ気味の「クレジット・サイクル」（Latour & Woolgar 1979）が存在する（序章参照）。この様な熱狂のサイクルが起こるのは、彼らの驚異的な成功に対して研究主任がそれを自分の手柄として考えて舞い上がるからであろう。しかも研究主任以外の同僚が批判的なブレーキ（防御壁）になりにくいのは、前述した様に、すぐに同僚を疑う様な組織では、まともにチームワークが機能していない事になるからである[3]。更に村松秀の調査によれば、ベル研内部でシェーンの研究に疑念を感じたある研究者がその内実を上層部に報告したが、上層部の反応は否定的であり、寧ろ「負け惜しみだ、嫉妬にかられている」と思われたようだ、という告発者の発言が記録されているのである[4]（村松 2006: 178-186）。つまり突出した成功例に対するこうした批判的な見解は、下手をすると「嫉妬に基づくアンフェアな批判」と見做されかねないというのである。

こうした一連の組織構造上の問題がある為、データ捏造による成功事例について、ラボが組織的に精査する事にはある種の限界がある。更に、資金獲得競争の激化による研究主任へのプレッシャーは増大する一方であり、そうした問題を精査する時間も余裕も無くなってきたというのは十分に想像出来る事態である。

3　レフリー制度——科学の防御システムII

(1) 周縁での戦略

多くの捏造問題が、実際の実験過程における詐術という事を考えれば、ラボ内部のレベルでその行為が検出出来なければ、それがラボから流出していくのを防ぐのはかなり難しくなってくる。これに対応する第二の組織的防御壁は、レフリー制度であるが、もし既に捏造されたデータが論文という形で提出された場合、レフリー制度がそれを探知出来るかは実際かなり疑わしい。ここで捏造側の戦略としては、二つの可能性があると言える。一つは業界での知名度が低い周辺的なジャーナルに捏造論文を提出する事であり、もう一つは逆に知名度が高いジャーナルを狙うというケースである。

前者はアルサブティの様なケースがあるが、彼の場合は既に刊行されている先行研究の内容をそのままコピーし、タイトルだけ少し変えて、業界では比較的評価が低いジャーナルにばらまき続けたのである。これ自体が一種の社会実験の様なものであるが、結果はその大半が査読を通過し、彼の業績はかなりの量という事になった（ブロード＋ウェイド 2006: 第3章）。この場合、レフリーがその論文を既存の論文と照合するといった面倒な作業を行うとは考えにくいし、せいぜい論文に現れた形式面の不整合をチェックするのが大半だろう。成果評価の「質より量」主義という傾向に従って、こうした論文量産により、彼自身がどんどん出世を続ける事が出来たのである。

(2) 中心戦略と「御威光」

他方、業界での有力なジャーナルに捏造論文を投稿するという戦略は、明らかにハイリスク・ハイリターンであり、うまくいけば儲けものであるが、他方査読も厳しくなり、リスクは当然大きくなる。しかしそれでも阻止出来ない理由はいくつかある。その中で最も重要なのは、著明な研究者と共著である為に起こるある種の「御威光」効果とでも言えるものである[5]。

所謂ダブル・ブラインド方式、つまり論文執筆者名も、査読者名も匿名、と言うのではなく、著者名が査読者に分かってしまう様な場合は特にそうであるが、著者の中に学会の権威がいたりすれば、この論文での研究内容が半ば保証されてしまうという傾向は十分考え得る。現状の論文の形式に関しては、そうしたチェックをラボ内で行ったかどうかという点を確証する術はないから、有名なラストオーサーとの連名が、その論文にある種の品質保証を与え得るのである。

シェーンの場合に限らず、こうしたレフリー制度がうまく機能しなかった例は少なくない。不祥事問題以外で言えば、独創的な論文を拒否したが、それが後にノーベル賞を取ったとか、敵対する学説を査読の過程で締め出すとか、様々なケースがあり得る。しかしこれも又研究室内と同様、基本的には同業者が関係する論文に対して、最初から捏造といった疑惑を掛ける事への抵抗も少なからず存在する事は想像に難くない。その意味では、ラボレベルでの不祥事探知が失敗すると、それがレフリー制度でブロックされる可能性は余り高いとは言えないのである。

4　追　試——科学の防御システムⅢ

(1)　追試の科学社会学

そして論文は公表される。この様に公表される論文に対する最後の防御壁は、追試、再現実験となるが、ここには二つの問題がある。一つは前述したアルサブティのケースの様に、膨大に出版される論文のかなりの部分は、著者以外には殆ど誰にも読まれないという冷厳な事実である。業績至上主義による典型的な弊害がこれであるが、膨大な量のジャーナルが作られた為、多くの論文が被引用回数ゼロ、つまり全く誰にも引用されないまま終わっていく。もし捏造の目的が単に業績数を稼いで出世するという戦略なら、まさにこの実情は非常に都合が良い事になる。

ただしこの周辺戦略では、本当の意味での名声を獲得するというのは難しいので、人目を引く主要ジャーナルに掲載される事を望む場合、引用され、追試されるリスクを覚悟しなければならない。しかし興味深い事に、科学的品質管理の中核的実践と一つとされるにも関わらず、この追試という防御壁が、実際は十分に機能していない場合がある事は、多くの文献が共通して指摘している点である。

この追試の科学社会論的な研究としては、コリンズのそれが有名であるが（序章参照）、その要点を繰り返せば、追試は、現実にはかなり複雑な過程であるという点である。単に特定の先行研究を再現するだけでは、追試者はその褒賞を先行者に与えるだけなので、追試者の意気は上がらない。他方、先行研究を否定する事が出来た場合、それがそもそも同一の条件下での否定なのか、それとも条件が異なっているので再現出来ないのか、それ自体がもめるという訳である。批判された先行研究者は、この後半の論理を用いて自らの研究を擁護し、実験のやり方が悪いから、再現が出来ないのだ、と反論する事が可能なのである（Collins 1985）。

(2) 追試失敗の理由

ところが、もしこの先行研究者がシェーンのケースの様に、著明な研究者（バトログ）と連名の場合、追試者は、その再現の失敗の原因は自分にある、と考えてしまい、もともとの実験に欠陥があると考えないという事が現実に起こり得る。シェーンの事例は、まさにこの追試の構造的困難をうまく利用したケースである。つまり多くの研究者は、何度やってもその実験を再現出来ないという事実に対して、その原因は自分達の不首尾にあり、よもやシェーンが捏造をしているとは思わなかったのである（村松 2006）。特にその対象の名声が高まれば高まる程、その結果は多くの精査を経たものだと追試者が考えて当然なので、それが再現出来ないとなると、それは自分のせいだと思い込んでも実は不思議ではないのである。

（3）「マジックマシーン」とうわさの深層

こうした科学者の集団心理が産んだのが、特にシェーンのケースでは「マジックマシーン」という想像物である。村松はこの架空の装置が追試者の頭の中で「想像」されていく過程を詳しく描いているが（村松 2006: 96-100）、シェーンだけが結果を生み、誰も追試が出来ないのは、シェーンがすごい性能を持つ「マジックマシーン」なる装置を開発したからだ、という、想像（あるいはうわさ）が追試者の間で広がっていく。こうなると科学者共同体も、『オルレアンのうわさ』（モラン 1973）の世界と大差ない事が分かるが、村松はそれを、心理学における「確証バイアス」、つまりある信念を持ってしまうと矛盾点があってもそれを見ないという心理的な傾向の一例として説明している（村松 2006: 96-98）。しかしここには実験科学が持つある種の特性が関連しているという点にも注目する必要がある。

その研究内容が、特定の装置の機能に深く依存する様な実験系の科学では、研究対象に関係する材料の性質や、実験装置の特性によって、実験内容の再現が難しい場合があるというのはよく知られている（Collins 1985）。例えば筆者のフィールドでも、生物学に於いて、使っている水の微妙な性質の違いによって実際に再現が出来ないという場合があると聞いた事がある（2008/01/22）。

その実験装置が素粒子物理学の様な国際共同利用の巨大装置でなく、個別のラボで開発競争がなされる分野では更に、個々の装置の善し悪しがラボ間競争の成否を左右する場合が少なくない。例えば運動タンパクの研究で世界的に有名な柳田敏雄の研究は、それが非常に高度の技術を必要とした為、他の研究者による追試が難しかったと指摘されている（Cyranoski 2000）。こうした実験系科学の装置依存性の為、追試の失敗の背後にマジックマシーンの様なものがあると想定したとしても、必ずしも突飛な発想とは言えないのである。

5　組織事故と防御システムの問題

この様に、科学業界が誇る一連の品質管理用の防御壁には、それぞれある種の「穴」があり、組織事故の理論が言う様にその穴が重なってしまうと、危険因子たるデータ捏造等の不祥事は、監視の目をすり抜けて、科学的真実として業界に流通する事になる。ただしその末路は、周辺戦略と中央戦略では異なる。前述した様に、周辺戦略に於いては、そうしたデータは注目されず、そのままに放置される可能性が高い。

他方中央戦略の場合、当然ながら捏造者にとってのリスクはある意味極めて高くなる。再現が出来ないという状態が余りに長引くと、当然それを常に追試側の欠陥ではなく、そのデータがおかしいのでは、という疑義も生じ得るし、実際生じている。その結果公表されたデータについてのより批判的な分析が行われ、データ捏造の痕跡が発見される（例えば同じグラフを使い回していたとか）事になる。だがこうしたサイクルは、どの程度重要な雑誌に掲載されたか、そしてその読者の規模がどの程度かといった状況にもよる為、こうした持続的精査がどの程度成されるかは、一義的には決まらないのである。

(1) 防御壁強化とその限界

この様に、科学界が依存する品質管理システムを、一連の組織的防御壁と考えると、こうした不祥事は、防御壁の機能不全の結果と見做す事が出来る。だが一般の組織事故とこうした不祥事の違いは、組織事故の危険因子が、危険物やミスやひやりハットといった「失敗」によるものが多いのに対して、ここでの危険因子が、意図的な捏造、つまりある程度までこうしたシステムの穴について、理解しつつそれを破っているという点である。

ちょうどゴフマンが、社会構造の観察者としての詐欺師に着目した様に（ゴッフマン 1973）、こうした捏造者の振る舞いは、システムの脆弱性を観察するにはもってこいのケースであると言える。実際、捏造者自身がそうした穴の優れた観察者でもあると言える。彼らの振る舞いを通じてこの穴を観察すると、科学界も又一つの組織的な体制として、他の組織が持つのと同様の欠陥を持っている事が明らかになってくる。

(2) 逸脱の常態化

チャレンジャー爆発事故におけるＮＡＳＡの組織的問題を分析したヴォーンは、爆発の原因となったＯリングという部品の危険性についてエンジニア達が上層部に指摘したのに対して、彼らがそれを無視した背景には、「逸脱の常態化」という現象がある事を指摘した。個々の逸脱は微細であっても、それが累積されると全体として大きな歪みを生じる。ヴォーンはＮＡＳＡの組織構造の中にそうした問題を見出したのである（Vaughan 1996）。

その点で言うと、前述したシェーンの様なケースで、特に問題なのは、やはり研究主任のバトログの役割だと思われる。つまり彼の存在が、シェーンの一連の結果にある種の品質保証を与え、それが学会の権威構造の中で反論を難しくしたからである。学会の大御所の議論を批判するには、批判する側にもそれなりの覚悟がいる。だが現実にはバトログはシェーンの実験内容を精査するという義務を怠っており、批判が高まって初めて、実はその現場を見た事も無かったと白状しているのである。これではある種の逸脱の常態化と言われてもしかたあるまい。こうした形でラボ内の最初の防御壁が機能しないと、レフリー制度や追試といった別の防御壁で逸脱を食い止めるのは殆ど不可能である。これらの防御壁に対しても、バトログのご威光が捏造の発覚をさえぎってしまっているのである。

だがある意味、こうした逸脱は、限りある能力の人間が造り出す組織が持つ、ある種の限界でもある。ヴォーンは別稿で、様々なタイプの組織が持つ暗黒部分についてのレビューを行っており、組織のミス、不法行為、そして大事故をまとめて論じている（Vaughan 1999b）。このレビューの分類によれば、科学界の不祥事は、組織的犯罪の社会学の一部に入っているが、この分野の従来の研究は、そうした犯罪を誘発する原因について主に論じており、競争的環境や規制の問題、あるいは組織文化といったものが、その分析の対象になっている（Vaughan 1999b: 288–289）。

しかしこの章での関心は、何故こうした逸脱が起きるのかというよりは、寧ろそれは不断に起こり得ると考えつつ、それをチェックするメカニズムはどうなっているかという点にある。

（3）組織事故と高信頼性組織

本章の関心から言うと、一般の組織事故との比較が興味深い。こうした組織事故分析として、ある種の悲観論と楽観論がある事は前著あるいは附論で論じているが（福島 2010a）、そこには対立する二つの論点がある。つまり、組織事故は組織本来の特性と密接に関わっており、その修正は困難と考える事故社会学系の論者（Perrow 1984; 2007; Sagan 1993）と、一連の経営努力によってそれを修正可能だとする高信頼性組織研究系の論者（LaPorte & Consolini 1991; Roberts 1993）との間の対立である。この背後には、個人や組織レベルのミスをどの程度削減し、組織事故を防げるか、という点についての評価の差が存在するが、科学界の捏造事例の難しさは、組織の防御壁の欠陥を抉った作為的な犯罪に近く、これを技術的ミスとしての危険因子と同一視するのに多少の難があるからである。

（4）組織安全と革新型組織

更に注目すべきは、一般に組織安全の分野で強調されるのが、安定した基礎技術の重要性という点、特に高信頼性組織に於いては、安全性を損ないかねない新技術に対しては、常に懐疑的だという点である。一つ間違ったら大事故に繋がりかねない管制塔や空母といった環境で、これは十分に納得のいく態度である。他方科学界は、知識及び技術の持続的革新性という特性を持つ革新型組織である。この場合、組織の安全性だけを強調する訳にはいかない。又一部の企業統治論に見られる様に、ひたすらコンプライアンスを強化するというアプローチは、持続的革新という科学界の使命から言えば、うまく行かない可能性が多い。企業統治の分野でも、コンプライアンスの偏重が企業経営の革新能力にとって問題を生じるという点を指摘する声も少なくないのである（郷原 2005）。

その意味では、組織事故防止の為の防御壁の構築と、革新能力の組織的維持という使命の間には、かなり根本的な方向性の違いがある。実際ヴォーンがまとめた様に、組織犯罪の背後にある競争圧力という指摘は、こうした科学界の不祥事にもよく当てはまる。研究主任がスタッフの研究をチェック出来ない背景には、現状の極めて競争的な研究体制下で、研究主任が情報や資金の確保の為に、ラボを不在にしがちであり、又捏造者が仕組む、劇的な成功というのが、研究主任にとっても、ある種の麻薬的な効果を持つという構造的な問題がある。ただし組織が全体として犯罪に走る場合もある企業の例に比べると、科学界の事例の大半は、個別の研究者の捏造を上位のスタッフが見抜けなかったという傾向が強く、その意味でも、所謂組織犯罪というよりも、やはり構造的に組織事故に類似しているというのも又事実である。

（5）最適解はあるか？

組織としての科学界に備わった防御システムは、様々な形でその問題を露呈しつつあるのは事実である。特に重要なのは、科学界とは常に革新が要求される業界であり、ヴォーンの言う逸脱の常態化が加速されやすいという点である。この意味では、低い事故率の高信頼性組織の議論を、そのままこの分野に応用する訳にはいかない。前述した様に、これらの組織は、その安全性への探求の為、技術革新に対しては基本的に保守的な立場を貫いているからである。

ここで常に問題になるのは、前述した懐疑のコストという問題である。複雑性の縮減としての「信頼」について論じたルーマン（1988）ではないが、懐疑はそれ自体が時間的その他のコストがかかる。実際前述した科学界での三つの防御壁がうまく機能しない理由のかなりの部分が、この懐疑（反省）のコストを回避する（つまりその内容をいちいち疑っていては、先に進めない）という理由によるところが多いのである。だが考えてみれば、これも皮肉な話である。と言うのは、マートンの余り説得力の無い主張を真に受けると、組織的懐疑こそ、科学者の規範的なモデルであった筈だからである（Merton 1973）。

だがプラグマティズムの観点から言えば、懐疑が最初にあるというのは疑わしい。寧ろ信念が先にあり、それが動揺した時に初めて、懐疑というメカニズムが作動するというのが現実に則した理解である。その意味で言うと、あらゆるものを疑ってかかるというのは非現実的であり、殆どパラノイアの世界に近い。特に常に新たなデータや考えを産出する事が必須とされる科学界に於いては、常識を超えた新たな考えは、その革新性への称賛も同時に存在する訳で、安全性をめぐる制度的な観点から言うと、実際の成功と、捏造による粉飾の間の組織論的な差はかなり微妙なのである。そして懐疑のみを増大させるのが不可能なのは、そのコストが無制限になると同時に、実際の成功の種を、そうした懐疑が押しつぶしかねないからである。

結　語

近年様々な形で巷間に膾炙する様になってきた、科学界の不祥事問題の背景の一つには、科学を通じたイノベーションに対する、社会的期待の増大、産官学の連関の強化等といった歴史的な動向があるのは言うまでもない。こうした競争の激化そのものが今後緩和されるとは考えにくい。当然、様々な意味での組織的な防御壁の穴が拡大する事が予想されるが、それに対する単純な規制強化策というのがそれほど単純な話ではないのは、革新型の組織と規制の間の折り合いが実は結構難しいからである。それ故、こうした制度上の穴を構造的に抱えた科学界は、不祥事への構造的誘因と、革新への強靱な圧力の間で、ちょうど二つの引力の間で揺れ動く天体の様に、ゆらゆらと蛇行する以外に最適値は存在しない可能性がある。

古典的な社会人類学に詳しい読者なら、この状態が高地ビルマのカチン族の政治体制を分析した、リーチの議論を連想させるという筆者の指摘にもそれ程違和感は感じないかもしれない。平等制と専制的支配の間を揺れ動くカチン族の政治体制は、近隣の強大なシャン族に影響を受ける為、常に専制的な制度への磁場を受けるが、もともとのシステムが分散的なので、それが行き過ぎると再び平等的な支配の方に揺り戻しがある（リーチ 1987）。この事例が興味深いのは、規制についてのバーダックらの古典的な研究が示す様に、規制の強化と緩和というのも、ある種周期的に近い複雑な動きを示すからである（Bardach & Kagan 1982）。

つまり科学界の様に、基本的に革新をベースとした分散したシステムに、いくら強力な規制のたがをはめようとしても、それには組織論的に限界があるという点である。いずれにせよ、この論文で取り上げた、捏造を含む科学界の不祥事は、単に個別の研究者の倫理問題に単純に還元出来るものではなく、こうした複数の社会的引力圏の相互作用の複雑さを示すある種の重要なバロメータ（指標）の一つなのである。そしてこうしたバロメータの背後に何が潜んでいるか、その複雑な構成を、より広範囲の社会・文化的文脈の中で丁寧に解明していくのが、科学の社会的研究に課せられた重要な役割なのである。

付　記

本章は、所謂ＳＴＡＰ問題が巷で問題になったはるか前に書かれたものであるが、この事件によって、本論の論旨を変える必要は特に感じない。実際、組織内部での防御壁がスルーされていく過程（研究会の不備、記録チェックの不備、ネイチャー誌での査読の機能不全）や、ＳＴＡＰ細胞という概念の持つ強烈な記号論的魅力（ｉＰＳ細胞を凌駕出来る）とその異常さ等々は、この章の論旨に殆ど完全に沿っているとも言える。もし何かを追加するとすれば、この章で扱われている過去の具体的な事例に比べて、捏造以前からのメディアの熱狂ぶりと、その熱狂への反動からの、集中豪雨的なバッシング（同時期に指摘された他のデータ捏造問題、例えば製薬会社がらみのそれ、に対する追求の不足）、オンラインでの匿名の批判という新たな防御壁の生成とその危険といった要素であろう。これらの功罪については、いずれより詳しく論じる事もあろう。いずれにせよ、本質的に革新的な組織の性格と、それに対する法的制御の効用と限界という問題の構造は変わらないとここでは一応主張しておく。

（1）本章のもとになった論文は、二〇一二年に脱稿された為、本章の執筆には所謂ＳＴＡＰ騒動以前のものであるが、その点については付記で触れる。
（2）ただし、主任教授が国際会議や金策で世界中を飛び回っているようであれば、こうしたチェックはかなり難しくなるだろう。
（3）組織の内部告発を強調する論者は、こうした制度がすぐ様悪用される可能性については奇妙に無頓着である。
（4）同様の事例については、ベルも、ビタミン誘導体に関する同僚の不正を告発した研究者が、大学関係者によってその告発を妨害されたケースを詳しく記述している（ベル 1994）。
（5）ブロードらはこれを「エリートの力」と表現している（ブロード＋ウェイド 2006: 第5章）。

第9章　因果のネットワーク

複雑なシステムにおける原因認識の諸問題

序　危機管理と複雑なシステム

本章は、前章での組織事故と科学実践の関係への省察を拡大して、我々が原因認識を行う為の日常的な方法について、一般的な議論を試みるものである。我々の社会は、高度に複雑化しており、それがいつ、どう暴走して我々に損害を与えるかを、事前に理解するのは難しい。本書第8章では、こうした危機管理の一つの例としてデータ捏造問題を論じた。一般的な危機管理では、既に起きた事故を分析し、その原因を探るという作業は不可欠である。その際、事故の原因が、特定の個人や事象ではなく、組織全体に拡散しているという認識は、「組織事故」（リーズン 1999）という言葉で人口に膾炙しており、医療現場等でも、こうした認識は一般化し始めている（コーンほか編 2000）。

ここで論じたいのは、事故の原因認識が、局所的なものから、全体論的なものへと拡大する時に起きる認識論上の問題である。この問題には、大きく分けて三つの側面がある。まず第一に、こうした原因探索には原則として限界が無い為、どの時点でそれを終了すべきかという問題が生じるという点である。第二に、我々の日常的な認識の特性として、物事の原因を局所的なものに求める傾向がある、という点である。そして第三に、こうした原因探索と、法的責任の追及の間には、ある種の亀裂があるという点である。

1　組織事故認識の問題

(1) 原因の拡散

前述した様に、事故の原因を個人ではなく、組織全体に拡張するという議論は、問題の複雑さの理解という意味では前進があるが、他方ある種の理論的な問題を引き起こす可能性がある。つまり広く拡散している原因をどこまで探るべきかという問題である。実際、原因探索を組織全体に拡張するといっても、真の原因がそこに納まる保証はなく、それを超えて広がる可能性も否定出来ない。複雑なシステムに於いては、原則的に全ての要素が多かれ少なかれ関係しているが、それでは対象を認識出来ない為、研究者はその範囲を人為的に限定するのが普通である。しかしこの「境界」の確定作業は、現実には研究者側の認識能力の限界に基づいている。

こうした認識の境界をめぐる議論は、組織事故に限らず、様々な分野でその実例を見る事が出来る。その例の一つは、筆者が日本の金融政策についての講演会で聞いたものである。そこである著名な金融研究者が、ある時期の日本の経済的な回復を、特定の金融市場とそれに関連した家計、金融政策という分析枠組みを中心に分析していた。しかし講演後聴衆の一人から、それは寧ろグローバルな景気回復との関わりで理解されるべきで、日本国内の金融市場に限定して論じられるべきではない、という反論が出た。結局この両者の間で、どちらが正しいか結論は出なかったが、文化人類学等でも、同様の議論がある。つまり特定の集団（村落であれ組織であれ）を、それが閉じたシステムなのか、それともより上位のシステムの一部として捉えるべきかという論争である。[1] 現実の対象は切れ目なく連続しているが、研究者はそれを分割して、処理可能なレベルに限定する。それによって特定の研究分野が生まれるが、常に問題になるのは、その有効な境界線はどこにあるのかという問題である。

（2）因果のネットワーク

こうした問題が最も明確に現れてくるのは、本書序章等で取り上げた、アクター・ネットワーク理論の様な議論である。このネットワーク概念では、原則的にその内と外との境界がはっきりしない為、ネットワークの増殖はある意味無限に続き得る。そこでその増殖はどこで止まるのか、あるいはどこで止めるべきなのか、という議論が可能になる。これは原因認識の探求が拡散した場合、その探求はどこまで続くのかという問いと同じ問題である。

この点に着目したのが、人類学者のストラザーンである。彼女は、こうしたネットワーク的分析方法（彼女は旧来の社会関係のネットワーク分析と、アクター・ネットワーク理論を殆ど区別せずに論じているが）が持つこうした問題について、ネットワークを切る（cut）という言い方で議論している。彼女が示す事例は、メラネシアの親族構造や、実験用の細胞の特許といったものだが、現実社会では、こうしたネットワークは無限に増殖する訳ではなく、いわばその展開が自動的に制限されるというのである。例えば親族ではある時点からそれ以上親族と認識されなくなる、あるいはパテントを主張する際、その関係者の拡がりが法的に制限されるといった形、等である（Strathern 1996）。

この問題設定そのものは、本章の関心と重なるが、他方ストラザーンはネットワークという概念を社会構造的なもの、つまり比較的制度化され、社会的に認知された関係の連鎖として理解しているふしがある。しかしここでの関心は寧ろ、特定の複雑な対象に関して、我々がその認識をどこまで拡大すべきかという側面であり、多少強調点がずれている。

（3）事故の原因

これに関連する興味深い事例として、前章でも触れたスペースシャトル・チャレンジャー号の事故についての、公的な事故調査委員会の報告と社会学者の分析に見られる差異というケースがある。よく知られている様に、著名な物理学者であるファインマンを座長とした事故調査委員会は、この爆発の原因を、Oリングと呼ばれるゴム製の部品の劣化によるものとしたが、社会学者のヴォーンはこの公式見解を長期に渡り再調査し、このOリングの問題が、チャレンジャー打ち上げのはるか前から関係するエンジニアその他でも問題になっており、その危険が知られていながら打ち上げが強行されたという点を明らかにした。そして寧ろ問題は、そうした警告がありつつも、打ち上げを強行した、NASAの組織的判断自体に問題があったと指摘して話題になった（Vaughan 1996）。

興味深いのは、このヴォーンの詳細な分析にも関わらず、マスメディア等のレベルでは、チャレンジャー事故は、相変わらずこのOリングの破損がその「原因」とされており、ヴォーンの組織論的な説明が採用されている訳ではないという点である。この二つの報告の違いを、原因探求の範囲の違いと考えると、ヴォーンの議論は長大、複雑で、その論点は組織の専門家以外には分かりにくいし、又その究明に一〇年もの歳月がかかっている。他方、Oリングという説明は、すぐ調査結果が出るし、技術論的、限定的でその因果関係が理解しやすい。つまり調査に関わるコストやその範囲を考えると、Oリング説の方が原因としていわばより「経済的」な構造を持っており、容易に流通しやすいという性質を持っていると言えるのである。

2　納得の構造

(1) 認識の「飽和」

ここで問題になるのは、観察者側の認識の飽和、あるいは「納得」の構造であると思われる。言い換えれば、事前に設定された枠組みがある程度満たされれば、それによって原因が特定出来たと考える我々の傾向性である。これは必ずしも特定分野の研究者に留まらない。寧ろ、我々一般の心理的な特性として、あるタイプの原因を他のそれに対して優先的に受け入れるという傾向性を示している。こうした認知的な納得（つまりある種の帰属理論）の具体例として、文化人類学領域でよく知られているのは、妖術(witchcraft)に関わる問題である。これは、多くの比較的閉ざされた伝統的共同体に見られる現象だが、そこでの災害や不運、病気の様な負の現象を、特定の個人の潜在的な邪悪な力によって引き起こされたものと考える思考法の事である。最も有名なのは、アフリカのアザンデ族における妖術であるが、ここでは、個人の病気や不運は、マングー（mangu）と呼ばれる邪悪な特殊能力を持つ妖術師によって引き起こされるとされ、問題が起きると、その原因である妖術師を特定し、儀礼を行って、そうした邪悪な力を除去する必要があるとされる（エヴァンズ＝プリチャード 2001）。

これが災害に対してその背後にある種の人為的な（ただし超自然的な形態を取るが）原因を特定するという例の一つであるが、この背後には、無理やりにでもそうした「原因」を選ぶ事で、単にその災害を「説明」するだけではなく、その対象を排除する事が出来、その結果災害そのものを除去するという実践論理が同時に示されている(2)。

興味深い事に、科学の社会的研究に於いても科学上の討論が、政治（社会）的意味づけに容易にすり変わり得ると指摘したのは、本書序章で「対称性」（symmetry）という言葉の意味を説明する際に登場したブルアである。その論点を繰り返すと、科学者が論争する際に、敵対する論者に対して、自分の主張は自然界を中立的に反映している（自然的要因）のに対して、敵対する相手は、社会的（政治的）理由で認識が歪んでいる為に、この自然の事実が見えないのだ、という主張をしがちだとブルアは指摘し、これを非対称的（assymetrical）な説明と呼んだのである（ブルア 1985）。ここでのポイントは、科学者間の論争でも、それが純粋に科学論争の範囲で収まらず、対立者を攻撃する為には、政治的な図式へと容易に転化し得るという点である。著者のセミナーに於いて、ある理論生態学を専攻する学生が、「社会生物学」というのは科学として正しい理論なのに、それに対する批判がまだ存在するのは、その背後に何か政治的な理由があるに違いない、という様な発言をした事があるが、こうした論法がその典型である。

科学技術の社会的研究に於いては、科学的認識の中立性という議論に対して、多くの社会的影響の可能性が指摘されている。勿論この影響も一義的ではなく、問題が明確で、科学者共同体がそれに対してある種の合意を持っている場合は、その解答が比較的安定したものになるが、問題の定義が難しく、科学者集団の中でも意見が割れている様な場合、科学者間でも決着がつきにくくなる。ウィンは前者のケースとして、原子力発電所に関する知見を、又後者の例では核廃棄物の取り扱いについてのケースを挙げているが、後者では、廃棄物の定義をめぐって国毎にその定義が異なり、研究者間の意見の分裂が甚だしいという（Wynne 1987）。様々な社会的な環境が科学的認識と複雑に絡み合うのは、後者の様に、科学者集団の中でも、共通認識が余り成立しておらず、問題がすぐに政治的な面と絡み合ってしまう様な場合である。こうなると、問題の定義という入り口から既に、政治的な対立の中に巻き込まれてしまい、問題に対する正当な科学的批判が、政治的な陰謀論として棄却されるという事態も容易に導き得るのである。

中立的な科学的論争という理念の背後には、我々が分散した原因を理解する事の限界が存在する。科学的論争と言えども、それが長期化し、テクニカルな論点だけでは決着がつかない膠着状態になると、それを越えた社会的な要因が持ち出されてくるのも、ある意味で、複雑に分散した原因に対して、単純化による決着をつけるという方法の一つである様に見える。そしてその単純化（局所化）の作業の中で、敵対する議論を一種の政治によるものとして納得したいという傾向は、訓練を受けた科学者にもあり得るものなのである。

3　認知／法――法的責任論との関係

（1）原因と責任

こうした問題は、事故原因探求という特定文脈に於いては更に、法的責任という新たな問題と関係してくる。それはかつて筆者が認知／法の問題と呼んできたものである（福島 2010a）。カントによる純粋理性と実践理性の峻別に見られる様に、我々が何を知り得るかという問いと、我々が何をすべきかという問いには質的な違いがある。しかし我々の日常的実践の現場に於いて、この二つは複雑に絡み合い、相互に制約し合っている。

特定の現場で長期間修行をすれば、そこでの実践に適したスキルを獲得出来るのは当然であるが、それが社会的に受け入れられるかどうかは又別の問題である。ここで言う認知とは、そうした実践的能力一般の事をいい、他方、法とは、その能力の行使が社会的に公認されているかを示す一般的な用語である。この二つの間の相剋は様々な現場に認められるが、例えば医療現場はそうした事例の宝庫である。熟練の看護師と新任の研修医における、権限と能力のギャップ（看護師の方が経験があるが、権限は医師にある）や、現場で蘇生作業を開始出来るのに、法的にその権限が認められていない救急救命士のケース等は、そうした相剋の具体的なケースである（福島 2001）。別のケースで言えば、組織内での、特定の認知的能力の分布と、組織的権限の齟齬があるが、それはパソコンの習熟度の分布図を、組織のヒエラルキーと重ねてみれば、すぐに分かる事である。

事故原因を考えるという行為には、純粋に認知的な意味でそれを学習し、次のケースに生かすという点と、その原因を究明する事によって、責任者を罰するという側面があり、この二つは、異なる論理に基づいている。当該事故が、分かりやすい単一の原因によるものもあれば、それが複雑に絡み合い、組織全体に拡散する場合もあるが、特に後者の場合、原因が拡散し過ぎるとそれを法的に処理出来なくなるので、特定の人為的なミス、あるいは犯人に話を還元する傾向が出てくる。

(2) 予見可能性という論理

この意味で、法律、特に刑法は、歴史的に練り上げられたある種の特殊な理論に基づいていると考えられる。その典型が、「予見可能性」という論理であり、特定の事故に関して、それをもともと予見出来たのに、それに対応しなかったから罰するという論理である(齊藤 2003)。

この予見可能性というのは、因果の連鎖が複雑に絡み合い、組織全体に及ぶ様な事象に対しては、その一部しかカバー出来ないという問題がある。例えば点滴を間違えて患者に投与し、それによって患者が死亡したといった医療事故のケースでも、よく調べてみると、点滴の検査やラベル貼りの段階から、何らかの理由で手違いが発生しており、それがいくつかのチェック段階を素通りして看護師の手に渡り、それを患者に投与してしまった、という事があり得る。リーズンがこれをスイスチーズ・モデルとして分析しているのは前章でも論じたが(リーズン 1999)、問題は、この様に複数のミスが連鎖した場合、一体誰がその責任をとるかという問題である。この予見可能性という法的な論理は、原因がある特定個人に集中している場合はよいとしても、因果の連鎖が複雑化、拡散している場合、大きな問題となる。つまり特定の事故について誰が法的な責任を取るかという問題が生じるのである。

予見可能性と言っても、複雑系の理論等から見れば、それが可能なのはあくまでかなり短いレンジに於いてのみというのは、例えば気象予報についての議論から見ても分かる事である。少しの誤差でも結果が大きく変化する為、長期予報というのは殆ど意味をなさない。こうした知見を組織事故に当てはめると、予見可能性を持ち、それ故法的責任があるのは、直接の担当者かその近傍という事になる。前述した点滴ミスのケース等では、直近の看護師がその責任者であるとされがちである。しかし前述した様に、スイスチーズ・モデル的に言えば、この看護師は、複数あるべき防御壁の最後の一枚に過ぎず、実際はミスの連鎖はそのはるか以前の段階から既に起こっているという場合もあるのである。つまり複雑なシステムにおける予見可能性というのは、短期的な予測だけにその関心が集中しがちだが、テクノロジーと組織的要因が深く絡み合っている場合、事故の原因はその絡み合いそのものにあるという組織事故論から言えば、こうした規定にはそもそも限界があるのである（cf. 小坂井 2008）。

原因が局所化されずに、一連の繋がりとして存在する場合、認知的な意味での原因の探求と、法的責任の追及という二つのベクトルの間では、異なる結果が生じ得る。しかも法的責任の追及を優先すると、関係者は処罰を恐れて、必要な情報を出さなくなる為、この二つの間の齟齬は益々拡大し得るのである。

（3）科学における報奨制度――組織事故の鏡像

ここで興味深いのは、組織事故理解と、その責任の個人への帰属という二つの傾向性は、危険因子を科学的発見と置き換えれば、そのまま科学における報奨体系と関連してくるという点である。ここで言う報奨体系とは、ノーベル賞から学会の各種の賞に至るまで、科学技術の分野に多い各種の賞の事である。科学的発見（あるいは技術的ブレークスルー）が、現実には多くの先行する努力の蓄積及び現在までの組織的努力の結果でもあるにも関わらず、こうした報奨制度は、多くの場合その成果を特定の個人に帰属させ、そこに賞を与えるのである。

こうした個人中心的なバイアスの問題は、ノーベル賞等をめぐる争いの中に垣間見る事が出来るが、(3) 定員が限られている為に排除された人の処遇や、組織的な研究への扱い（例えば近年の素粒子物理学系の実験成果）等枚挙に暇がない。ポアンカレ予想を証明したにも関わらず、数学の最高賞であるフィールズ賞受賞を拒否したペレルマンの例等が興味深いが、素人向け解説書を読んだだけでも、この難問の解決には歴史的に多くの蓄積があり、特にペレルマンの場合、先行するハミルトンのリッチ・フローという枠組みに依拠しつつ、その難点を大胆に克服した事で問題を完全に解決出来たとある（スピーロ 2007）。こうした功績の履歴が、歴史的に蓄積され、ネットワーク状に分散していると見るなら、この賞ですら、その先行研究を含めた全体に与えられてもいい気もする。興味深い事に、NHKの特集番組では、このハミルトンの功績は殆ど触れられておらず、サーストンの幾何学化予想から、突然ペレルマンに話が飛んでいる。あたかも、ペレルマンという超天才が劇的に全てを決めたという、如何にもNHKらしい、ドラマ仕立てに仕上がっているのである。

実際の研究の現場では、こうした個人的成果はしばしばセレンディピティという偶然の僥倖として記述される事が多いが（例えば実験手続きを間違えて培地を一〇〇倍濃くしたら、それでかえってうまくいった等）、実はそのセレンディピティには、過去における組織的努力の蓄積という面も含まれる筈なのである。例えばiPS細胞の成功の背後には、山中伸弥の個人的努力以外に、様々な要因、例えば理研の遺伝情報データベースの公開といった、インフラ整備の成果がある。直前に公開されたこのデータベースをフルに活用して、幹細胞で働く重要遺伝子を大きく絞り込む事が出来た訳である。自分でプログラムを作れるというのは、まさに山中の才覚であるが、その背後の要因の一つとして、第7章で分析した情報インフラとしてのデータベースの地道な整備があってこその成果とも言えるのである。

実は、科学の報奨制度に関わる根深い個人中心主義は、組織事故における個人責任論のいわば鏡像なのである。組織事故でも報奨制度でも、その成果は個人のものとされる傾向があり、ネットワーク的概念に則した、いわば分散型報奨制度というのは余り聞いた事がない。勿論現実的にそれをやれば、まさに前述した様に、無限に拡張するネットワークをどこで切るか、という問題が起きるからである。賞罰（sanction）という言葉には、肯定、否定の両方の意味がある様に、組織事故にしろ、報奨制度にしろ、その因果のネットワークはどこかで切らなければならない。その「切断」の便利で伝統的な方法は、それを個人に限定し、それで探求を終えるという事なのである。

だが当然の事ながら、報奨面でのこの個人中心主義には大きな問題があり、それは組織事故における個人責任のバイアスと同じである。それは実際には、特定個人の英雄視という形で現れる。受賞者が殆ど神格化される一方で、それに劣らぬ貢献をした他の人々は忘却の彼方に置き去りになる。こうした例は枚挙に暇がないが、例えば「人類を救ったペニシリン」の発見者であるフレミングが聖者列伝に加えられていく様子（マクファーレン 1990）や、それによって陰に隠れがちなフローリーらの業績（ペニシリンの大量生産に貢献した）（ビッケル 1976）等はその典型である。又近年の青色ダイオード開発をめぐる争い等を観察しても、誰が何にどう貢献したか、という点を社会科学的に分析する事の複雑さはすぐに分かる筈である。

勿論序章で言及した「クレジット・サイクル」、つまり業界内での信任のサイクルという文脈で、個人の評価を目に見える形で示す装置としては、報奨制度は基本的に欠かせないものである。しかし科学界の影響がその業界を超えて広い範囲に及んでいる現在、その報奨制度の基本的に個人主義的な仕組みは、ちょうど組織事故における個人の責任問題と同様、再検討が必要なのである。

4　組織、ネットワーク、個人

(1) 三つの観点

さて、ここで話を出発点に戻すと、この章では、前著で詳しく論じた、組織、技術そして事故という三つ巴の関係について、特定の事故原因が、局所的なそれから当該のシステム全体に拡張されるに従い、最低三つの問題が生じると指摘してきた。

第一は、認識対象をどこまで拡大するかという問題。第二に、我々の日常的思考として、特定の問題を単純な原因に還元する傾向性があるという点。第三に、事故原因の探求に於いては、法的責任という問題が発生するが、法的な発想では、この様に拡散した原因を想定するのが困難であるという点である。つまり原理的には、原因は拡散する可能性があるのに対して、我々自身は色々なレベルで、寧ろ単一の原因への強い還元論的な傾向を持つという点である。

（2）論争の再検討

こうした原因認知の拡散と収束をめぐる論点を踏まえた上で、組織事故をめぐるかつての論争を、より広い観点から見直してみる。既に前書でも詳説した様に、組織、テクノロジー、事故の三つ巴の関係については、主に英米圏を中心に、ペローその他の事故社会学者に代表される、組織事故の必然性を強調するグループ（Perrow 1984; Sagan 1993）と、組織的努力によって、そうした事故の可能性を逓減出来ると考える高信頼性組織研究グループ（Roberts 1993; La Porte & Consolini 1991）の間で、ある種の論争があった。前者は、実際に事故を起こした組織の事後的研究から、技術と組織が深く絡み合った組織に於いては、局所的なエラーの影響が組織全体に及ぶ一方、その全体を見渡すのは不可能だから、組織事故は本質的に不可避であると強調した。他方後者は、低い事故率を誇る組織を直接フィールド調査し、そこでの知見を中心に、組織の信頼性を高める為の特性を明らかにして、組織安全の改善可能性を強調したのである（福島2010a: 第5章）。この二つのアプローチは、研究手法や対象とする組織のサンプルが異なる為、どちらがより正しいか、一義的に判断しにくい側面があるが、ここでは、この章の趣旨に従って、この論争を見直してみる。

ここで興味深いのは、前者が扱う多様な事故事例に比べ、後者の高信頼性組織研究の扱う対象が、航空母艦や原子力潜水艦、あるいは空港の管制塔といったサンプルに限定されており、又、組織のサイズが、比較的小規模なものが中心だという点である。管制塔のケース等でも、分析対象は、空港全体のシステム分析ではなく、あくまでも管制塔における業務の観察である（La Porte & Consolini 1991）。原子力発電所のケースは多少話が異なり、複数の部門間の調整に焦点が当たっており、その運営の複雑さが強調されると同時に、その特性の解釈をめぐって研究者間の解釈の相違も目立つ様になる（Shulman 1993; Bourrier 1996）。

いずれにせよ、現場調査という特性もあり、高信頼性組織研究の対象は、事故社会学の事例に比べて、局所的な対象を集中的に研究しているという印象を受けるが、これにより、後者の手法では、研究者が注目する危険因子の範囲が、無制限には拡がらないのである。前述した様に、現実の組織事故に於いては、その原因は常に拡大の可能性があるが、高信頼性組織研究では、その危険因子の探索範囲がやや狭いのである。このグループの調査では、事故は現実には起きていないので、危険因子の可能性は、それぞれの組織の活動サイクルにおける、平時と繁忙期の間の揺れの中で観察される。例えば航空母艦なら、事故の起きやすい戦闘機の離着陸の場面、又管制塔なら、飛行機が混み合ってくる場面での組織的な活動の工夫等が詳しく観察される。更に原子力発電所の場合は、組織全体が大きく動く定期検査の時期がその調査対象になる。

だが事故社会学的に言えば、これらのオペレーションは、決して危機的な状況でのそれとは言えないし、寧ろ日常的なルーティンの中で、ある繰り返されるパターンに対応しているとも言えるのである。勿論、この範囲でも「手を抜けば」、事故に繋がる可能性がある。それ故高信頼性組織研究の成果として強調される一つが、ある種の心理的特性、つまり注意を怠らない心性（heedfulness）の重要性という話になるのである（ワイク＋サトクリフ 2002）。

これに対して、実際に起こる事故の中には、その原因が、局所的な範囲内に収まらないものも少なくない。それがこの章で論じてきた、事故原因の拡散可能性と関係してくるのである。高信頼性組織研究の文脈で考えると、それは研究者が観察した「演習」の段階ではなく、寧ろ実際の戦争や空港における事故、あるいは原子力発電所の実際のトラブルの様なものであろう。これらを現場でリアルタイムに観察するというのはまず無理なので、そうした状況そのものの研究は、事故社会学がする様に、事後的に行わざるを得ないのである。

これらをまとめると、高信頼性組織研究の分析は、比較的狭い変動幅を持つ対象に対して、その危険因子を事前に特定し、それを修正する為の努力を現場で観察する、という意味でのリスク管理の可能性をうまく分析している。他方、事故社会学に比べると、危険因子が拡大する可能性については、余り原理的な指針を与えてくれないのである。興味深い事に、この議論は、単に組織事故という問題を超えて、例えば前章のテーマである捏造問題や、科学的報奨制度一般といったものとも関係している。報奨も捏造批判も、因果のネットワークが現実に無限に拡大する中で、特定の部分に限定してその原因を探求するという強い伝統の中で行われる作業である。この章で取り上げたのは、こうしたプロセスが生む問題点である。

この意味で、組織事故という概念は、ある意味で我々に厄介な課題を残していると言える。つまり局所的で単一の原因という我々が好む理由づけを超えて、想定原因が広く拡散する可能性に対して、我々がうまく対処する単一の方策というのは、実は存在しないのでは、という疑いである。その意味では、対象を局所的に絞って、その組織安全についての改善可能性を説く高信頼性組織研究と、現実の事故の原因の拡散可能性をも含み込んでいる、事故社会学の対立というのは、組織事故という狭い分野を超えて、多くの分野にも適用可能であると同時に、その解決の難しさも同時に暗示しているのである。(4)

結語

ここで取り上げた問題は、単に事故原因をどう理解するかといった範囲を超えて、我々が複雑な対象を理解する場合に経験する理論的、実践的な困難について、それを組織事故概念とからめて論じたものである。それはある意味我々の知識構造そのものとも関係する問題であり、有限の認識能力しか持たない我々が、無限に複雑な対象にアプローチする場合に生ずる理論的な諸問題が、実践的な課題とも深く関連する事を示している。ヴォーンは前述したチャレンジャー号事故の分析に関して、組織の下部ではチャレンジャー号についての複雑な情報が流通していても、組織のヒエラルキーを昇っていく過程で、それらが単純化されたイエス／ノーという図式に変換されていく過程を示し、それが事故に繋がったとした（Vaughan 1996; 1999）。しかしこうした単純化のプロセスは、上述した様に、時間・空間的に制約された我々の認知構造にとって避けられないという面があり、その意味で、原因が拡散している組織事故の原因を認識するという作業が、実は様々なレベルでの困難を含むという点を暗示しているのである。

（1）　地球温暖化論争では、現在主流の議論に対して、宇宙物理学からの反論というのもこの対比の構造に似ていて興味深い。つまり従来の温暖化論の、地球を閉じたシステムとして捉え、気象現象は、その内部でのみ決定されるという前提に対して、地球も太陽系の一部分であり、特に気温の変動は地球内部で決定されるのではなく、寧ろ気候の変化の主原因を太陽系システム全体の動きと関連づけるといった異端学説である（スベンスマルクほか 2010）。この分野の議論の動向は変化が激しいが、最近（二〇一五年）聞いた環境省関係の講演では、主流派側が、この地球外的要因も気候変動モデルの一部に組み入れて計算を行っていた。

（2）　ここら辺の議論は、社会心理学における帰属理論や、記号論における有徴／無徴（marked/unmarked）といった古典的概念と関係し得るが、ここでは詳説しない。

（3）こうした例は色々あるが、分子生物学ではフランクリンのケース等が論議を呼んだ（セイヤー 1979）。

（4）この論争の落としどころの難しさについては、別の観点からの指摘もある（Roe & Schulman 2008）。

第10章　身体、テクノロジー、エンハンスメント

ブレードランナーと記憶装置

序　エンハンスメント概念を再構築する

近年のテクノロジーの発展が我々を取り巻く様々な環境に大きな影響を与えているが、それが身体に及んだ時にどんな問題が起こるのか、という点をエンハンスメント（強化）という概念で議論するという風潮がある。科学技術の社会的研究に於いても、そうした動向は盛んになりつつあるが、そうした議論はしばしば関係する身体にまつわる現象面のみを取り上げて、それが含むより大きな背景（その中には社会、文化、そして様々な制度的な背景も含まれる）を等閑視している場合がある。そこで見逃されているのは、まずもって身体概念の多義性であり、更にそれをエンハンスするという行為自体の多様な性質である。本章ではこうした多様性を理解する為に、身体概念を再検討し、更にそうしたエンハンスメントを可能にする制度的な特性として「レジーム」という概念を呈示する。その具体例としてここでは国際スポーツにお

ける身体能力の向上、及び新たな記憶装置による記憶の強化という二つの事例を中心に、比較検討するものである。

1　身体とレジーム――新たな分析枠組みの提案

(1) 三つの概念――その多義性

先日、韓国の浦項で行われた国際シンポジウムは、近年の技術革新によって我々の体が強化される（一般的にエンハンスメントと呼ばれる）という現在の状況について、様々な角度から再検討するという趣旨のものであった。取り上げられたテーマも、韓国の美容整形やドーピング、あるいは哲学的談義と多様であったが、他方その内容の拡散ぶりからは、こうした議論の為にも、概念をもう少し整理する必要性が感じられた。家族的類似（ヴィトゲンシュタイン 2013）や多項目配列（Needham 1975）といった用語が示す様に、ここで用いられる三つの概念、則ち身体、テクノロジー、そしてエンハンスメントのそれぞれに、概念上の曖昧さがあり、それが三つ組み合わさると、それらが相互干渉して、更に議論を混乱させる可能性があるからである。

この三つの概念のうちで、最も面倒なのが、身体という言葉である。心身二元論をめぐる長い論争を見ても分かる様に、この概念には多くの歴史的な困難が伴う。又そのニュアンスも言語によって異なるが、試しに英語の body という言葉を辞書でひいてみると、胴体だけのボディもあれば、頭が付いた全体としてのボディという二つの定義が最初から並列しているのにうんざりする。しかも近年の「身体の社会学」

といった内容の本の章立てを見ると、トランスジェンダー、死、最後はサイボーグにまで至るという多項目配列ぶりである（Malacrida & Low 2008）。

テクノロジーという言葉は、もう少し概念のぶれが少ないが、やはり個別の道具から、大規模ネットワークに至る、様々なバリエーションがある。又本書でも度々登場する、「日常的テクノロジー」（Oudshoorn & Pinch 2003）や「使用中のテクノロジー」（Edgerton 2006）（第4章参照）といった概念上の拡がりもあり、先端的テクノロジーと日常的な道具の間の境界が分かりにくくなっている。

前述した会議では、所謂ナノ及びバイオテクノロジー、情報技術といった先端的な技術が人間と機械の間の境界を曖昧にし、結果としてエンハンス（強化）された身体と、障害のある身体の間の関係が複雑化しつつある、と定式化されていた。こうした理解を図式化すると、エンハンスメントと障害は連続線上にあり、そのどこか中間にゼロ点、つまり「正常な」身体があるという事になる（Lee & Ma 2012）。先端的なテクノロジーによって、我々の身体は障害からエンハンスメントに至る、座標軸を動く事になるが、それが社会の規範に接触するので議論が必要だ、という訳である。

(2) 二つの身体モデル

だが、この三つの概念の関係を論じる様子を見ると、実はここにかなり異なる二つの身体モデルが並立しているというのが分かってくる。そのうちの一つはごく常識的なものであり、ここではモデル1と呼ぶ事にする。このモデル1によると、始まりには、外からの影響を何も受けていない、いわばゼロ点としての裸の身体（身体0）があり、それが色々な手段によって、身体+1、身体−1と変化する。身体0がテクノロジーによって身体+1になるとそれはエンハンスメントと呼ばれ、身体-1から身体0へと移ると、それは治療とかリハビリと呼ばれるのである。

このモデル1は常識的な身体理解で、様々な議論の場で暗黙の前提になっているが、所謂「身体論」の一部を一瞥しただけでも、こうした発想に対する様々な批判が見られるのも事実である。ここで特に批判の対象になるのが、この原初的身体0といった概念である。デリダがかつて「グラマトロジー」の名で、フッサールにおける原初的、無媒介的な「声」についての批判を行ったのに倣ったかどうかは定かではないが（デリダ 2005）、身体とテクノロジーの一体化を語る、ハラウェイの所謂サイボーグ論（ハラウェイ 2000）、身体に関わるパースペクティブの多重性の強調（Mol 2002）、あるいは更に、物理学者ホーキングという象徴的な例を取り上げて、身体、機械、組織が一体となって「ホーキング有限会社」という拡張された身体を作り出しているというミアレの主張（ミアレ 2014）等、科学社会論関係で散見する議論を見ると、こうしたモデル1的な身体理解に対して、様々な修正が要求されているのが分かる。

こうした一連の議論では、出発点としての、透明で、無媒介的な身体0といった概念は否定され、寧ろ身体／技術複合といったものに置き換わる必要性が見て取れる。身体とテクノロジーは、そもそも最初から不可分の関係にあるからである。こうした修正案をここではモデル2と呼ぶとすると、前述したモデル1的な身体変化の図式は以下の様に訂正される。つまり最初にあるのは、身体／技術複合（身体t_0）であり、それが身体t_1に向かって変化するという訳である。ここでわざわざt（時間）という記号を用いたのは、始まりが身体0の様な超歴史的な出発点でなく、あくまである時点（t）での一時的な身体の状態を示す為である。勿論、前述した論者達がこうした表現を使っている訳ではないが、その主張をまとめるとこの様な感じになる。

このモデル2的な理解によると、新たなテクノロジーによる身体の変化というのは、出発点であるこの身体／技術複合t_0の全体的な変化を意味する。しかし、この様に図式を複雑にすると、エンハンスメントを論じる際にやっかいな問題が生じる。モデル1的な理解では、もとの身体0と強化された身体+1という対比によって、エンハンスメントの効果というのは、比較的簡単に同定出来ると考えられている。しかしモデル2になると、新たなテクノロジーの影響は、既に存在する身体／技術複合t_0に対する影響という形になるが、実はt_0に於いて、身体とテクノロジーは既に分かちがたく混在し、相互作用を行っているのである。つまりモデル2では、エンハンスメントがあろうとなかろうと、身体／技術複合は常にその全体を変化させており、こうした状況では、あえてエンハンスメントを語る事に意義があるのか、あるとすれば、それを観察、測定出来る特定の領域をどう設定するかといった面倒な問題が生じるのである。言い換えれば、後から加わるテクノロジーの影響と、それ以前の影響の関係がモデル1ほどははっきりしないのである。モデル2的な理解では、何をどう計るか、といった点について限定しておかないと、エンハンスメントに関わる議論は、定義をめぐる争いに終始する事になりかねない。

(3) レジームの概念

この章では、こうした理解を前提として、身体、テクノロジー、エンハンスメントという三つ巴の関係を、具体的な二つの事例を通じて議論する事にする。その一つは、国際的なスポーツ競技の場における、エンハンスメントをめぐる論争、もう一つは、デジタル技術による記憶のエンハンスメントというものである。スポーツの事例というのは相対的に扱いやすいが、それは問題点が特定しやすいのと、この問題に対する制度的な対応も比較的明確だからである。他方記憶のエンハンスメントはより複雑である。と言うのもエンハンスメントと身体の関係を論じる議論の中で、記憶というテーマは典型的なものではないし、記憶とテクノロジーの関係も非常に複雑だからである。

こうした比較は、エンハンスメント論議をめぐる、潜在的な基準の問題を扱う為であるが、この章では、こうした基準の総体を、暫定的に「レジーム」(体制)と呼ぶ事にする。ここでいうレジームとは、基本的に三つの特性を持つと筆者は考えている。まず第一に、エンハンスメントが測定され、議論される為に必要な、特定の「領域」の設定である。この領域内で、エンハンスメントを測定、評価する場合、用いられる身体のモデルが、上述したモデル1になるか、あるいはモデル2になるかは、後に示す様に文脈に依存する。この章では、エンハンスメントを定義する為の出発点は、それぞれのレジームが定義する「領域」によって異なると考える。

二番目のポイントは、エンハンスメント問題に対応する特定の「社会文化的制度」の問題である。エンハンスメント問題が現存する法、倫理、あるいは他の要素(信仰等)に抵触する場合、それに対応するのがこうした制度である。この制度の構造によって、エンハンスメント問題に対する社会的な対応が行われ、ある場合は論争が決着をするのに対して、他の場合では、解決の糸口が見出せないといったケースもあり得る。

三番目はこうしたエンハンスメントそのものを支える「価値」の構造である。そもそも何故身体のエンハンスメントが必要なのか、それを推進する動因になるのがこの価値である。これは上記二つの要因に比べると、正確な議論が難しく、特にそれが社会全般に広まっているとすれば更にその困難度は増す。しかし次のケースで論じたいのは、エンハンスメント論争の意味を正確に理解するには、それぞれのレジームを支える価値の構造の分析も不可欠である。

こうした観点から、以下の節では、国際スポーツと記憶実践という二つの異なるレジームでのエンハンスメント問題を取り上げるが、議論の仕方が微妙に異なるのは、スポーツにおける論争は、多くの場合問題がよく定義されており、その議論も集中的である一方、記憶にまつわる論争は、色々な分野に分散しており、その歴史的な背景をも含めて理解しないと話のポイントが見えにくいからである。

2　国際スポーツにおけるエンハンスメント問題

(1) スポーツという領域

国際的なスポーツ競技におけるエンハンスメント問題というのは、スポーツ社会学に於いて、身体、テクノロジー、エンハンスメントを扱う際の格好の分析対象となっている。そもそも身体の多義的な特徴から言うと、スポーツというのは（少なくとも表面的には）単純に見えるからである（Magdalinski & Brooks 2002; Shogan 2002）。

又、身体のエンハンスメントの分かりやすさは、スポーツ競技そのもののある種の単純な構造にもよる。体操やフィギュアスケートといった競技では話が多少複雑になるが、それ以外では、競技の結果（時間、距離、高さ等）は大抵明確に定義され、正確に測定出来る（Shogan 2002）。加えて、競技に勝つ為に身体の強化をするという動機自体が一見理解しやすいし、それに関わる社会的な背景の分析もそれほど難しくない（Loland 2002）。こうした理由により、身体、テクノロジー、エンハンスメントの三題噺を論じる時には、スポーツ競技はその格好の事例となるのである。

興味深い事に、このスポーツ競技をめぐる、一見単純な価値構造（これをローランドはスポーツの「非理論」（Loland 2002）と呼んでいるが）は、スポーツ的身体が原則的に「自然的身体」に基づくという信仰に基づくものだ、というのがスポーツ社会学者達が好んで指摘する点である（Butryn 2002; Loland 2002）。こうしたスポーツ世界における自然な身体の強調（それはこの章で言うモデル1の身体理解と共通するものであるが）に対して、批判者達は、スポーツとテクノロジーの間のより複雑な相互作用の存在を指摘してきた（Hardman 2002）。実際、論者によってはハラウェイ流のサイボーグといった概念を最初から用いて議論するものもいるが（Butryn 2002; Norman & Moola 2011）、これはスポーツ界のモデル1的な理解に対して、モデル2で批判しようという目論見と解釈する事が出来る。

スポーツ競技におけるテクノロジーとエンハンスメントの関係を扱かった議論の中で、特に活発なのは、ドーピングに関するものである。それは人体への生化学的侵襲が、先端的技術という我々のイメージにマッチしているからである（Miah & Eassom 2002）。加えて、その影響も、医学及び社会倫理の両面から議論する事が可能である（Hogle 2005）。こうした社会学的な分析の背後にあるのが、世界アンチ・ドーピング機関（World Anti-Doping Agency: WADA）（Hanstad et al 2008）といった世界的な制度であり、これによってどの薬物を許可し、どれを禁止するといった境界線が引かれる訳である（Magdalinski & Brooks 2002）。しかしドーピングというのは、スポーツ競技における身体とテクノロジーの複雑な関係の一端に過ぎない。

次の二つのケースも同様に興味深い論点を提供する事になるが、その一つは南アフリカ出身のオスカー・ピストリウスで世界的に有名になった事件、つまり義足を持つ彼が、オリンピック競技への参加を訴えたという話である。二番目のケースは英国のスピード社が開発した新種の水着の問題である。

(2) ピストリウスの衝撃

ピストリウスのケースがスポーツ業界にもたらした衝撃は相当なものであったが、それは彼が、健常者と障害者という制度的な境界線に対して、真っ向から挑戦したからである。当初国際スポーツ連盟は、彼の義足が健常者以上のスピードをもたらし得るという事で、この申し出を却下している。しかし二〇〇八年に、スポーツ仲裁裁判所は、この件に限り、ピストリウスのオリンピック出場を許可したのである。(BBC News 2008)。実際、この出来事はメディアや学会も含めて大きな波紋を呼んだ。ノーマンらはこれを「オスカー・ピストリウスの多重侵犯」と呼んでいるが (Norman & Moola 2011)、エドワードが挙げるピストリウス擁護の八項目の中に、その多彩な論点を一覧する事が出来る (Edwards 2008)。実際、このピストリウスの「侵犯」問題の裏にあるのは、スポーツ社会で使用されている、健常者、障害者、エンハンスメントといった「分類体系」の根本的な曖昧さである (van Hilvoorde & Landeweerd 2008)。この侵犯の可能性と、それに伴う周辺のある種のパニック感覚はその後「サイボーグ恐怖」(Swartz & Watermeyer 2008) といった言葉で語られる様になるが、これは、単にスポーツ社会学でハラウェイが流行っているという事を示すだけでなく、寧ろメディアが彼の事を「ブレードランナー」という言い方で表現したからでもある (Whiteman 2014)。

（3）ファーストスキンの意味

このピストリウスの挑戦（あるいは侵犯）が、スポーツ世界における健常と障害という制度的な境界に意図的に挑戦したという点で衝撃的だったのに対して、次の事例はもう少しその意味合いが微妙である。それはファーストスキンと呼ばれる競泳用の水着の問題である（Magdalinski 2000）。この新作水着は、水の抵抗を劇的に抑える事で、それを着用した水泳選手が次々と世界記録を樹立する事になったが、結局二〇一〇年に禁止された（BBC News 2009）。ミアが指摘する様に、この論争は、ドーピングや義足ほどは劇的でないにせよ、スポーツ世界に於いて、技術的な革新がどの程度まで許容されるのか、その曖昧な境界を照らし出していると言える（Miah 2006）。同様の観点からの議論として、国際スポーツに於いて、様々なタイプの技能やテクノロジーの受容を比較検討したものがあるが、例えば米国のフォスベリーによって発案された、高飛びでの「背面飛び」や、スピードスケートで、スケート靴の刃が部分的に離脱可能なフラップスケート等が、実例として挙げられている（Van Hilvoorde et al 2007）。彼らが記述するのは、従来の境界を揺るがす新たなテクノロジーに対するスポーツ業界の、所謂境界確定作業（boundary work）（Gieryn 1999）の重要性である。彼らの結論は、スポーツ的身体というのは、「強力な理想化と諸制約の場であると同時に、自然と文化が絡み合う問題の場でもある」というものである（van Hilvoorde et al 2007: 176）。

しかし、こうした如何にも論議を呼びそうな新テクノロジーの分野を離れると、その周辺にはもっと平穏な領域が存在し、そこでは日常的なテクノロジーはブラックボックス化されて、その潜在的なエンハンスメント能力は殆ど注目されないのである。例えば近視の走者にとっての眼鏡や、もっと極端な場合として、義歯が身体に与える影響といったものである。全てのテクノロジーが、身体／技術複合の複雑な網の目の中で、様々なエンハンスメント効果を発揮する可能性があると考えれば、こうした議論も不可能ではないのにも関わらず、である。

（4）スポーツとテクノロジー

スポーツとテクノロジーの間にあるこうした接点については、スポーツ社会学では多様な議論が行われている（Hardman 2002; Miah 2006）。多くの場合、こうした研究で援用されるのは、スポーツ・レジームの中で流通しているモデル1的身体観を、モデル2的な理解から批判しようというものである。しかしモデル2的な身体観は、前述した様に、エンハンスメントの定義の難しさという問題を含んでいる。こうした状況に対して、現実のスポーツ・レジームの中で行われているのは、いわば「分割統治」とでも言うべき手続きであり、エンハンスメントの測定、評価を、分野を限定する事で明確にするという方法である。例えば前述したファーストスキン（水着）問題は、他の問題、例えばドーピング等とは別種のものとして扱われ（Miah 2006: 311）、他方ピストリウスの義足問題は、原理的問題というよりは、彼の義足の実際の科学的効果についての議論に矮小化される（Corrigan et al 2010）。実際、モデル2的な身体観を援用すると、エンハンスメントの測定や判断そのものが難しくなる為、仮に現状が複雑でモデル2的に近いとしても、それを制度的に扱う為には、モデル1的な単純化が必要となってくる訳である。

（5）スポーツ・レジームの構造

スポーツをめぐるいくつかの先行する論争の要点は、一つは一般の理解の中に根強く残るモデル1的な身体観という問題と、モデル2に基づいて身体、テクノロジー、エンハンスメントの関係を分析する事の難しさである。ただしこの三つの用語のもともとの曖昧さの割には、スポーツ界での論争が比較的明確なのは、スポーツ・レジームの固有の性質による。

第一に、スポーツ・レジーム中の特定の領域に於いて、ある種の道具やテクノロジーの効果を計るのは、それほど難しい問題ではないという点である。それは関係するスポーツ領域の中に、エンハンスメントを測定するやり方が既に組み込まれているからである。新たなテクノロジーによって、より速く泳いだり、高く飛んだり出来る様になる場合、関心の焦点は、テクノロジーとその結果をめぐる因果関係の有無といった問題に集中するが、こういった関心そのものがモデル1的な身体観と親和性があるのである。

第二に、スポーツ・レジームの仕組みは、いわば中央集権的であり、中央が多くの場合最後の決定権を持つ。前述したドーピングから義足、更には眼鏡に至るテクノロジーの分布を見ると、そのどれを許可し、禁止するかという決定の境目は、かなり曖昧で、歴史的にも変化している。しかし長い議論の末、その境界が確定し、あるものは許可、あるものは却下されると決まれば、その判断を実行する強固な権限が国際スポーツ界には存在する。これがスポーツという世界のレジームが持つ、制度上の明確な特徴である。

第三に、これらを支える価値の問題は、ある意味、単純とも複雑とも言い得る。例えばドーピング系薬物を何故選手が使いたがるかというと、試合に勝ちたいから、というのがその表面的な理由である。研究者が掘り出してくるのは、その背後にある、より複雑な社会文化的、経済的、あるいは政治的な理由である。しかし少なくとも表面的には、ゲームのルールは単純化されており、選手がそれに参加を希望するなら、そのルールを受け入れる必要がある。こうした限定の中で、ゲームは戦われ、テクノロジーが使われるという訳で、ある側面だけ見れば、価値の問題は単純化した形で語り得るのである。

この様に要約すると、身体、テクノロジー、エンハンスメントという三つ巴の関係に関して、スポーツはやや例外的なケースであり、生物学における「モデル生物」に近い役割を果している様に見える。実際、人体の生理学的な研究史に於いて、スポーツ選手というのはある種のモデル有機体（model organisms）としての役割を果してきたという主張すらある（Johnson 2013）。スポーツが果たすこうした役割を要約すれば、(1)その実践が単純化され、明確に計れる性質を持ち、(2)それを支える制度が、特定の内容について、明示的に許可／不許可といった決定を下せる様な法的な特性を持つ。(3)更に、その背後にある諸動機は別として、かなり明確な価値構造を持つという点である。興味深いのは、このタイプのレジーム構造に於いては、その批判者がいくらモデル2的な枠組みを振りかざして批判したところで、モデル1的な理解はこのレジーム構造を支えるのに不可欠だという点である。このモデル1とモデル2の間の二重構造の理解が重要なのは、次の事例ではこれとは全く異なる関係が見られるからである。

3　記憶とデジタル・テクノロジー

(1)　記憶強化論争

続く本節では、デジタル・テクノロジーによる記憶の強化（エンハンスメント）と、それに対する批判者との論争を取り上げる。この論争の背後には、記憶がそもそもどの様に機能し、それを強化するとはどういう意味か、そして記憶の働きをコンピュータのメモリーの様に捉えるのは正しいのか、といった点についての、広範な意見の対立が存在する。この分野の論争が持つかなり散漫な性格の為、前節での議論に比べると、記憶レジームについて語る事はかなりの困難が伴うが、この節では、その一つの例となる論争を取り上げた後、心理学における記憶研究の簡単な概略を紹介し、特に超記憶についてのルリヤの先駆的な研究に詳しく言及する事にする。

デジタル技術を駆使して、記憶をエンハンスしようという主張の代表例として、ここではベルの議論を取り上げるが、彼は個人の周辺に起こる全ての事を記録する、ライフログというプロジェクトで有名である。彼の「トータル・リコール」計画というのは、ハリウッド映画のタイトルの様だが、病歴や、自己の行動の記録、その他個人の記憶に任しておくと消えてしまいかねない、全ての個人情報を総合的に記録しようという内容のものである（Bell & Gemmell 2009）。

この議論に対して、メイヤー＝ショーンバーガーがその『削除！』（Mayer-Schönberger 2009）というタイトルの本で、強烈な反論を展開しているが、これはこのトータル・リコール計画のいわば暗黒面に関するものである。両者の書籍は奇しくも同じ年に刊行されており、書評氏はその主張の余りの対照的な性格に関心を示している（Turner 2009）。メイヤー＝ショーンバーガーはその本の冒頭で、二つの印象的な事例を紹介して、オンライン上の消せない記録が引き起こす様々な危険に読者の関心を向けようとする。最初の例は、二五歳の女性のケースで、若かりし頃、海賊の帽子をかぶって酒を痛飲する写真を無邪気にウェブに投稿したところ、雇用主がそれを発見して問題とされ、結局仕事を辞めざるを得なかったというケースである。もう一つは、カナダの教授の例で、一九六〇年代にＬＳＤを試し、その経験について無名の雑誌に書いた事があるのだが、それを米国―カナダ国境の税関に見つかり、数時間拘留され、指紋を採られた後、米国への再入国を禁止されたという。続く章で彼は、我々の生活に於いて「忘却」が持つ働きの重要性を強調し、技術的な手段を用いて、個人的なオンライン上の記録を削除する事が出来る様な制度を作るべしという論陣を張っている。

この両者の議論を読むと、ここでの対立点が、単にライフログやウェブ上の情報の是非といった技術的な問題に留まらず、寧ろ記憶とはそもそも何であり、それがどの様に機能するかという点についての理解の違いであるという点が見えてくる。こうした理解の差の背後には、過去の心理学や認知科学の成果の一部を理解する必要も生まれる。その中で特に重要なのは、人間の記憶というのは、畢竟コンピュータのメモリー機能の様なものだ、という考えである。こうした主張は手を変え品を変え、あるタイプの研究動向の前提と成ってきたのは事実であるが、こうした理解に対する強い批判というのも常に存在してきた。その一部は、記憶を実験室的な環境で観察するのではなく、より自然な環境の中でその動態を観るというアプローチとしてかなりの影響を持った。もう一つのポイントは、記憶／忘却という概念的なセットを考える際に起こる、前者の記憶に対する、後者の忘却のかなり非対称的な扱いという問題である。

(2) 記憶とテクノロジー

最初の点である、記憶の理解というのは長く複雑な科学的論争と関係してくるが、記憶というテーマ自体は、近代的な記憶研究のはるか以前から、多くの関心を引いてきた。ドラーイスマが指摘する様に、過去の哲学者や研究者達が、様々な道具を記憶のメタファーとして利用してきた(1)。こうした道具の様子が大きく変化し始めるのは、一八八〇年代に、厳密な実験科学的な手法が記憶研究に用いられる様になって来てからである。と同時に、写真や蓄音機といった装置がこうした記憶研究への重要な手がかりになると考えられる様になった。（ドラーイスマ 2003）。その後に登場するのがコンピュータであるが、その内部構造が、記憶を情報処理の一種と見做す見方に大きな影響を与えた。それらは短期記憶、長期記憶といった様々な心理学的概念にその影響が見て取れる。（Gardner 1985; Baldwin 2002）。

このコンピュータ・モデルの強みは、単にこの技術が記憶を理解する枠組みを提供するだけでなく、それを用いて実際に記憶を強化（エンハンス）する可能性を示唆したという点である。前述したライフログや技術的な超記憶といった夢は、実際のところコンピュータを記憶理解のアナロジーとして使ってきた伝統と深い関係があり、その意味ではこれも又ある種のモデル1的理解のバリエーションなのである。つまり我々の裸の記憶能力（身体0）が、センサーや記録装置といったものによって直線的にエンハンスされるといった理解なのである。実際ヴァン・デイクは、普遍的な記憶機械によって完全な記憶を持つという「幻想」の歴史を、ライプニッツとバベッジから、ブッシュの具体的なメメックス（memex）という総合的な記憶拡張装置案を経由して、近年の様々なソフトウェア開発までを辿っている（van Dijck 2007: 153-61）。MyLifeBits（トータル・リコール計画の前身）は言わばこの知的伝統の若い嫡子とでも呼べる代物であろう。(2)

しかし、話を心理学的な記憶研究に限定しても、既に一九七〇年代くらいから、こうした記憶理解に対して疑義を唱える声が目立ってきた。ナイサー及びその後継者達はこうした方向の研究を決定づけた事でよく知られているが（ナイサー編 1988/89; Middleton & Edwards 1990）、その中には目撃証言研究といったかなり特殊な文脈で記憶がどう働くかを研究したものも含まれる（ロフタス＋ケッチャム 2000）。

(3) ルリヤと記憶研究

ここで特に取り上げたいのはルリヤの、他に類例を見ない先駆的な研究であり、前述したナイサーのプロジェクト自体にも大きな影響を与えたものである。ルリヤのこの研究は、現在における記憶のエンハンスメントに関する論争にも複雑に関係している。ルリヤがその調査の対象としたのは、シェレシェフスキという超絶的な記憶能力を持った人物であり、この問題に興味を持つ研究者にしばしば言及されてきた人でもある(ナイサー編 1988/89; Bowker 2005: 9)。シェレシェフスキは、数や記号の長い列をそのまま記憶する事が出来、又一五年前に行われた実験内容を正確に思い出せた。それは「共感覚」という能力によって彼が記号や数を色、味、匂いといった要素を通じて知覚出来、それによって記憶力を高めたのである[3](ルリヤ 2010)。

彼のこの特殊能力に関して特に興味深いのは、この類まれな能力が引き起こした様々な問題の方である。例えば、記憶が余りに正確な為、記憶によって呼び起こされたイメージと、彼が実際に見聞きした事の間の区別が出来ないといった現象である。例えば、シェレシェフスキが子供の頃に、時計が七時半を示している様に見えたが、実は時刻は九時を過ぎており、七時半というのは過去の記憶からくる残像だったのである。

もう一つの問題は、彼がものを忘れられないという点である。ルリヤは、シェレシェフスキが記憶を消す為に行った努力を詳しく記しているが、例えばその一つは、記憶の上塗り、つまり他のものを記憶する事で前の記憶を乗り越えるという努力である。これがうまくいかないと、今度は忘れたい事を紙に書いて、それを焼くというイメージを使ったりしたが、焼いた内容は覚えているので、これも実際はうまく行かなかった。結局この「記憶地獄」から彼を救ったのは、イメージのない空白状態を自己暗示で作り出すという手法であり、それが成功して、何とかこの過剰記憶の地獄から抜け出せたのである。

こうして見ると、シェレシェフスキのこの苦闘は、それがテクノロジーによる記憶強化という訳ではないとしても、現在の記憶強化論争に重要な示唆を与えるものである。例えば記憶が知覚領域を侵犯し、その過剰記憶が記憶地獄をもたらすという話自体、ある意味メイヤー＝ショーンバーガーが主張する忘却の重要性と密接に関係する。他方シェレシェフスキーの実際の忘却の困難さの部分を読むと、前者が主張する技術的な手段による記録の削除だけでは話は解決しないというのが良く分かるのである。ルリヤの研究が示しているのは、個人の記憶というのはそう簡単には消し去る事が出来ないという点であり、人間の記憶の働きと、デジタル記録装置の中にある情報の備蓄という話の間にはかなり重要なギャップがあるという点である。

(4) 記憶レジームの構造

ここで、前節でのスポーツ・レジームに対応して、この節でも記憶レジームの様なものを想定すると、レジームの三層構造（領域固有性、関連する制度、価値体系）から見て、この記憶レジームはかなり問題含みであるのが分かる。まず第一に、記憶のエンハンスメントに関係する領域を考えると、その構造が分かりにくいのは、この論争自身が、記憶についての、かなり異なる主張に依存しているからである。記憶のエンハンスメント（あるいはテクノロジーを通じての超記憶の探求）という点について、前掲したヴァン・デイクは、三つの「神話」を指摘している。つまり心に記憶が備蓄されているという神話、そうした情報を我々が引き出したがっていると信じる神話、そしてその記憶が周辺世界とは別のものであるという神話である。彼女がこうした神話群を批判して代わりに提案するのは、記憶と媒介（メディア）の一種の共進化であり（van Dijck 2007: 162）、これは前述したモデル2の枠組みと同じ考え方である。この観点からいうと、前述したトータル・リコール論争の両者とも、実は同じ様な神話に捕らわれていると言えなくもない（cf. Blanchette 2010）。つまりこの両者のエンハンスメント理解はモデル1に近く、二人の違いは、忘却を重要な要素として強調するかしないかの点に過ぎないという風にも見えるのである。

こう考えると、記憶のエンハンスメントという論争に関係する領域を正確に定義するのが如何に難しいかが分かる。と言うのもこの定義し、測定と言う問いについて、共通の枠組みが見つからないからである。もし我々がモデル2的な記憶理解を採用するとすれば、記憶実践というのは既に個人的記憶や様々な道具、テクノロジーに分散して存在している事になり、そのエンハンスメントの測定は、その分散形態のどこに着目するかによって変わってくる。

これに加えて、更に二つの問題がある。一つは個人記憶に関係した、人工的に記録されたデータの扱いである。例えば、我々がこうした個人情報を大量に保存したまま、それを再生しようとはしない場合、これは記憶のエンハンスメントと言えるのかという問いである。そしてこれはまさに記憶という言葉の定義によって扱いが大きく変わってくる。二番目の問題は、集団的、社会的な記憶の問題である。メイヤー＝ショーンバーガーが提唱するウェブ上の記録の削除という話には、オンライン上の情報を閲覧した人々が受ける個人的な印象についての議論は無いが、そこで得た印象が個人的な記憶として残り、巡りめぐって集合化し、結局当該個人に大きなダメージを残す事は容易に想像出来る。これが我々の集合的、社会的記憶の側面であり、彼の技術的解決策は、こうした側面にまでは考えが及んでいないのである。

こうした考察によって分かる事は、記憶に関する議論は、個人記憶、デジタル記録、記憶インフラ、そして集合記憶といった多様な状況と関係があり、更にその相互関係の理解も又バラバラだという点である。実際ここで記述したいくつかの事例に於いても、モデル1とモデル2の両方の理解が混在している。その為、問題に対応した領域を正確に確定するのが非常に難しいのである。

こうした複雑さによって、この問題に関連した制度的な仕組みを特定する事も同様に困難になる。メイヤー＝ショーンバーガーのケースでさえ、彼の主張する様なウェブ上の情報の削除を誰が行うのかという問題がある。個人記憶を技術的に消し去るという可能性を論じる際に、ヴァン・デイクはエターナル・サンシャインというハリウッド映画に言及しているが、ここではラクーナ社という架空の会社が個人記憶の抹消サービスを行っており、この映画はそれにまつわる元カップルの悲喜劇を描いたものである。さすがにこうした話が現実化するにはまだ大分時間がかかりそうだが、関連する制度という観点から言うと、企業が神経化学的な手法を用いて、記憶の操作を行うという可能性が全くないとも断言出来ないのが、技術の進歩の恐ろしい点なのである(4)（van Dijck 2007）。この様に見ると、前述した「トータル・リコール」計画について現在争われている論争等は、記憶に関係する制度的構造という巨大な氷山のごく一角を占めるに過ぎないという事が分かる。

更に、記憶のエンハンスメントにまつわる価値の構造も、記憶と忘却という二つの項目の非対称性に加え、その全体構造はかなり入り組んだものであると考えられる。こうした非対称性については、前述したナイサーらの先駆的な仕事にもその傾向はあり、そこでの忘却の扱いは散発的で、実際ここから忘却の歴史といったものを記述する事の難しさが想像出来る（ナイサー編 1988/89）。そうした歴史書を物しようとすれば、多分アルコール飲料やその他の化学物質、瞑想といった活動等を記述の導き手にするしかなさそうだが、それは記憶術や記憶装置の歴史的発展に関する、豊かな歴史記述とはかなり対照的なものになるだろう。(5)

バウカーは西洋社会における記憶の優先について、ユダヤ―キリスト教的な伝統がアダムとイブの原罪を想起する事に由来する点を指摘し、この意味で、ニーチェが忘却の価値を認めた数少ない哲学者であると主張している（Bowker 2005: 25）。「記憶は病、忘却は癒し」という禅の言葉（高田 2006）が如何に異なる文化的な前提から出発しているかは明白であろう。ただしそれが社会にどれほど浸透しているのか、それをどう理解するのかは、まだ手さぐりの状態にある。

4　二つのレジーム／二つのエンハンスメント

ここまで二つのケース（スポーツと記憶）を中心に、身体、テクノロジー、エンハンスメントの三つ巴の関係を見てきたが、このやや特異な比較から見えてくるのは、劇的に異なる二つのレジームの中で、このエンハンスメント問題が、如何に多様な形を取り得るかという点である。エンハンスメントという領域をどう定義するか、という観点から言うと、スポーツ競技というのは、その定義が比較的容易である。競技のかなりの部分が、その運動能力の結果そのものを計る様に出来ているからである。そこで関心は、測定そのものではなく、そこに非合法的なエンハンスメントが認められるか否か、という論争に収斂していく。しかしそうした論争が可能なのも、もともとエンハンスメントの意味が関係者の間である程度共有されているからであり、こういう条件下では、モデル1的な身体観は、内容が単純過ぎるとはいえ、それなりの有効性を発揮し得るのである。

これとは対照的に、ライフログをめぐる記憶のエンハンスメント論争は、それ自体が「普遍的記憶機械」の様なものを求める長い歴史の一部であり、記憶とは何なのか、という点について、そもそもの合意が成り立たないまま、異なる立場の人々が相争っている様に見える。実際、ライフログの様な記録技術は、狭い範囲での記憶のエンハンスメントといった領域に止まらずに、より広い、「知識インフラ」（第7章で論じた）とも密接に関係している。又記憶についての様々な観点は、モデル1及びモデル2的な理解双方と複雑に絡み合っていて、その結果、記憶のエンハンスメントとはそもそも何を意味して、それをどう測定するかについても、慢性的な意見の違いが存在するのである。

エンハンスメント論争に関連する制度という点に関しても、スポーツ競技に於いては、中央集権的な国際機関という形で、エンハンスメントをめぐる評価や決定が統制され、それに関する決定も、（許可か禁止かという形で）迅速に執行される。スポーツ社会学者の仕事は、そうした単純に見える表面の背後に潜む、複雑な諸関係を暴き出す事であり、結果は単純だとしても、そこに至る過程は複雑怪奇であるという実態が明らかにされてきた。しかしその複雑さは、あくまで結果の単純さと比較して、という意味である。

記憶のエンハンスメント論争になると、そもそもどんな制度がその問題解決に関係しているのか、それから議論を始める必要がある。問題そのものを定義する事の難しさ自体が、関係する制度の同定を殆ど困難にしているとも言える。メイヤー＝ショーンバーガーは気楽にウェブ上の記録の削除といった提案をするが、一体誰がそれを執行し、最終的に責任を取るのか、現時点では五里霧中である。とても国際的スポーツ機関の様に、話がすっきりとはいきそうにもないのである。

更に、こうしたエンハンスメント論争の背後にある文化社会的な価値の問題を考えると、スポーツと記憶ではやはり様相が大きく異なって見える。スポーツ・レジームの場合は、まずもって特定の競技に参加し、勝つという事自体が持つ文化的価値の問題がある。勿論、その背後にあるのは、単に勝利を得たい、「参加する事に意義がある」といった表面的なものだけではなく、様々な政治・経済的な動機だというのは想像に難くない。しかし少なくとも表面的には、それぞれの競技には固有のルールと価値構造があり、参加者は最小限それに従う必要がある。実際、スポーツをめぐる公的な論争というのは、スポーツそのものの存在意義そのものを反省的に問い直すというよりは、寧ろより部分的な問題（例えばドーピング）といったものに限定されるのが普通である。この事により、モデル1的な身体観が受け入れやすくなるのだが、それはこのモデル1を使えば、話をテクノロジーによる筋肉の強化問題の是非として単純化出来るからである。他方記憶論争の背後にある文化的価値は、はるかに曖昧であるが、それはその背後にバウカーが指摘した様な記憶と忘却の関係の文化的な偏り（非対称性）があるからである。

この様に各レジーム毎にその構成要素を比較してみると、このレジームという概念そのものの妥当性についても、議論する必要が出てくる。ここまで論じてきた様に、スポーツ・レジームはその構造の相対的な明確さによって、そこでのエンハンスメント問題は、ちょうど生物学における「モデル生物」の様な特性を帯びる。しかしこの表面的な明快さはある意味誤解の元でもある。事実ハードマンはスポーツの世界では、あらゆる制約がピラミッド状の構造になっていると指摘している（Hardman 2002）。これらの制約群には、明確な規則や潜在的な価値といった両面があるが、その総体はレジームという言葉そのものによく適合している。と言うのも、レジームという言葉は、もともとラテン語の regimen から来ており、その意味は「支配する」だからである。

これに比べ、記憶レジームは、少し「幽霊的」（phantomatic）で、その境界がどこからどこまでなのか、実在しているのか、ハッキリしない面がある（Schrader 2010）。しかしここで重要なのは、他の似た様なエンハンスメント問題に関して言うと、スポーツよりもこの記憶のケースの方が、その実態に近いという点である。多少逆説的に言えば、エンハンスメント問題一般を考える際には、記憶のエンハンスメント問題の曖昧さの方が、スポーツをめぐる表面上の明快さよりも、却ってその模範としては相応しいという面も否定出来ないのである。それは記憶のエンハンスメントに関わる論争が、その曖昧さの故、それを支える見えない価値の構造について、ある種の吟味の必要性が生じるからである（Ashmore 1989）。

結　語

この章では、身体、テクノロジー、エンハンスメントという三つ巴の関係を、身体をめぐる二つの異なる視点、則ちモデル1とモデル2を中心に分析してきた。この二つの対照的な見方が効果を発揮する為には、それぞれにとっての有効な文脈が必要となるが、ここではそれをレジームと呼んだのである。レジームはエンハンスメントを定義、測定する固有の「領域」、エンハンスメントに関わる決定を行う「制度」、そしてこうした評価を支える「価値の構造」という三層構造から成る。国際スポーツ競技及び記憶という二つのレジーム例を取り上げて、このエンハンスメント論争というのが、異なるレジームではかなり異なった様相を呈する事を示した。

更に、レジームが異なると、要求される身体観も異なってくる。実際単純なモデル1も、それを批判する為に主に学者が好んで援用するモデル2も、レジーム毎にそれなりの用途があり、特定の文脈に応じて、それらのモデルも使い分けされているのが実情である。又レジームの構造が曖昧で複雑化すればする程、エンハンスメントをめぐる論争に決着がつかなくなる可能性が高いのは、エンハンスメントがそもそも何を意味するのか、それについて何をすべきなのか、合意を得る事自体が難しくなるからである。この章が、分析の為のちょっとした手段（福島 2005）を開発する事で、重要だが、混乱しやすい論争に対して、ある種の風通しのよさが得られれば、その目的を果たしたという事になる。

（1）ドラーイスマは西洋での記憶のメタファーとして、プラトンの蠟版、アウグスティヌスの鳥籠、トマス・アキナスの聖書といった例を挙げている（ドラーイスマ 2003: 第2章）。

（2）このMyLifeBitsの実践例としては、緒方らの実験があるが、その結果はこの装置が学習に有効であったとの結論である。ただしプライバシー問題等の未解決の問題も指摘されている（Ogata et al 2014）。

（3）ルリヤはもう一つのモノグラフも残しているが、それはザセスキーという脳に損傷を負った人の研究であり、その彼が記憶障害にも関わらず膨大な日誌を残したのを分析したものである（ルリヤ 1980）。

（4）エターナル・サンシャイン（原題 Eternal Sunshine of the Spotless Mind）はゴンドリー監督、ジム・キャリー、ケイト・ウィンスレット主演の映画で、過去に愛し合った経験を忘れて再開したカップルの物語である。この記憶喪失はラクーナ社という会社による記憶消去のサービスによるものである。

（5）　ハッキングの記憶政治（memoro-politics）というのは、個人における重要な出来事の想起に関わるものであるが、それは彼の多重人格についての歴史研究によっている（ハッキング 1998）。

第11章 日常的実験と「実験」の間

制約の諸条件を観る

序　実験の多様な顔貌

本章の目的は、筆者の前書（福島 2010a）で取り上げた、日常世界に埋め込まれた領域としての実験についての議論と、本書における制度化された領域としての、実験室的なものの間にある領域について議論する事である。前者の実験という概念が含む、様々な試行錯誤の可能性は、勿論制度としての実験室に最も強く反映されているが、他方現実の実験室におけるこうした活動は、歴史的にもかなり変化を遂げており、現在でもその流れは続いている。

本章の前半では、こうした現実の実験室についての知見を用いて、理論的モデルとしての実験領域の概念を再検討する。又後半では、今回の議論で重要な役割を果たしたバイオ（製薬）関係のラボ等で顕著な傾向としての高速化、ハイスループット化を取り上げ、それが持つ特性を論じると同時に、実験領域論で重要な役割を果たす制約という概念についての更なる考察を加える事で、本書全体を通覧する。

1　学習の実験的領域——その源泉

筆者の前書の焦点の一つは、「学習の実験的領域」、つまり日常的な文脈における多様な実験的試行を可能にする社会的な空間の条件を探る事であった。前書では実験的試行を「日常的実験」と呼び、それが多様な制約と、それを支える制度的なサポートという両輪のバランスで動いていると論じた。そこでは実験という言葉はかなり広く、メタフォリカルに使われていたが、その発想の源泉になるのが、本書で扱ってきた諸事例である。

実験室は様々な試行錯誤を制度的に保証する特殊な社会空間であるが、多くの研究が既に指摘している様に、この空間も、それなりの複雑な文化社会的な制約の網の目の中にある。序章で紹介した「クレジット・サイクル」(Latour & Woolgar 1979) は、研究者集団内で評価を高めていくプロセスを示すが、こうしたクレジットを高める為には一方では時間的な制約の中で、コンスタントに業績を挙げなければならない。本書で繰り返し登場する「やれる (doable) 研究」というフジムラの表現は、この時間という制約条件を示しており (Fujimura 1996)、この doability をめぐる思惑の違いや、その認識文化的な意味合いについては第5章で論じた。

この時空間的な制約が、科学的探求の多くの分野を規定しているのは、次の様な会話からも見て取れる。ある研究者が自らの分野の研究が余り進んでいないと語った際に、「科学の現場というのは、本当ならやるべきなのに、あちこち研究されていない部分がある」とその虫食い状態について言及したが、これも時空間的な制約の問題と密接に関わっている。別の例で言えば、フェルマーの定理の様な超難問に関して、それに挑戦しようとする研究者の恐怖について読んだ事があるが、その恐怖は「この問題は結局解けない」事が分かるという悪夢である[1]（それ故、「フェルマーには手を出すな」、という事になるらしい）。しかも大半の場合、そうした情報を事前に得る事はまず不可能である。例えばｉＰＳ細胞の解明には八年の歳月がかかったというが、それが八年で済むのか、それとも実は四つの遺伝子ではなく、一〇〇個のそれが複雑に絡んでいて、その解明は今世紀中には無理だったのか、といった事はやってみないと分からなかっただろう（cf. リヴィオ 2015）。

序章で紹介した、ブルアのストロング・プログラム（研究の成功も失敗も、対称的（symmetrical）に社会学的に説明する）という議論が科学者の猛反発を受けた一つの理由がこれである。研究者間の社会的合意（構築）だけで話が済むのなら、何年もの間失敗の恐怖を感じつつ、実験室にこもっている必要などないからである。それに続く研究者達の様々な修正（例えば「自然と社会の対称性」とか、「コヨーテ（トリックスター）としての自然」）といった表現も、こうした自然の予測不可能性を表現するものである。セレンディピティ（僥倖）とか、「（無知と）驚き」（Gross 2010）等といった用語が強調されるのも、こうした気まぐれな自然の予期せぬ相貌に対する我々の態度を示している。

前述した研究現場の「虫食い状態」というのは、この将来見通しの可能性と密接に関係しているという事も出来る。カロンは研究の発展段階を、初期の少数者によるネットワーク作りの段階と、発展が成熟し、そこに大量の研究者が流れ込む段階とに分け、科学経済学的（新古典派的な）費用対効果図式がある程度成り立つ様に見えるのは後者の場合だけとした（Callon 2002）。この対比を言い換えれば、既に先駆者が道を開き、ある程度の見通しが立ってきた研究の発展段階では、個人レベルでもその「doablity」についての疑似計算が可能になる。他方その困難の度合いについて見通しが立たない研究の初期の場合、そうした損得の疑似経済学的な分析はかなり困難である。寧ろそこで必要なのは、ケインズのいうアニマル・スピリットや、あるいはシュンペーター流の企業家精神の科学版といったものになる筈である。あるいは、この対比は、計量可能なリスクと、それが出来ない不確実性（uncertainty）との対比に似てなくもないが（ナイト 2012）、この論法から言えば、リスク（と報酬）がある程度計算出来る分野に人々が集中し、それ以外の不確実な領域は、人がまばらになるという状態も、それ程不思議ではないという事になる。(2)

時間という制約が研究の doability やリスク／不確実性に深く絡むとすれば、前著で指摘した他の制約、例えば経済のそれも、本書での隠れたモチーフの一つになっている。前書で扱われたのは、主に失敗の経済的コストの問題が中心であったが、勿論実験室の活動は、資金と密接に関連し、産学連携の強化によって、科学研究と産業活動が複雑に絡み合っている現状は、本書でも見え隠れしている。

研究は一定レベルの成果を挙げる事が常に期待されるが、それにまつわるミクロの方向転換は日常茶飯事の為、そのレベルでの失敗のコストは、制度的にもある程度折り込み済みである。先程のカロンの二分法に従えば、こうした失敗の経済的なコストは、研究初期よりも、第6章で詳説した様な巨大化したプロジェクトでより顕著になる。カロンも指摘する様に、この段階になると、投入された金額に対して、それなりの成果（データ量？）が科学経済学的に期待される為、この段階は「実験」というよりは、決まったルーチンを大量にこなす工場生産的な側面が強まってくる。タンパク３０００計画に対しては、そうした探索の自由度の低下に対する批判もあったのである。

しかし、筆者はそうした批判に余り同調しない。事実、実際の研究の過程を、その初期段階に限定するのは無理である。初期研究の試みが功を奏し、大きな流れ（バンドワゴン）となって大量の資金が導入されれば、失敗の経済的なコストが増大するのも当然である。寧ろここで強調したいのは、研究活動と経済面の制約の間には、多様な関係があり得るという点である。

前書で論じた、最後の重要な制約は倫理／法的なそれであるが、日常的実験の領域では、そうした試行錯誤の実践に伴う失敗への許容度、あるいは免責というのがその空間を担保する最も重要な要素の一つであると指摘した。その免責を支えるのが、ある種のワクチン化されたゾーンであるが、勿論現実にはそうした免責が常に担保される訳ではない。それ故日常レベルでの実験性の保証には、文脈に応じた工夫が必要となり、それが社会技術的なデバイスである。その意味で言うと、実験室は、そうした免責性がかなりの程度まで担保された特殊な社会的空間だという事が出来る。

勿論、この免責も無制限ではないし、そのレベルや適用範囲が歴史的にも変動するという事は、科学技術倫理に関する近年の賑々しい議論からも見て取れる。しかしそこではこの先話をどう進めたいのか、よく分からない面もある。研究者に、もっと社会に目を向けよと訴える近年のスローガンは、大抵の場合その免責性を減らし、研究倫理という形で研究者にも社会的な「責任」への自覚を促すという方向に話が進んでいる。だがこうした曖昧な「社会」概念を科学／社会の二元論で採用すると、いくつかの問題が起きる。まず、こうした主張が、この空間の相対的な自律性を維持したいのか、それともそれを縮小させたいのか、その方向性がはっきりしないという点である。かつてマートンが呈示した科学の特性（普遍性、共同性、脱利害、組織的懐疑）という諸項目が、米国での戦中戦後に部分的に成立した一種の架空の規範であって、歴史的にも成立しないという議論がある（例えばShapin 2008）。実際、ミクロ社会学的なラボ研究の多くが、この規範にそぐわない多くの活動について記述分析を行っている。しかし一方で、例えば近年の産学連携の行き過ぎに対する批判を展開しようとするクラインマンの様な論者にとっては、現状の「行き過ぎ」を批判する為にも、これに類した規範的議論を持ち出さざるを得ないのである。製薬会社による研究への介入を論難するとすれば、それに抵抗するアカデミアの「自立性」を主張せざるを得ない（実際そう主張している）（Kleinman 2003）。そうした自立性の根拠を否定し、社会に巻き込まれているという事を強調すればする程、複雑に入り組んだ社会内の対立（政治、経済、法その他）の中の、曖昧で脆弱な一つのファクターとしてしか、研究活動が見做されなくなるというリスクも生じる(3)。

興味深い事に、実験の免責構造は、他の分野でのそれと同様、両刃の剣であると同時に、微妙なバランスの上に成り立っているという点なのである。それが拡大し過ぎれば、研究者の非倫理的な暴走と言うべき一連の不祥事にも繋がる。しかしそれが縮小し過ぎると、今度は産業化、政治的対立その他に巻き込まれた「歩」の様な存在に、研究活動が縮小していく。このバランスの困難さは、日常的実験ではごく普通の問題であるが、本書の諸例が示すのは、実験室と言えども、その相対的な特権性が問題化されると、今度は逆の意味での問題も生じ得るという点なのである。

2　ラボと工場

実験室そのものに見られる、こうした実験的領域の揺れ動きを考える為に、ここでは少し異なる観点から問題を見直してみよう。大分前の事になるが、初めて研究室の現場をうろついていた際に、ある研究者と雑談をした時の事である。彼は自分達がやっている様な作業は、ある意味大田区の町工場でやっている活動と同じなのだ、という様な趣旨の発言をした。たしかに、事情を知らない素人が現代の実験室に足を踏み入れて、膨大な装置の山を見る限り、あたかも最新式の生産ラインに出くわした様な印象を受けるかもしれない(4)。

しかしこの町工場と同じ、という主張には何か釈然としない点があったのも事実である。工場が作り出す製品は、市場動向に対応して変化する。そうした絶えざる商品開発が必要であるという点だけを見れば、たしかにラボでの研究活動との対応関係があるかもしれない。しかし工場の場合もし特定の商品が売れ続ければ、同じ製品を長期間生産しても（原則的には）何の問題もない筈である。他方実験室の生産物（つまり情報／論文）が過去と全く同じものでいい、というのはあり得ない。情報は「差異を生み出す差異」（ベイトソン）であり、新しさそのものだからである。第4章で論じた様に、「使用中のテクノロジー」(technology-in-use) の議論は、研究過程に直接には応用出来ないのである。

とは言え、この工場との対比には、妙に気にかかる面もあった。調査の初期に印象に残った言葉の一つが、「ハイスループット」（高速処理）という用語であり、今考えれば、研究室そのものが、ハイスループット化に精力を傾けていた時期にその動向を目撃したのであった。実際この言葉は、様々な分野で近年耳にするが、ゲノム研究やその周辺ではキーワードの一つであり、ヒトゲノム解析に関わる解析の自動化、高速度化の（不）可能性については、かつて多くの議論がなされた。更に塩基配列の解読では大成功をおさめたとはいえ、同様の手法でタンパク質の構造が解析出来るかどうかでもめたのが、第6章の構造ゲノム学の話である。

この高速度化に着目した研究者の中には、ゲノム研究をビッグサイエンスと呼ぶよりもファーストサイエンスと呼ぶべきだ、という者もいる（Fortun 1998）。実際この速さへの希求が、結果として研究過程そのものがあたかも工場管理に似てくるというケースを分析した研究もある。スティーブンスは、米国のバイオ情報学のラボの研究を行ったが、その舞台であるブロード研究所は、第4章等に登場するシュライバー（ケミカルバイオロジーの唱道者）が現在所属している研究所でもある。このドライ・ラボ（バイオ情報学）の構築にあたって、トヨタの「カンバン方式」（必要な情報をカンバンに記載して、無駄なく迅速に工程を処理する）とそれを体系化した「リーン生産方式」という考え方が、ラボの設計、運営、改善に強い影響力を持っている事を、スティーブンスは詳しく分析している。つまり作業工程の無駄を徹底的に排して、より能率的に仕事を行う為に、日本の生産管理手法を導入し、成果を挙げているのである（Stevens 2013）。

工場を思わせるこうした（情報）生産過程については、第5章で論じたタンパク3000計画におけるゲノム研究センターでの分業体制にもその一端が窺われるが、そこでカンバン方式が採用されたかどうかは定かではない。だがいずれにせよ、溢れ出る情報を出来るだけ能率的、高速度に処理する体制を作る事は、多くの科学の分野で見られるトレンドである。スティーブンスも記している様に、こうした情報爆発が留まるところを知らないのは、ゲノム解析の方向が、特定の生物種から全ての生物種へと移行しつつあるからであり（例えば第5章で少し触れた、マイクロビオーム全微生物ゲノム解析等）、この先この情報爆発とどう対処していくかは、ある意味緊喫の問題であると言える。

この情報爆発の状況は、そのある種の理論的、哲学的な意味についての考察も生みつつある。その一部は、現在行われている主張を「データ駆動型科学」（data-driven science）とか、「仮説不要科学」（hypothesis free science）という形で論じるものである。(5) 勿論、序章で指摘した様に、実験や観察があくまで理論的な仮説を検証する為にのみ存在するというのは、実験という実践を極端に矮小化したものであるが、ここでの主張は、強調点が逆になる。

他方こうした主張への批判は、一種の哲学的な境界確定作業（boundary work）、つまり何が科学で何が非科学か、という境界づけという観点からのみ行われる訳ではない。寧ろ個別のウェット系の研究者達が、こうした情報化、高速処理化の傾向に対して、かなり抵抗を示してきたという点も、本書のいくつかの章で見る事が出来る。それはゲノム研究の機械化（シークエンス化）に対する激しい批判に始まり、構造ゲノム研究に対する、構造生物学者の厳しい批判（更には天然物化学とコンビケムの対比等）枚挙に暇がない。こうした対比が、場合によっては米国流の絨毯爆撃的なアプローチに対する日本のわざ、という形で語られる点は第5章で示したが、実際前述したブロード研究所への寄付額が三億ドル（円ではない）と聞いて、桁が二つ違うと言った日本の研究者の慨嘆を耳にするにつけ、こうしたわざ論の背後には、圧倒的な財源の差という経済的な背景を基本にした発想という側面もある。

他方この対比は、何か古典的な産業発展史の枠組み、つまり家内制手工業から、組織化、機械化され最後は米国型のフォーディズム体制の確立による大量生産へと至るとする、マルクス主義的な工業発展論や、ブレイヴァマンに代表される様な労働過程論（labor process）的な枠組みを連想させる点もある。実際後者の有名な「技能低下（deskilling）仮説」というのは、二〇世紀になって労働の自動化が進むと同時に、技能低下、労働の質の低下が起こったという議論で（ブレイヴァマン 1978）、それに対しては様々な立場からの反論がなされた。例えば化学産業を中心に分析を行ったハーシュホーン等は寧ろ労働の柔軟性が増し、その質が逆に向上したという主張すら行っている（Hirshhorn 1984）。実際、現場での作業過程では、反復的な作業に対応出来る機械があれば、こうした自動化はある程度不可避である。では技能低下論はどうであろうか。例えば構造ゲノム学的なアプローチについての、構造生物学者の批判は、結局こうした高速解析は、やりやすい対象のみに限定されており、膜タンパクの様な解析の難しい対象には役に立たないという点をめぐってであった。ある研究者がそれを「英雄的な努力」と呼んだのは、そうした膜タンパク質の結晶化をめぐる条件が不確定で、それを探る事の困難が研究者の膨大な努力を必要とするからである（第6章）。

しかしこうした試行錯誤の過程にすら、自動化の余地は残っている。どこに結晶化の条件が潜んでいるか分からないとはいえ、その可能なバリエーションを自動的に生成し、しらみ潰しに検索するといった手法は十分考えられるからである。この自動化の話は、実験的領域についての時空的制約の問題としても論じる事が出来るが、他方、研究分野における異なる哲学、手法、あるいは認識的文化の対立としても議論する事が可能である。

こうした議論でよく出てくる「匠の技は機械では再現出来ない」的な主張から言えば、情報論的なアプローチへの批判は、こうした匠論的な伝統から来ている様にも見える。(6) しかし実際は、話はもう少し複雑である様に思われる。構造ゲノム学的なタンパク質構造理解に対する構造生物学側の批判は、そこで扱われる基本構造収集とシミュレーションによる予想というのが、そのタンパク質の「機能」を理解するには精度を欠いている、という主張と捉える方が正しい（第6章）。興味深い事に、天然物化合物の場合でも、化合物の収集が進み、高速処理が可能になってきたのに対して、推進者達が余り満足している様には見えないのは、そうした高速処理が結局のところ個別の化合物が持つ微妙な可能性を取り逃がしているのでは、という疑いがあるからである。実際こうした高速処理に依存し過ぎる事への警戒感も生じているのである（第7章）。

3　情報インフラと技術的制約

この情報化の話を、こうした労働過程論的な議論としてではなく、寧ろ情報インフラ論の延長として見るとどうであろうか。実際、こうした自動化の進展、それに伴う情報処理装置の拡大に対して、一連の科学論学者は、科学の形式自体が全体としてデータベースに集められた情報を分析する方にその焦点が移行しつつある、といった主張をするものがいる。第7章で議論した、知識インフラ論を展開する研究者の中には、こうした主張をするものも少なくない。先に多少触れたデータ駆動型科学論といった議論がその一つの例である。

他方、第7章でも論じた様に、データから機械学習によってある種の傾向性が見出された時、果たしてこれが科学的営為と言えるのか、というかなり根本的な問題が提示される可能性もある。マッケンジーは数学の四色問題（地図上の国の色を四色だけで描けるのかという問題）を、コンピュータを用いて証明した事に対して、それが果して数学的証明と呼べるのか、という論争が数学界で巻き起こったとしているが、これもその一例である。（MacKenzie 1999）。

この問いを哲学的な議論としてではなく、寧ろ情報インフラの整備がもたらす潜在的な影響という形で見直してみると、それは全てのインフラが一般に持つ、ある種の技術的な制約の問題と関係してくる。情報インフラに限って言えば、それはそのインフラが規定する情報の形式による、可能な情報と排除される情報の間の綱引きである（Bowker & Star 1999）。生物学における伝統的な方法（ウェット）と情報論的なそれ（ドライ）の間の対立の一つの側面は、必要とされるデータの多様性と、それがデータベース化される時の様々な諸制限の問題とも考える事が出来る。研究が進めばデータも多様化するが、それによる情報爆発が避けられなくなる。その為に形式は出来るだけ標準化、単純化されたものが望ましいが、そうすると構造ゲノム学の章で述べた様に、このデータによるシミュレーションの精度の問題が出てくる。

更に、異なる領域からデータを集めて処理するには、メタデータ（そのデータにまつわる付属的なデータ、更には研究そのものものの背景データ等）がその調整に必要とされる。しかしエドワードらが指摘する様に、こうしたメタデータは、相互に持続的な調整を必要とし、その量と関係する領域が増大するにつれ、その作業も膨大なものになっていくのである（Edwards et al 2011）。

4　制約の働き

こうした情報インフラが持つ働きを観察する事は、より一般的には前著から続く重要なテーマである「制約」を再検討する重要なきっかけとなる。認知科学者の橋田浩一は、それ以前のプログラム設計が、AならばBをせよ、という命令の形でなされる事が、より複雑で柔軟なソフトウェア設計を妨げてきたという反省から、かつて「制約によるプログラミング」という概念を提唱した（橋田 1994）。ここで言う制約とは、規定される対象の動きを制限する様々な条件を意味するが、この場合、その制限以外の部分では自由を与えるという意味もある。

興味深い事に、この二つの方式（命令と制約）は、全く異なる分野、例えば政策過程等に於いても同様の対比があるのはよく知られている。ローウィの提案した政策の三（四）分類、則ち、分配的、規制的、再分配的、（そして構成的）はよく知られているが、ここでのポイントはその強制性の差である（Lowi 1972）。ざっくり言えば（再）分配的とは、政府が主導して、これをしろと積極的に規定する政策を意味するのに対して、規制的な政策とは、その範囲を制限はするが、他は自由だと主張するものである。勿論規制は状況に応じて、引き締められたり、緩和されたりはするが、しかし規制の範囲内では、その活動は保証される事になる。そこでハイエクの様な自由市場主義者にとっては、政府の行うべき活動は、規制だけであって、あれをしろ、これをしろといった、政府が実質上先導する活動ではないという事になる（つまり後者は社会主義だからである）（ハイエク 1987）。ここでも、規制（制約）はそれ自体が禁止（制限）の体系であるが、他方それはあるレベルでの自由を保証する制度でもあるという点が重要である。

この制約という概念そのものに着目すると、上に挙げた個別の制約条件とは異なる、別の一連の論点が浮かび上がってくる。一つはこの制約の性質をめぐる理論的な争いが、序章で詳述したいくつかの議論と密接に関係するという点である。アクター・ネットワーク理論の研究者達が主張する、新たなネットワークの創出について、クラインマンの様な研究者が、科学の（新）政治社会学といった観点から強く反論した点は既に示した。折衷主義的なジャサノフの様な研究者は、それ故こうした関係を、構成的（constitutive）アプローチ、つまり科学実践が新たな事実を作り出すタイプと、相互交渉的（interactive）アプローチ、つまり現存する社会と交渉して行うというタイプ、という形で二分しているが（Jasanoff 2004）、この様な二分法は無意味である。どんなネットワークの形成も、全て既に存在する様々な制約条件の範囲内で行われるからである。「人間は自分で自分の歴史を作る、ただし自在にではなく与えられた条件のもとに作るのである」という言葉（マルクス 2008）は、マルクス主義者以外にとっても真実である。

アクター・ネットワーク理論で、この制約の問題が余り明示的に示されないのは、序章で示した様に、それがもともと問題化（problematization）のネットワークという概念から出発しており、制約要件は、その背後に隠れてしまうからである。それはネットワークの安定化（stabilization）の中に埋め込まれるが、不安定なネットワークについては雄弁であるこの理論も、ネットワークが安定化した後については、殆ど語るべき事が無いのである。近年のテクノロジー論で繰り返し現れる、堅牢さ（obduracy）や使用中のテクノロジーといった概念、そして近年のインフラ研究に至るまで、それらはある意味で、ここで述べている制約と同じ方向の問題関心を共有していると言える。

実際テクノロジーのダイナミズムの常として、初期の、期待と不安の入り交じった可塑的な混沌状態から、紆余曲折をへて安定化、不可視化する過程を経ると、それを研究する研究者の関心が大幅に薄れるのは普通であり、安定化後の状況に対する関心が高まってきたのは、比較的最近の傾向である。しかも例えばインフラ研究と称しても、その実態は発展途上国のインフラの様に、その初期段階を扱ったりしており、これでは不可視のインフラの議論にはならない。興味深いのは、それが不可視に近くなるという事は、それ自体の影響が自覚されなくなり、ある意味逆説的に、その影響力が増すという点なのである。実際エジャートンが、使用中のテクノロジーに於いては、「技術決定論」が成り立つと強調したのは、その潜在的な制約が自覚されないという現状を示している（第4章）。

その意味では、本書の中で取り上げられた実験装置や、更に（知識）インフラについての議論というのは、前書で取り上げなかった、実験的空間への制約の別の側面、つまり技術的／記号的な制約という問題と読み替える事も出来る。例えば知識インフラという概念を取り上げよう。実際そうした特定のインフラ（例えば特定の形式のデータベースや、インターネットの様な基盤技術）が確立するという事は、一方でそれが他の可能性を排除するという点で大きな制約をもたらすが、他方その制約そのものが標準化と相まって、その制限範囲内での自由な活動を保証する事になる。ルーマンがかつて、一般化された象徴的メディア（例えば貨幣）はそれが複雑性を著しく制限する（貨幣という形式しか認めない）事で、別の形で複雑性を確保するという主張をしたが（ルーマン 1993/95）、知識インフラの様な装置も、そうした制限によって逆に多くの情報のやりとりが可能になるのである。

その意味では、本書で詳述したいくつかの議論、とりわけ第6章で詳述したタンパク3000計画の様な構造ゲノム学のビッグプロジェクトに関しては、それをいくつかのタイプの制約をめぐる議論の一つという形で、その意味を読み換える事が出来るかもしれない。その一つは、ある種の政府指導型の科学プロジェクト運営に対する様々な抵抗である。前述した様に、命令／制約の対比は、政策論における（再）分配／規制と同型であるが、科学技術の社会論的研究で多く見られる、「規制」についての研究とは異なり、このプロジェクトでは政府（特に科技庁）の役割が大きく、政府主導型のプロジェクト運営に近い。そこで争われたのは、こうした形で行われる科学研究のスタイルであり、政府がいわば三〇〇〇という目標を設定し、命令／制約の対比でいえば、前者に近い形でプロジェクトを推進するという点についての諸問題を論じたものであると見做す事が出来る。前節では、これをウェット（生物学）とドライ（情報学）という二つの異なる認識的文化の軋轢と見做したが、ここではこれを、学習の実験領域における、適切な技術的制約条件をめぐる争いであると考えても良いであろう。

結　語

筆者の前書では、様々な日常的な文脈での学習の検討というテーマに隠された、陰の主役が実は「実験」という概念だったとかつて記した。とすれば本書におけるそうした陰の主役はこの「制約」という概念になるのかもしれない。そしてこの制約という問題が持つ広がりを深く考察する事が、多くの対立する社会理論の間の関係を取り持つ、興味深いキーワードとなる予感がするのである。(7)

(1)　超弦理論で有名なウィッテンは、この出来そうな部分と、困難な部分の弁別がしっかりしている、とフレンケル（2015）は記

している

（2）ただしこうした科学的実践を、経済／市場との類比で語る事の限界は、研究者の求める価値は、クレジットであり、人が集中する分野は、それだけ議論の的になっている為に、被引用回数という形でのクレジットは増える一方、競争も激しくなる為、そうした分野に手を突っ込むかどうかは、その二つのバランスであるという事である。ここで注意すべきは、市場を攻略する戦略としては、二番手は決して悪くない。しかし研究戦略としてはあくまで一番乗りが中心だ、という重要な相違点である。

（3）ある人達にとっては、研究の自律性といった概念は全くリアルでないようだ、という点は大学関係者は気をつける必要がある。第2章のもととなった論文に対する匿名のレフリーの一人は、企業に近い研究開発マネージメントの専門家のようであったが、この章で論じている工程表についての複雑な反応という問題設定がぴんとこなかったようである。つまり研究開発は管理されて当たり前であり、一方の極である自由、自律性といった側面は何の事かといった反応であった。

（4）ただしこの大田区云々という比喩には、ある種の下請け作業的なニュアンスもあり、第7章で詳述したインフラ的な側面について、指摘したかったのかもしれない。

（5）ある科学史のジャーナルは例えば Studies in History and Philosophy of Science Part C: Studies in History and Philosophy of Biological and Biomedical Sciences 誌は二〇一二年に「生命科学／医学におけるデータ駆動型研究」という特集を組んでいる。

（6）興味深い事に、この議論は天然物の業界ではかつて論じられた事があるという。ある研究者によると、自動化が好きな米国の研究者は、抗生物質候補を手早く見つける為に、その「阻止円」（抗生物質が菌を殺すと出来る、物質周辺の円状の跡）を判別する装置を早速作ってその作業を行ったという。しかしその装置では重要な候補の曖昧な阻止円が見過ごされた為に、その成果を日本の研究者達に奪われたという（2009/1/20）。

（7）この制約は、本書第Ⅲ部での議論、例えば第10章の、ひたすら拡大しかねない因果のネットワークを具体的に縮小させ、適当なサイズに落とし込む働きとも密接に関係してくる。

附論　リスクを飼い馴らす
危機管理としての救急医療

序　現実の危機管理――その可能性と問題点

本章は、リスクあるいは危機管理の実態を、救急医療を例に論じたものである。その内容によって、筆者の前書との連続性が高いものであるが、先行する第8章、及び第9章の議論を理解するのに役に立つ観点が示されている為、ここに附論として収録する事にした。ここに挙げる危機管理の事例は、事前に可能なリスクを排除する様に努める組織的な防御壁を意味するというよりも、実際に問題が起きた時にそれをどうマネージするか、といった問題に焦点がある。救急医療とは、ある意味そうした（文字通りの「事故」）が起きた時に、それに迅速に対応するよう進化してきた組織であり、その動態についての詳細な観察は、ある意味、危機管理とは何かを理解するにも役立つ。本書で論じられている知識生産の現場等でも、こうした問題は近年散見しており、その意味での比較も興味深い。

1　リスク、危機、事故

(1) 危機管理という概念

危機管理という日本語には基本的に二つの意味がある。一つはリスク管理(risk management)で、もう一つは具体的な災害等の危機に対応するという意味での、狭義の危機管理(crisis management)である。この二つは相互に深く関連しているが、異なる二つの領域と考えるべきであろう(加藤・太田 2010)。

危機管理研究には様々なアプローチがあるが、大泉によると、狭義の危機管理という概念は、もともと国際政治における六〇年代のキューバ危機を契機に発展してきたという。[1] その後様々な分野で危機管理に関して論じられてきたが、その内容は多岐に渡っており、強調点も微妙に異なっている(大泉 2006; 浅野 2010)。例えばミトロフらは、企業の対応を中心として、経営(スト、市場の崩壊)、情報(漏洩)、工場(操業停止)、人材(不法行為)、信用(中傷)、反社会的行為(誘拐、テロ)、自然(地震等)といった項目を危機の定義として列挙しているが、広い意味でのメディア対策を最重要視している(ミトロフ 2001)。他方政治における危機管理について、ボアンらは、危機管理の過程を、①徴候の知覚(sense making)、②意思決定(decision making)、③危機の伝達(meaning making)、④危機の終了、⑤危機からの学習と制度改革という五段階に分け、それぞれの段階で、政治家が陥りやすい問題点を包括的に論じている(Boin et al 2005)。

この様な研究史を背景に、本論文で取り上げるのは、複雑な技術と関係した巨大事故、例えば工場災害

（インドのボパール化学工場事故）（Hanna et al 2005）、スペースシャトルの打ち上げ失敗（Vaughan 1996）、原発事故（スリーマイル島、チェルノブイリ）（Medvedev 1992; Walker 2006）、更には医療事故（コーンほか 2000）といった、所謂「組織事故」（リーズン 1999）の研究である。

（2）組織事故——二つのアプローチ

組織事故研究については、従来二つのアプローチが論争を続けてきた。一方は、ペローに代表される事故社会学的なアプローチで、多くの組織事故事例を比較し、組織とテクノロジーのタイトカップリングが、局所的な失敗を増幅し、巨大な事故に繋がりかねない傾向性を持つ事、そして構造が複雑な為、その要因を特定するのが困難である事を強調した。このアプローチでは、事故回避の可能性は低く見積もられ、又安全性確保の為の選択肢は限られているとされる（Perrow 1984; 2007; Sagan 1993）。

もう一つは、米国バークレーの研究チームによる、事故率の低い高信頼性組織（管制塔、航空母艦、原発等）の比較検討である（LaPorte & Consolini 1991; Roberts ed 1993; Rochlin 1996b）。彼らは現場でのフィールド調査を通じて、こうした組織が持つ特性として、組織ヒエラルキーの柔軟な変更、情報源の多重性、徹底した組織学習等（福島 2010a）、あるいは全体として見られる「細心さ」（heedfulness）（ワイク＋サトクリフ 2002）といった点を抽出し、安全性の組織的向上可能性を指摘してきた。

（3）具体的実践としての危機管理

この論争の欠陥は、手法、対象、サンプルの数等の違いのみならず、議論された事例が極端な為、より一般化可能な事例を検討する余地がかなり残っているという点である（Roe & Schulman 2008; 福島 2010a）。ペローの言う様に、こうした組織が事故への傾向性を持つとはいえ、それに対して何の手だても打てない訳ではない[2]。他方、一般的な危機管理の研究を見ると、それに特化した危機管理部門が行うべき事項をマニュアル的に列挙しているケースが多い（大泉 2006; 加藤・太田 2010; 浅野 2010）。高信頼性組織研究は、組織の具体的研究によって、危機管理の動態について新たな知見を加え得るが、如何せんデータが限られている。

焦点となる危機の性質や、対応主体を誰と考えるかによって、危機管理という領域は、多様な論点を展開し得る。本章では、組織事故に代表される、組織／技術の相剋から生み出される危機にその焦点を当て、医療分野での関連した事例を取り上げる。それが救急医療（救命救急センター）である。救急医療は、緊急の重傷者に対して、従来の縦割り型医療組織を超えて、迅速に対応する為に発達してきた新興領域である[3]。

前述した危機管理論の枠組みで言えば、この事例は、行政や企業の一般的な危機対応の観察というよりは、寧ろ危機管理部門の実際の働きと問題点を、リアルタイムで研究したものという事が出来る。前述したボアンらの包括的な枠組み（Boin et al 2005）で言えば、危機管理での①徴候の知覚と、②意思決定という面で、危機管理型組織が持つ具体的な特徴と問題点を探るのがこの章の目的となる。

2　救急医療のダイナミズム

（1）歴史的背景

急病患者を医師のもとに迅速に搬送する体制という点から言うと、救急医療の歴史は、欧州では一八八一年ウィーンにおける劇場火災に端を発した「ウィーン救護会」に遡り、続いてドイツ、英国等でも救急業務が開始されている[4]（木所 2001）。北米に於いて、誰でも来院出来るER（Emergency Room　緊急治療室）という制度は、一九五〇年代以降成立し、徐々に全米に広がっていく一方、救急医療が専門分野として医学内で正式に認められるのは一九七四年の事である（Zink 2006; Pell 2006）。他方本邦では、消防署の救急業務は一九三三年から始まっているが（木所 2001）、大学での救急体制は、一九六三年に設立された、大阪大学の特殊救急部を以てその嚆矢とする。当時高度経済成長による交通事故の急速な増大によって、大量の多発外傷患者が病院で扱えないという問題が起こっており、阪大の特殊救急部は、二四時間体制でそれに対応出来るよう作られたのである。以降救急医療体制は順次拡大し、一九七三年には日本救急学会が成立し、一九七七年には厚生省により、現在の三段階の救急体制（つまり自分で来院出来るレベルから、重症の患者に至る三段階の分類）の基礎が出来る[5]（木所 2001）。二〇一一年段階では、三次対応（重症患者対応）の救命救急センターは全国で二四五施設を数える（日本救急医学会 2011）。

（2）医学としての救急医療

この様に、救急医療の出発点は、交通事故における多発外傷患者への対応が中心であったが、その後その対象は、熱傷や中毒といった急性疾患へも拡大し、現在救急医学の対象は、非常に広い分野をカバーしている。(6) こうした状況に対応して、救急医療は、従来の医療の知識／組織構成とは異なる、独自の観点からの知識の編成を行っており、科学の社会的研究という観点からも興味深い。

救急医療がemergency（救急／緊急）という用語を用いている様に、救急医療の知識分類に於いて、最も重要な概念は「時間」である。(7) 救急医療は、生死の狭間にある重症患者を一刻も速く治療する事を目的としており、それが危機管理というテーマと密接に関係してくる。この「時間」という制約の意味は、初療という概念に見て取る事が出来る。従来、医学は多くの場合、臓器別の分業体制になっており、それは脳外科、呼吸器科、循環器科等といった診療科の区分に現れている。それに対して救急医療は、治療のプロセスを時間で区切り、初めの部分（初療）を独立して取り扱うという興味深い分類システムを援用している。これが救急医療の独自性である。

その対象をこの初療という時間軸上の部分に限定する一方、その範囲内では、多発外傷から中毒まで非常に広い範囲をカバーする事になる。当然ながら、こうした試みでは、既に存在する他の診療科との協力は不可避のものとなる為、救急医療は、科学における学際研究（Klein 2001）や、経営にいうＣＦＴ（cross-functional team）（Lindborg 2003）といった現象と共通する、分野横断的な特徴を兼ね備える事になる。その治療は原則「緊急時」に限られるから、それが終われば、それぞれの診療科に患者を引き継ぐ事になるからである。(8)

3　救急医療の組織的特性

救急医療に関わる知識編成のこうした特性によって、救急医療独自の組織的形態が生まれる事になる。それをまとめて言えば、基本的にそれは外に向かって開かれたシステムであり、チームワークを前提として構成されているという点である。

(1) チームワーク

他部門とのチームワークというのは、救急医療における治療プロセスの大前提である。救命救急センターでは、搬送された重症患者は、まず処置室で救急医、研修医、看護師のチームによって、迅速な診察、病態把握が行われ、心肺停止なら蘇生、気道確保、又必要に応じてX線、超音波、CTによる検査が行われる。この段階で、簡単な処置、手術が行われる事もあるが、脳挫傷の様な重傷の場合、専門的な手術は脳外科医に引き継がれる。この場合救急医の中心的な役割の一つが、他の診療科とのリエゾン（連携）という役割である。

又処置室での作業後、治療はセンター内のICU（集中治療室）で継続されるが、病状が安定してくれば、関係する他科、あるいは他病院へと患者は転送される。センターでの処置は、あくまで暫定的なものであり、救急医療の教科書では、救急医は最初からチーム・コンダクターとして定義されており、様々な分野の専門医をまとめ上げる役割の重要性がそこでも繰り返し指摘されている（有賀編 2000）。

（2）地域ネットワークと救急体制

更に救急医は、地域全体を調整する役割をも担う。重症患者の治療という時間的制約の為、患者への対応は、病院搬入以前の段階から既に始まっており、センターの活動は地域的ネットワークの現状と密接に関係している。

現在、世界的に見ても、現場での急患の病態把握及び処置について、大きく分けて、二つの考え方が存在する。その一つは、現場にいく救急隊員（パラメディカル）と病院の救急医の分業体制であり、日本や北米で採用されている方式である。本邦では、救急事業の歴史が、まずもって緊急時の迅速な搬送体制の確立という点から始まった事もあり、救急隊員と救急医の分業が一般的である。しかしこの方式だと、現場での処置が医療の専門家ではない救急隊員に任されるという問題点がある。当然気道確保や蘇生処置を救急隊員が関われるかが問題になり（福島 2001）、現状では、救急救命士に基本的な現場対応が認められつつある。

この問題に対する別の方式は、医師が直接現場に出向くというやり方で、ドクターヘリ（西川 2009）、あるいはフランス等でのドクターカー（ＳＡＭＵ）がその実例である（Martinez-Almoya et al 1988; 丸川 1992）。この場合、現場での処置は専門の救急医が行うが、急患の同時発生に対応するのが難しく、又緊急性が低い患者に対しても、救急医が現場訪問を行う為、過剰労働の問題も発生する（森村ほか 1999）という点で、前述した分業方式とは一長一短がある。

4　危機管理組織としての救命センター

(1) ルーティンとしての危機管理

救命センターは一刻を争う緊急状況を扱う事を目的とした、常設の危機管理組織という側面を持っている。その点が、行政組織や企業における通常の危機管理部門の様に、緊急時にのみ実際に機能し、平時ではリハーサルだけといった組織とは異なる点である。それ故急患を扱う事はこのタイプの組織にとってはルーティン活動であり、ある程度の数の患者がコンスタントに搬入される事が組織として望ましい。逆に言うと、こうした組織における「異常事態」とは、二つの可能性がある。[9] 一つは平均的な急患の量をはるかに超えた大規模な事故・災害が生じた場合であり、もう一つは、組織が扱うべき緊急例が枯渇してしまう場合である。

(2) センターの対応限界

前者の有名な事例の一つは、一九九五年の地下鉄サリン事件である（奥村 1999）。この場合は、救命センター（聖路加病院）の収容能力をはるかに超える大量の患者が搬入された為に、病院全体の医師等に緊急の要請を行うスタッフコールが実行され、更にその初期には、通常の中毒とは異なる症状が出た為に、一時大きな混乱が生じた。それが現場の臨機応変の対応と、全体の情報を統括する中枢が自発的に成立した事で、だんだんと収まっていく様子が、詳細に調査されている（慶応義塾大学ビジネス・スクール 2011）。

筆者の調査中は、こうした規模の大量搬入というケースは無かったが、センターが一時的に満床になり、更なる搬入が難しくなるといった出来事がたまに起こる事があった。このセンターでは、センター長が副院長も兼ねていた為に、かなり強力な指導力を発揮出来たが、こうした強い力がなく、センターと他の部局が並列状態といった場合では、独立性の高い医局間での複雑な調整が必要になり、緊急時に対応が出来ない可能性がある(10)（cf. Green and Armstrong 1993）。

（3）センターの誤用／悪用

こうした患者の大量搬入とは別に、救命センターの目的が十全に発揮出来ないという逆のケースもある。これは大きく分けて二つのタイプがある。一つは救急医療の誤用（悪用）であり、もう一つは救急患者全体の構造的減少という問題である。

欧米の医療社会学的研究のかなりの部分が、この救急センターの悪用問題に費やされている。ERや救急部門に、医療保険に加入していない貧困層が殺到したり、夜間の方が待ち時間が短い為に、わざわざ救急を訪ねてくるといったケース（Roth & Douglas 1983; Peneff 1992）は本邦でも散見する。あるいは、末期ガン患者が意識不明に陥った様な場合も、本来の救急医療の趣旨とは異なるものである。だが現実には、患者の受け入れに関する境界線を明快に設定するのはかなり難しく、こうした患者の振り分け（rationing）については多くの研究がある（Kelly & May 1982; Vassy 2001）。それを見ると、真の重症患者が好まれる一方、浮浪者等に関しては広い拒否反応があるという研究もあり（Dodier & Camus 1998）、医者達が、こうした人々を、いつものごみ（normal rubbish）と呼んでいたといった報告すらある（Jeffrey 1979）。

北米型ERでは、重症患者とは言えない多くの患者を扱うという事自体が常態化しているが、日本の場合は、患者の重症度に応じて、一次から三次と区別されている為、救命センターでは、軽度の患者がくるというケースは比較的稀であった（cf. 笠木ほか 2009）。

（4）組織環境の変化

こうしたケースと並んで、重症患者の減少という構造的問題がある。筆者の調査中、春から夏にかけて、センターの病床で治療される患者数が非常に減った。こうした状況下では、センターの機能が十分に果たせず、実践活動、教育の両面で士気が低下し、困難な状況であった。ちょうど平時における軍隊の役割の様に、緊急時対応の組織はそれが対応すべき問題が無いと、存在意義そのものが問われかねないのである(11)。

この背後にはいくつかの要因がある。一つは重症患者の病態の季節的サイクルであり、冬場は心疾患、春先は自殺未遂といった形で、病態が変化する。そうしたサイクルの谷間の時期に、急患が減ったのである。もう一つは、長期的な社会の構造変化である。前述した様に、日本での救急医療は六〇年代の交通戦争を機に発展してきたが、交通事故そのものが減少傾向にあり、特に二〇〇四年の道路交通法改正により飲酒運転が厳罰化され、外傷系の患者の搬入が顕著に減少したのである。その結果全体としては、搬入患者の代表的な病態は高齢者の内科疾患に関係するものが多数を占める様になり、外傷に強い外科系救急医にとって、自らの存在意義に関わる問題として受け止められるケースも少なくなかった。

以上を要約すると、センターの様な組織は、急患がコンスタントに搬入される事に適した組織体制を採っている。しかし近年その患者の傾向に変化が生じ、組織の存在意義そのものに影響を与え始めている。それはある意味でこうした危機管理型組織が潜在的に持つ問題点の一つである（cf. 福島 2010a）。この問題に対しては、彼らの中心的な価値である緊急性（emergency）の意味を変えていく必要がある。しかし全ての危機管理組織が、こうした変化に対応出来るかどうかは微妙であり、その点については後に言及する。

5　来るべき体制への模索

(1) 救急医療の二つのモデル

前述した様に、従来の臓器別分業とは異なる、初療／その後という分類で自らを規定してきた救急医療にとって、大きな問題は、従来の医療体制との関係である。これは危機管理部門が、組織本体とどう関係を作るかという、より一般的な命題と密接に関係するが、この点について大きく分けて、二つの考え方があり、ここではそれをミニマリズム（極小主義）とマクシマリズム（極大主義）と呼ぶ事にする。

ここで言うミニマリズムとは、救急医療の役割を、緊急時での患者の振り分け、選別（トリアージ）に限定し、必要な処置が終われば、それ以降は従来の医療組織に任せるという考え方の事である。これはどちらかと言えば、北米のＥＲで中心となる考え方である（笠木ほか 2009）。

これに対して、マクシマリズムとは、救急医療の役割をより大きく定義するもので、日本の救急医療にはこのマクシマリズム的な拡大傾向が多分にあるという印象を受ける。ここで指摘しておくべき事は、日本の救急医学は、学会名の英訳に emergency という用語ではなく、acute（急性期）という言葉を使用しており、欧米における救急概念よりもやや長いスパンを考えているという点である。実際に、日本では最初期の処置に加えて、三次救急では特に、集中治療室による全身管理といった治療がセットになっており、脳低温療法といった、高度な全身管理の技術を必要とする治療法を採用するセンターも少なくない[12]。

この二つの考え方には、知識・技能の配分、組織の構造という点でそれぞれ独自の特徴がある。前述した様に、ミニマリストでは、的確なトリアージ能力が再重要であり、組織構造としては限定された病床数で事足りる。他方マクシマリストの場合、より継続的な急性期のケアも引き受ける為、救命センターはその規模が拡大し、それ自体がある種の自律性を持つ傾向がある。調査地の規模は、全国レベルで見ても、平均的な規模のそれであったが、病院によっては、救命センターが病院のＩＣＵ（集中治療室）全体を同時に管理し、入院から退院に至るまで、ケアを継続する方針のところもあった。その場合、センターは、まるでイタリア内部のバチカン市国の様に、ある種の病院内病院の様相を呈するのである[13]。

(2) 二つのモデルの組織論的意味

興味深い事に、この二つのモデルは、それぞれ緊急時に対する異なる組織的対応とそれが含む問題点を示している。ミニマリスト・モデルでは、既に存在する診療科とは出来るだけオーバーラップを避け、迅速に振り分けをして、他科に送り出す事がその緊急時対応の中心となる。しかし既に指摘した様に、このやり方の背景には、誰でも受け入れるＥＲという考え方があり、この方式だと、重症患者も軽症者も区別なく殺到するので、緊急時対応という本来の組織的目的が十全に果たせないというリスクがある。この難点は、（日本型の）マクシマリスト的モデルでは多少回避出来る可能性がある。つまり本邦では、患者選別はセンター搬入以前の現場で行われ、第三次救急は、重症患者に特化出来るからである。しかしここには別の問題がある。

一つはこのシステムでは、トリアージの判断を、現場の救急隊員に依存する事になる為、救急医がこうしたトリアージ能力を高められないという点である。次にこのモデルでは、救急医に緊急時の処置に加え、全身管理（例えば脳低温療法が典型的であるが）といった能力を要求する為、救急医のカバーする範囲が非常に拡大し、従来の医療分業体制との役割分担が不明確になる可能性があるという点である。言い換えれば、専門性の深さ（どこまで専門化するか）とその範囲（どこまでカバーするか）のバランスが難しくなり、特に教育面でそのひずみが出る可能性がある。

実際、ある整形外科系の救急医は、現在ある様な何でもこなす救急医という理念が、結局のところ実現不可能な理想論であり、整形外科的な技術を深めようとするなら、寧ろ外傷センターの様に、重度の外傷患者を集中的に取り扱うセンターを作り、外傷の患者はそこで専門的に治療すべきと主張していた。つまり現状の様に、万能型のセンターでなく、緊急時対応だが、より専門分化した組織によって急患に対処すべきだという訳である(14)。

だがこの外傷センターの様な、「相対的に専門分化した、危機管理組織」という発想に問題が無い訳ではない。と言うのも、時間との戦いである救急医療に於いては、地理的要因は非常に重要であり、こうした専門性に特化したセンターを地理的に等間隔で配分するのは現実的に難しいからである。

6　危機管理組織をめぐる諸問題

(1) 四つの問題点

緊急事態に対応する救急医療は、ある意味で危機管理組織（部門）の興味深い事例を提供している。ここで取り上げてきた問題は、こうした組織が持ついくつかの問題点であり、それは、次の四つにまとめられる。

①こうした組織が対応する時間的な範囲
②カバーする領域
③この組織と従来の組織体制との関係（分業・チームワークの形態、及びその組織にどれだけ権限を与えるか）
④平時（つまり危機とは遠い状況）で、どうやってこの組織の活性を保つか

原理的にも、現実的にも①と②はゼロ・サム的であり、前述した様に、救急医療の場合、その時間軸とカバーする範囲をどこまでにするかは、国によっても違いがある。それぞれのモデルには長所、短所があるが、日本はどちらかと言うと、マクシマリスト的傾向が強い事は指摘した。

(2) 緊急性と全体性

救急医療は、世界的に見ても、比較的新しい制度である。その為、救急医療と従来の病院組織の関係は繰り返し問題になる(③)。筆者の調査中でも、こうした点は救急医の間で繰り返し話題にされ、従来の縦割り型診療体制を打破する救急医療の(医療改革的)役割の重要性という点が、医局カンファ等でしばしば論じられた。

しかし問題は、こうした縦割り型組織の超克という理念そのものは、必ずしも危機管理に限定する必要はないという点である。調査地でも、こうした主張は内科系の医師によって行われていたが、その関心は、緊急時の治療というよりは、寧ろ日本に欠落しているある種の「家庭医」、つまり海外で言うところのGP(General Practitioner)を日本で確立するという関心に向いていた。つまり救急医療の分野横断的特性を、救急以外の領域へと拡張したいのである[15]。

しかし患者を「全体として」診るという目標の守備範囲を緊急時以外にも延長すると、救急医のカバーすべき範囲は、爆発的に増大してしまう。時間軸が伸びる事による知識量の爆発に対しては、前述した外傷センターの様に、対象を外傷に限定するか、あるいは緊急時をはずして、家庭医の様に全体をゆるくカバーするか、といった別の限定が必要になる。これが制度設計の多様性と密接に関係してくるのである。

(3) 組織環境の変化――FEMAとの比較

これとは別に、危機管理組織としてのセンターの特徴(④)として、大規模自然災害等と比較すると、急患の搬入頻度が高く、その組織構造も、災害対策本部の様な一時的な性質ではなく、よりルーティン的色彩を持つという点が挙げられる。だが前述した様に、こうした急患の実態は六〇年代からはかなり変化している。この点で興味深いのは、事故対応の為の最大の学習資源は事故そのものであり、それが減少すると、事故が減る事自体は良いとしても、学習資源そのものも同時に減ってしまうという問題があるという点である（cf. Rochlin 1996a）。救急医療では、これに近いケースとしては、組織目的の誤用（つまり軽症患者の流入）と重症患者の減少という傾向であり、組織としては、こうした環境の変化に対する対応が必要となってくる。

危機管理組織とその組織環境の関係を考えるに当たって、ＦＥＭＡ（米国連邦緊急事態管理庁）についてのペローによる社会学的分析は、常設型の危機管理組織が、その組織環境、及び組織構造の変化によって右往左往する、印象的な事例を提供している（Perrow 2007）。

ＦＥＭＡはカーター政権下、様々な自然災害対応の諸機関を一九七九年にまとめたものである。だがこの統合は失敗し、一九九二年のアンドリュー台風には、全く対応が出来なかった。当時、対ソ連用の軍のＩＴネットワークが機密扱いで、ＦＥＭＡ全体で利用出来なかったからである（Perrow 2007: 54-59）。組織の目的が複数存在し、それが相互に妨害し合っていたのである。しかし冷戦終了後、クリントン政権下では情報共有の仕組みが改善されて、災害対応に成果を挙げた（Perrow 2007: 59-64）。

だが二〇〇一年九月一一日のテロ攻撃以降、その目的がテロ対策に変わり、米国国土安全保障省の下位組織とされた為に、二〇〇五年のカテリーナ台風に対して、再び全くの機能不全に陥ったのである（Perrow 2007: chap 4）。このＦＥＭＡの事例は、もともと自然災害対応という目的の組織が、環境の変化により冷戦対応、そしてテロ対策という形で、異なる文脈に置かれる事で、機能不全に陥っていく興味深いケース

である。(16)

これほど極端ではないにせよ、救命センターも又、様々な環境の変化に曝され、その本来の目的とは異なる状況への対応を迫られつつある。(17) 外傷系患者の減少と内科疾患の増大という病態の変化は、日本独自の一次から三次という区分の見直しへの機運を生み、そうした区分をしないアメリカ型のERをもっと日本に導入するべきだと論ずる声もある（笠木ほか 2009）。しかしそれは又、前述した、センターの誤用といった別の問題を顕在化させる事にも繋がりかねない。

ここで指摘しておくべき事は、こうした環境の変化に対して、現場の救急医達の反応は迅速であり、調査時に筆者が遭遇したのは、変化する環境の中での救急医療の役割について、繰り返し行われた熱のこもった議論であった。前述した様々な代替案、例えば外傷に特化したセンターや、あるいは家庭医といった理念は、この組織環境の変化に呼応した、新たな体制への模索でもあったのである（福島 2010a）。

結　語

我々が危機と考える現象には様々な形態があり、それに組織的に対応するあり方も、ある意味多様である。そうした多様性の一つの現れとして、ここでは救急医療（救命センター）という新種の知識／組織体制を事例として取り上げ、こうした分野の特性とその問題点について議論してきた。前述した様に、救急医療の対象とする「緊急時」は、大規模自然災害や、政治的スキャンダル、あるいはテロによる攻撃といった他のタイプの危機とは異なり、その頻度は比較的高いものである。その意味で、救命センターの様な組織は、一種の常設された危機管理組織と見做す事が出来る。

それ故ここでの教訓を、他の危機管理組織に翻訳する場合、問題となるのは、他の組織では、そうした危機の頻度がはるかに稀になる為、救命センターの様に、日常的にその対応能力を洗練化していくという事が出来ないという点である。大抵の場合は、危機管理部門や、クライシスディレクター（大泉 2006）等を事前に決めておく事に限定され、平時には演習やシミュレーションで訓練せざるを得ない（林ほか 2008; 浅野 2010）。例えばミトロフらは、危機管理プログラムの組織化や、他のプログラムとの連携の必要性を指摘するが、それが具体的にどういう問題を引き起こし得るかについては、言及していない（ミトロフ 2001）。又ボアンらが指摘する様に、実際の危機では、前もって準備された計画そのものが機能しない事も少なくないのである（Boin et al 2005）。

前述した様に、救命センターの様な組織でも、実際の急患の数が減ってくると、その士気が低下し、組織として弛緩してくる可能性はある。仮にそうした実際の危機の欠如を、ある種の模擬演習の様なものでカバーしたとしても、危機管理のシステムには、他にも様々な問題が生じ得る。それが上で述べた①対応すべき時間軸、②その範囲、そして③従来の組織との連携のあり方なのである。多くの組織にとって、こうした危機は比較的稀であり、危機管理部門（組織）が、全体の組織的文脈でどう機能するかは、やってみないと分からないという面がある。その点で、この救急医療の事例は、危機管理部門（組織）が持つかもしれない様々な知識／組織上の問題（例えば権限の委譲）を、医療的実践の中で、具体的に示しており、多くの具体的な組織論的知見がそこから汲み取れるのである。

（1）亀井（2002）は更にその起源を遡り、一九二〇年代のドイツのインフレ対策、三〇年米国での大恐慌に対する保険対策、七〇年代以降の企業の海外進出に関わる問題対策といった現象もルーツとして挙げている。
（2）ペロー派の論理としては、組織の分散化によるリスク拡散というのが、組織事故への対応の主要原理となる（Perrow 2007）。
（3）以下に述べる救命救急センターの事例の詳細については、福島（2010a）を参照。
（4）米国では州毎の多様性が大きいが、最も早い救急病院のケース（ミルウォーキー州）は一九二九年に遡る（Zink 2006: 11）。
（5）日本の救急医療体制は、自分で来院出来る一次から、意識不明、心肺停止等を含む重症の三次までと、三段階に分かれている。
（6）例えば代表的な教科書を見ると章順に、心肺停止、蘇生後脳症、ショック、意識障害、外傷、中毒、感染症、熱傷、体温異常、喘息、痙攣発作といった諸項目が並んでいる（有賀編 2000）。
（7）ある論者は、救急医療におけるこの時間概念の成立を、緊急、突然死、ショックといった諸概念の絡み合いの過程として、一八世紀以降の思想・社会史を中心に分析している（Nurok 2003）。
（8）ただしこの点について、北米型のＥＲと日本の救急医療はかなり異なった対応をするが、その点については後述する。
（9）高信頼性組織研究が取り上げる組織（空母、管制塔等）が対応する状況も、所謂突発的危機というよりは、寧ろリスクの高い繁忙期である。ここの意味での異常事態というのは実際の戦争等になる。
（10）センター長は、病院部局間の調整について、性格の良い若手か、強大な権限を持つ年配がやるしかないとその難しさについて語っている（2002/9/13）。
（11）この事態はこのセンターに限られたものでなく、当時の助教授の言によれば、彼の出身の有名病院の救命センターでも、その時期の急患の減少は著しく、もっぱら少数の自殺未遂の患者を扱うだけに留まっていたという（2003/4/15）。ボアンらは危機管理組織が、対応に失敗する時のリスクを指摘しているが（Boin et al 2005）、平時での弛緩というのも重要な問題である。
（12）脳挫傷等で、脳が腫れ、脳室内の圧力増加による障害を防ぐ為に、人為的に体温を低下させる治療法。低体温による免疫低下、感染症を防ぐ必要がある（林 1995）。
（13）この違いは、救命センターが、病院の設立時期に既に役割を与えられているか、あるいは従来の病院組織に、後からセンターを加えるか、といった順序に依存する傾向がある（2004/2/27）。
（14）実際にこの医師は、その後外傷に特化した他大学のセンターに移籍した。

(15) 救急医と内科医が中心となって総合診療科設立に動いていた為、こうしたテーマが議論された（2003/4/1）。
(16) これは「学習の実験的領域」論の主要テーマでもある（福島 2010a）。
(17) 同じFEMAについて、浅野（2010）はその危機管理能力の変化を主に長官のリーダーシップを中心に分析している。
(18) 勿論、現実の大規模な危機の場合、救急医療も又一つの専門化された局所的な対応に過ぎないが、そこではマクロのレベルの連携の調整の問題が生じる（cf. Boin et al 2005）という意味では、救急医療のコーディネーション能力にそのヒントがある。

あとがき

本書は過去十年近くに渡る様々な調査研究の成果であり、本書の成立に関しては多くの人にお世話になった。最も多くの時間を過ごした、理研の長田裕之氏（現理化学研究所・環境資源科学研究センター、副センター長）とそのラボ、ケミカルバイオロジー研究グループのメンバーの方々には深く感謝したい。特に浦本昌和氏には天然物化学研究の重鎮として、多くの疑問に繰り返し丁寧な説明をいただいた。又タンパク３０００に関しても、飯塚哲太郎、井上頼直、柴田武彦、横山茂之、和田昭允、倉光成紀、荒田洋治、大熊健司といったプロジェクトの中心的な諸氏、あるいは現場で研究を行った多くの方々から（推進、批判を含めて）詳しい話を聞くことが出来た。更に情報インフラ研究では、理研の泰地真弘人、杉田有治氏をはじめ、京コンピュータプロジェクト関係者の方々からも有意義なお話をうかがうことができた。

研究の初期段階では、上野彰氏（現放射線医学総合研究所）の歴史的な聞き取り調査の成果が本研究でも重要な役割を果たしており、上野氏のインタビュー結果も一部利用させてもらっている。又山口富子（国際基督教大学）等のサイエンス・スタディーズ研究会（ＳＳＵ）のメンバーにも様々な示唆をいただいた。

又この時期は、日比野愛子、山口まり、鈴木舞、吉田耕太、島村祐輔、大川内直子ら、優れた学生のチームとのやりとりが重要であった。ここでの研究成果の大半は海外で発表し、様々なコメントをいただいた。その始まりで言えば、Michel Callon, Bruno Latour（当時は両者ともパリ鉱山大学）、本研究開始後は、Mike Michael（シドニー大学社会学）、Greg Clancey 及びそのチーム（シンガポール大学テンブス校）、Boel Berner、Francis Lee（リンショーピン大学ＴＥＭＡ研究チーム）、Jane Calvert（エジンバラ大学）、Geoffrey Bowker（カリフォルニア大学アーバイン校）、マー・ユンジュン（浦項工科大学）、Harro van Lente（マーストリヒト大学）、Alessandro Mongili（パドヴァ大学）諸氏とのやりとりに、本書は多くを負っている。

＊

各章の初出は以下の通り。

序　章　書き下ろし。
第1章　「リサーチ・パス分析——科学的実践のミクロ戦略について」『日本情報経営学会誌』第二九巻二号、二六—三五頁、二〇〇九年。
第2章　「知識移転の神話と現実——バイオ系ラボでの観察から」『研究　技術　計画』第二四巻二号、一六三—一七二、二〇一〇年。
第3章　「組織としてのラボラトリー——科学のダイナミズムの民族誌」『組織科学　特集—経営組織の厚い記述』第四四巻三号、三七—五二頁、二〇一一年。
第4章　Resilience in Scientific Research: Understanding How Natural Product Research Rebounded in

an Adverse Situation, *Science as Culture* 25, Issue 2: 167–192, 2016.
第5章　「ラボと政策の間――ケミカル・バイオロジーにみる研究、共同体、行政」『科学技術社会論　特集――科学技術政策の現在』第一〇巻、九六―一一二頁、二〇一一年。
第6章　Constructing "Failure" in Big Biology: The Socio-technical Anatomy of the Protein 3000 Program in Japan, *Social Studies of Science*, 46(1): 7–33, 2016.
第7章　Value Oscillation in Knowledge Infrastructure: Observing its Dynamic in Japan's Drug Discovery Pipeline, *Science and Technology Studies*, 29(2): 7–25, 2016.
第8章　「科学の防御システム――組織論的「指標」としての捏造問題」『科学技術社会論研究』第一〇巻、六九―八四頁、二〇一三年。
第9章　2012「因果のネットワーク――複雑なシステムにおける原因認識の諸問題」『日本情報経営学会誌特集――リスクと情報経営』第三二間に号、三―一二頁、二〇一二年。
第10章　Blade Runner and Memory Devices: Reconsidering the Interrelations between the Body, Technology, and Enhancement, *East Asian Science, Technology and Society* 10: 73–9, 2016.
第11章　書き下ろし。
附　論　「危機管理としての救急医療――その組織、構造、変容」『組織科学　特集――組織と危機管理』第四五巻四号、一五―二四頁、二〇一二年。

なお本書には収録しなかったが、特に第11章の議論と関係あるものとして、次のもの等がある。

Corpus Mysticum Digitale?: On the Notion of Two Bodies in the Era of Digital Technology, *Mortality* 20 (4): 303–318.

本書の編集過程では、東京大学出版会の後藤健介氏と神部政文両氏に大変お世話になった。ここに感謝の意を表したい。

カバー装画には、武田史子さんの「過去への彷徨」という素晴らしい作品を使わせていただき感謝したい。このミステリアスな二つの道具は、あたかも本書のテーマを雄弁に物語っている様である。

最後に妻早苗には、いつもながら、多くを負っている。彼女との何気ない会話には色々なヒントが隠されていて、本書のここかしこにその徴が刻まれている。

福島真人

福島真人（ふくしま・まさと）

東京大学大学院総合文化研究科教授．

東京大学大学院社会科学系博士課程修了，博士（学術）．

東京大学東洋文化研究所助手，国際大学助教授等を経て現職．

主要著書に，『身体の構築学―社会的学習過程としての身体技法』（編著，ひつじ書房，1995 年），『暗黙知の解剖―認知と社会のインターフェイス』（金子書房，2001 年），『ジャワの宗教と社会―スハルト体制下インドネシアの民族誌的メモワール』（ひつじ書房，2002 年），『現代人類学のプラクシス―科学技術時代をみる視座』（共編著，有斐閣，2005 年），『学習の生態学―リスク・実験・高信頼性』（東京大学出版会，2010年）等．

真理の工場
科学技術の社会的研究

2017 年 12 月 25 日　初　版

［検印廃止］

著　者　福島真人《ふくしままさと》

発行所　一般財団法人　東京大学出版会
代表者　吉見俊哉
153-0041 東京都目黒区駒場4-5-29
http://www.utp.or.jp/
電話　03-6407-1069　Fax 03-6407-1991
振替　00160-6-59964

組　版　有限会社プログレス
印刷所　株式会社ヒライ
製本所　牧製本印刷株式会社

ISBN 978-4-13-030209-8　Printed in Japan

索　引

あ　行

か　行

さ　行

た　行

な　行

は　行

ま　行

や　行

ら　行

わ　行

参考文献

Abbott A 2005 Protein Structures Hint at the Shape of Things to Come. *Nature*, 435: 547.

足立幸男（編）2005『政策学的思考とは何か──公共政策学原論の試み』勁草書房.

足立明 2001「開発の人類学──アクター・ネットワーク論の可能性」『社会人類学年報』27: 1-33.

縣公一郎・藤井浩司（編）2007『コレーク政策研究』成文堂.

アンダーソン B 2009『ヤシガラ椀の外へ』NTT 出版.

エンジェル M 2005『ビッグ・ファーマ──製薬会社の真実』篠原出版新社.

エインジャー N 1991『がん遺伝子に挑む』東京化学同人.

Anonymous 2001 Unsung Heroes. *Science*, 291(5507): 1207.

荒田洋治 2008「実像と虚像」『蛋白質 核酸 酵素』53(5): 645-647.

荒田洋治 2010『日本の科学行政を問う──官僚と総合科学技術会議』薬事日報社.

有賀徹（編）2000『Chart 12 ──救急医療』医学評論社.

浅野一弘 2010『危機管理の行政学』同文舘出版.

芦田仁 2010「合成経路設計支援ソフトウェア ARChem を用いた情報共有」『日本化学会情報化学部会誌』28(1): 15.

Ashmore M 1989 *The Reflexive Thesis: Writing Sociology of Scientific Knowledge*. Chicago: University of Chicago Press.

綾部広則 2005「科学技術をめぐる政策学的思考──知識社会に政策はどう対応するのか」足立幸男（編）: 219-253.

綾部恒雄（編）1988『文化人類学群像 2〈外国編 2〉』アカデミア出版会.

馬場錬成 2015『大村智物語──ノーベル賞への歩み』中央公論新社.

Baldwin J M 2002 *History of Psychology*. Bristol: Thoemmes.

Bardach E & Kagan R A 1982 *Going by the Book: the Problem of Regulatory Unreasonableness*. Philadelphia, MA: Temple University Press.

Barley S & Bechky B 1994 In the Backrooms of Science: The Work of Technicians in Science Labs. *Work and Occupations*, 21(1): 85-126.

Barley S & Orr J (eds) 1997 *Between Craft and Science: Technical Work in U.S. Settings*. Ithaca, NY: ILR Press.

Barry A 2005 Pharmaceutical Matters: The Invention of Informed Materials. *Theory, Culture & Society*, 22(1): 51-69.

バートファイ T・リーズ G V 2014『薬づくりの真実――臨床から投資まで　新装版』日経 BP 社.

Bateson G 1972 *Steps to an Ecology of Mind*. New York: Ballantine book.

BBC News 2008 Pistorius Eligible for Olympics. http://news.bbc.co.uk/sport2/hi/olympics/athletics/7243481.stm.（2008 年 5 月 16 日閲覧）

BBC News 2009 Hi-tech Suits Banned from January. 31 July. http://news.bbc.co.uk/sport2/hi/other_sports/swimming/8161867.stm.（2009 年 7 月 31 日閲覧）

ベッカー H S 2016『アート・ワールド』慶應義塾大学出版会.

Bell G & Gemmell J 2009 *Total Recall: How the E-memory Revolution Will Change Everything*. New York: Dutton.

ベル R 1994『科学が裁かれるとき――真理かお金か？』化学同人.

ベナー P 1992『ベナー看護論――達人ナースの卓越性とパワー』医学書院.

Bensaude-Vincent B & Stengers I 1996 *A History of Chemistry*. Cambridge, Mass.: Harvard University Press.

別府輝彦 1990『応用微生物学は種の多様性にはじまる』三田出版会.

Bérdy J 2012 Thoughts and Facts about Antibiotics: Where We Are Now and Where We Are Heading. *The Journal of Antibiotics*, 65: 385–395.

バーン E 2000『人生ゲーム入門――人間関係の心理学』河出書房新社.

バーンスタイン J 1984『ベル研 AT&T の頭脳集団――その研究開発力の源泉を探る』HBJ 出版局.

バーンスティン B 2000『「教育」の社会学理論――象徴統制・「教育」の言説・アイデンティティ』法政大学出版局.

ベルーベ D M 2009『ナノ・ハイプ狂騒――アメリカのナノテク戦略』みすず書房.

ビッケル L 1976『ペニシリンに賭けた生涯――病理学者フローリーの闘い』佑学社.

Bijker W 1995 *Of Bicycles, Bakelites and Bulbs: Toward a Theory of Sociotechnical Change*. Cambridge, Mass.: MIT Press.

Bijker W et al (eds) 1987 *The Social Construction of Technological Systems: New Directions in the Sociology and History of Technology*. Cambridge, Mass.: MIT Press.

Bimber B & Guston D H 1995 Politics by the Same Means: Government and Science in the United States. In, Jasanoff et al (eds): 554–571.

Blanchette J-F 2010 Book Review: Total Recall: How the E-memory Revolution Will Change Everything; DELETE: The Virtue of Forgetting in the Digital Age. *Journal of the American Society for Information Science and Technology*, 61(8): 1727–31.

Bloor D 1999 Anti-Latour. *Studies In History and Philosophy of Science Part A*, 30(1): 81–112.

ブルア D 1985『数学の社会学——知識と社会表象』培風館.

Blume S 2003 *Insight and Industry: On the Dynamics of Technological Change in Medicine*. Cambridge, Mass.: MIT Press.

Boin A et al 2005 *The Politics of Crisis Management: Public Leadership under Pressure*. Cambridge: Cambridge University Press.

Bonanno J 1999 Structural Genomics. *Current Biology*, 9(23): R872.

Borman S 2004 Rescuing Combichem: Diversity-oriented Synthesis Aims to Pick up Where Traditional Combinatorial Chemistry Left off', C&EN. *Science & Technology*, 82(40): 32-40.

Borup M et al 2006 The Sociology of Expectations in Science and Technology. *Technology Analysis & Strategic Management*, 18(3/4): 285-298.

Bourdieu P 1977 *Outline of a Theory of Practice*. Cambridge, Mass.: Cambridge University Press.

ブルデュー P 1990『ディスタンクシオン——社会的判断力批判』藤原書店.

ブルデュー P 1997『ホモ・アカデミクス』藤原書店.

ブルデュー P 2010『科学の科学——コレージュ・ド・フランス最終講義』藤原書店.

ブルデュー P・パスロン J-C 1991『再生産——教育・社会・文化』藤原書店.

ブルデュー P・加藤晴久（編）1990『ピエール・ブルデュー——超領域の人間学』藤原書店.

Bourrier M 1996 Organizing Maintenance Work at Two American Nuclear Power Plants. *Journal of Contingencies and Crisis Management*, 4(2): 104-112.

Bowker G 1994 *Information Mythology. The World of/as Information*. In, Bud-Frierman L (ed): 231-247.

Bowker G 2005 *Memory Practices in the Sciences*. Cambridge, Mass.: MIT Press.

Bowker G & Star S L 1999 *Sorting Things Out: Classification and Its Consequences*. Cambridge, Mass.: MIT Press.

Bowker G et al 2010 Towards Information Infrastructure Studies: Ways of Knowing in a Networked Environment. In, Hunsinger J et al (eds): 97-117.

Boyer P & Wertsch J (eds) 2009 *Memory in Mind and Culture*. Cambridge, Mass.: Harvard University Press.

Braun H J 1992 Introduction: Symposium on 'Failed Innovations'. *Social Studies of Science*, 22(2): 213-230.

ブレイヴァマン H 1978『労働と独占資本—— 20 世紀における労働の衰退』岩波書店.

Brenner S E & Levitt M 2000 Expectations from Structural Genomics. *Protein Science*, 9: 197-200.

ブロード W・ウェイド N 2006『背信の科学者たち──論文捏造，データ改ざんはなぜ繰り返されるのか』講談社.

Brown N 2003 Hope against Hype: Accountability in Biopast, Presents and Futures. *Science Studies*, 16(2): 3–21.

Brown N et al (eds) 2000 *Contested Futures: A Sociology of Prospective Techno-science*. Aldershot: Ashgate.

Brush S B & Stabinsky D (eds) 1996 *Valuing Local Knowledge: Indigenous People and Intellectual Property*. Washington DC: Island Press.

Bud-Frierman L (ed) 1994 *Information Acumen: The Understanding and Use of Knowledge in Modern Business*. London: Routledge.

Burri R 2008 Doing Distinctions: Boundary Work and Symbolic Capital in Radiology. *Social Studies of Science*, 38(1): 35–62.

Butryn T 2002 Cyborg Horizons: Sport and the Ethics of Self-Technologization. *Research in Philosophy and Technology*, 21: 111–133.

Callon M 1981 Struggles and Negotiations to Define what is Problematic and What is not: the Sociology of Translation. In, Knorr et al (eds): 197–219.

Callon M 1986 The Sociology of an Actor-Network: The Case of the Electric Vehicle. In, Callon et al (eds): 19–34.

Callon M 1995 Four Models for the Dynamics of Science. In, Jasanoff et al (eds): 29–63.

Callon M 2002 From Science as an Economic Activity to Socioeconomics of Scientific Research: The Dynamics of Emergent and Consolidated Techno-economic Networks. In, Mirowski P & Sent E-M (eds): 277–317.

Callon M & Latour B 1981 Unscrewing the Big Leviathan; or How Actors Macrostructure Reality, and How Sociologists Help Them To Do So? In, Knorr-Cetina K & Cicourel A (eds): 277–303.

Callon M & Latour B 1992 Don't Throw the Baby Out with the Bath School! A Reply to Collins and Yearley. In, Pickering A (ed): 343–368.

Callon M et al (eds) 1986 *Mapping the Dynamics of Science and Technology: Sociology of Science in the Real World*. London: MacMillan.

Cambrosio A & Keating P 1983 The Disciplinary Stake: The Case of Chronobiology. *Social Studies of Science*, 13(3): 323–353.

Cambrosio A & Keating P 1995 *Exquisite Specificity: The Monoclonal Antibody Revolution*. Oxford: Oxford University Press.

Carse A 2012 Nature as Infrastructure: Making and Managing the Panama Canal Watershed. *Social Studies of Science*, 42(2): 539–563.

Chaiklin S & Lave J (eds) 1996 *Understanding Practice: Perspectives on Activity and Context.* Cambridge, Mass.: Cambridge University Press.

Chemical Abstracts Service 2007 A National Historic Chemical Landmark. http://www.acs.org/content/dam/acsorg/education/whatischemistry/landmarks/cas/chemical-abstracts-service-commemorative-booklet.pdf (2014年8月28日閲覧)

Chen K & Pachter L 2005 Bioinformatics for Whole-genome Shotgun Sequencing of Microbial Communities. *PLoS Computational Biology*, 1(2): 106–112.

Chothia C 1992 Proteins. One Thousand Families for the Molecular Biologist. *Nature*, 357: 543–544.

Chouard T 2011 Structural Biology: Breaking the Protein Rules. *Nature*, 471: 151–153.

Clarke A & Fujimura J 1992 What Tools? Which Jobs? Why Right? In, Clarke & Fujimura (eds): 3–44.

Clarke A & Fujimura J (eds) 1992 *The Right Tools for the Job: at Work in Twentieth-Century Life Sciences.* Princeton, NJ: Princeton University Press.

Clegg S et al (eds) 1996 *Handbook of Organization Studies.* London: Sage.

Clegg S et al (eds) 2006 *The SAGE Handbook of Organization Studies*, 2nd ed. London: Sage.

Cohen M et al 1972 A Garbage Can Model of Organizational Choice. *Administrative Science Quarterly*, 17(1): 1–25.

Cole M 1998 *Cultural Psychology: A Once and Future Discipline.* Cambridge, Mass.: Harvard University Press.

Collingridge D 1992 *The Management of Scale: Big Organizations, Big Decisions, Big Mistakes.* London & New York: Routledge.

Collins H 1985 *Changing Order: Replication and Induction in Scientific Practice.* Beverley Hills & London: Sage.

Committee on Metagenomics 2007 The New Science of Metagenomics: Revealing the Secrets of Our Microbial Planet. National Research Council. http://www.hap.edu/catalogue/11902.htlm. (2014年9月22日閲覧)

クックディーガン R 1996『ジーンウォーズ――ゲノム計画をめぐる熱い闘い』化学同人.

Cooper C & Flint-Taylor J 2013 *Building Resilience for Success: A Resource for Managers and Organizations.* Basingstoke: Palgrave Macmillan.

Corrigan T F et al 2010 Discourses of the "Too Abled": Contested Body Hierarchies and the Oscar Pistorius Case. *International Journal of Sport Communication*, 3(3): 288–307.

CRDS 2013「研究開発の俯瞰報告書　ライフサイエンス・臨床医学分野」http://www.jst.go.jp/crds/pdf/2012/FR/CRDS-FY2012-FR-04.pdf (2014年9月2日閲覧)

Cyranoski D 2000 Swimming against the Tide. *Nature*, 408 (6814): 764-766.

Cyranoski D 2006 'Big Science' Protein Project under Fire. *Nature*, 443: 382.

Czarniawska-Joerges B & Hernes T (eds) 2005 *Actor-network Theory and Organizing*. Stockholm: Liber.

Daemmrich A 2004 *Pharmacopolitics: Drug Regulation in the United States and Germany*. Chapel Hill, NC: University of North Carolina Press.

Davies G et al 2013 Bigger, Faster, Better? Rhetorics and Practices of Large-Scale Research in Contemporary Bioscience. *BioSocieties*, 8(4): 386-396.

Davies J 2013 Specialized Microbial Metabolites: Functions and Origins. *The Journal of Antibiotics*, 66: 361-364.

Demain A L & Sanchez S 2009 Microbial Drug Discovery: 80 Years of Progress. *The Journal of Antibiotics*, 62: 5-16.

デリダ J 2005『声と現象』筑摩書房.

DiMaggio P J & Powell W W 1983 The Iron Cage Revisited: Institutional Isomorphism and Collective Rationality in Organizational Fields. *American Sociological Review*, 48 (2): 147-160.

Disco C & van der Meulen B (eds) 1998 *Getting New Technologies Together: Studies in Making Sociotechnical Order*. Berlin: Walter de Gruyter.

Dodier N & Camus A 1998 Openness and Specialisation: Dealing with Patients in a Hospital Emergency Service. *Sociology of Health and Illness*, 20(4): 413-444.

Douglas M 1966 *Purity and Danger: An Analysis of Concepts of Pollution and Taboo*. London: Routledge and Keegan Paul.

ダグラス M 1983『象徴としての身体――コスモロジーの探究』紀伊國屋書店.

Douglas M & Wildavsky A 1982 *Risk and Culture: an Essay on the Selection of Technical and Environmental Dangers*. Berkeley, CA: University of California Press.

ドラーイスマ D 2003『記憶の比喩――心の概念に関する歴史』ブレーン出版.

Drews J 2000 Drug Discovery: a Historical Perspective. *Science*, 287(5460): 1960-1964.

ドレイファス H・ドレイファス S 1987『純粋人工知能批判――コンピュータは思考を獲得できるか』アスキー.

Duncker E 2001 Symbolic Communication in Multidisciplinary Cooperations. *Science, Technology & Human Value*, 26(3): 349-386 .

Duncker E & Disco C 1998 Meaningful Boundaries: Symbolic Representations in Heterogeneous Research and Development Projects. In, Disco C & van der Meulen B (eds): 265-297.

デュルケーム E 1980『分類の未開形態』法政大学出版局.

Dussauge I et al 2015 *Value Practices in the Life Sciences and Medicine*. Oxford: Oxford University Press.

Edgerton D 1999 From Innovation to Use: Ten Eclectic Theses on the Historiography of Technology. *History and Technology*, 16(2): 111–136.

Edgerton D 2006 *The Shock of the Old: Technology and Global History since 1900*. Oxford: Oxford University Press.

Edwards P et al 2007 Understanding Infrastructure: Dynamics, Tensions, and Design. Washington DC: NSF Office of Cyberinfrastructure, 1–50.

Edwards P et al 2009 Introduction: An Agenda for Infrastructure Studies. *Journal of the Association for Information Systems*, 10(5): 364–374.

Edwards P et al 2011 Science Friction: Data, Metadata, and Collaboration. *Social Studies of Science*, 41(5): 667–690.

Edwards P et al 2013 *Knowledge Infrastructures: Intellectual Frameworks and Research Challenges*. Ann Arbor, MI: Deep Blue.

Edwards S D 2008 Should Oscar Pistorius Be Excluded from the 2008 Olympic Games? *Sport, Ethics, and Philosophy*, 2(2): 112–25.

Elvebakk B 2006 Networks of Objects: Practical Preconditions for Electric Communication. In, Hine C (ed): 120–142.

Elzinga A & Jamison A 1995 Changing Policy Agendas in Science and Technology. In, Jasanoff S et al (eds): 572–597.

遠藤章 2006a『自然からの贈りもの——史上最大の新薬誕生』メディカルレビュー社.

遠藤章 2006b『新薬スタチンの発見——コレステロールに挑む』岩波書店.

遠藤彰 2007「スタチン開発から学んだこと」http://scienceportal.jp/HotTopics/opinion/32.html（2012年2月6日閲覧）

Engesträrm Y 1987 *Learning by Expanding: An Activity-Theoretical Approach to Developmental Research*. Helsinki: Orienta-Konsultit.

エヴァンズ＝プリチャード E E 2001『アザンデ人の世界——妖術・託宣・呪術』みすず書房.

Featherstone M et al (eds) 1991 *The Body: Social Process and Cultural Theory*. London: Sage.

Fleck L 1981 *Genesis and Development of a Scientific Fact*. Chicago and London: University of Chicago Press.

Fortun M 1998 Projecting Speed Genomics. In, Fortun M & Mendelsohn E (eds): 25–48.

Fortun M 2008 *Promising Genomics: Iceland and deCODE Genetics in a World of Speculation*. Berkeley, CA: University of California Press.

Fortun M & Mendelsohn E (eds) 1999 *The Practice of Human Genetics*. Sociology of Science Year Book 1997. Dortrecht: Kluwer Academic Publishers.

フーコー M 1986『性の歴史II 快楽の活用』新潮社.

フレンケル E 2015『数学の大統一に挑む』文藝春秋.

藤垣裕子 2003『専門知と公共性――科学技術社会論の構築へ向けて』東京大学出版会.

Fujimura J 1996 *Crafting Science: A Sociohistory of the Quest for the Genetics of Cancer*. Cambridge, Mass.: Harvard University Press.

Fujimura J 1999 The Practices of Producing Meaning in Bioinformatics. In, Fortun M & Mendelsohn E (eds): 49–87.

藤井信孝ほか 2005「ケミカルプロテオミクスによる創薬基盤の革新――情報から制御へ」『細胞工学』24(11): 1181–1186.

Fukushima M 2005 On Small Devices of Thought: Concepts, Etymologies, and the Problem of Translation. In, Latour B & Weibel P (eds): 58–63.

Fukushima M 2013 Between the Laboratory and the Policy Process: Research, Scientific Community and Administration in Japanese Chemical Biology. *East Asian Science, Technology and Society*, 7(1): 7–33.

Fukushima M 2017 Experimental Zone of Learning: Mapping the Dynamics of Everyday Experiments. *Mind, Culture, Activity* (08 Mar). http://dx.doi.org/10.1080/10749039.2017.1293689

福島真人 1992「説明の様式について――あるいは民俗モデルの解体学」『東洋文化研究所紀要』116: 295–360.

福島真人 2001『暗黙知の解剖――認知と社会のインターフェイス』金子書房.

福島真人 2005「アメリカン・アサイラム――精神病院民族誌と科学社会学の起源」『超域文化科学専攻紀要』10: 7–34.

福島真人 2009「リサーチ・パス分析――科学的実践のミクロ戦略について」『日本情報経営学会誌』29(2): 26–35.

福島真人 2010a『学習の生態学――リスク・実験・高信頼性』東京大学出版会.

福島真人 2010b「知識移転の神話と現実――バイオ系ラボでの観察から」『研究　技術計画』24(2): 163–172.

福島真人 2011「ラボと政策の間――ケミカル・バイオロジーにみる研究，共同体，行政」『科学技術社会論』8: 96–112.

福島真人（編）1995『身体の構築学――社会的学習過程としての身体技法』ひつじ書房, 535.

福島真人・田原敬一郎 2013「「科学を評価する」を問う――特集にあたって」『科学技術社会論研究』10: 9–14.

Gaasterland T 1998 Structural Genomics: Bioinformatics in the Driver's Seat. *Nature Biotechnology*, 16: 625–627.

Galison P & Hevly B (eds) 1992 *Big Science: The Growth of Large-Scale Research*. Stanford: Stanford University Press.

Galison P 1992 The Many Faces of Big Science. In, Galison P & Hevly B (eds): 1–17.

Galison P 1997 *Image and Logic: a Material Culture of Microphysics*. Chicago: University of Chicago Press.

García-Sancho M 2012 *Biology, Computing and the History of Molecular Sequencing: From Proteins to DNA, 1945–2000*. Basingstoke: Palgrave Macmillan.

Gardner H 1985 *The Mind's New Science: A History of the Cognitive Revolution*. New York: Basic Books.

Gartner 2012 Hypecycles. http://www.gartner.com/technology/research/methodologies/hype-cycles.jsp#h（2012 年 6 月 11 日閲覧）

Geels F 2007 Feelings of Discontent and the Promise of Middle Range Theory for STS: Examples from Technology Dynamics. *Science, Technology & Human Values*, 32: 627–651.

Geels F 2011 The Multi-level Perspective on Sustainability Transitions: Responses to Seven Criticisms. *Environmental Innovation and Societal Transitions*, 1(1): 24–40.

Geels F W & Schot J 2007 Typology of Sociotechnical Transition Pathways. *Research Policy*, 36: 399–417.

Geels F W & Smit W A 2000 Lessons from Failed Technology Futures: Potholes in the Road of Future. In, Brown N et al (eds): 129–155.

ギアーツ C 1973『二つのイスラーム社会――モロッコとインドネシア』岩波書店.

ギアーツ C 1987『文化の解釈学（1・2)』岩波書店.

Gelfert A 2012 Nanotechnology as Ideology: Towards a Critical Theory of Converging Technologies. *Science, Technology, Society*, 17(1): 143–164.

現代化学編集グループ 2007「タンパク 3000 が残したもの――大島泰郎博士にきく」『現代化学』434: 14–21.

Gershon D 2000 Structural Genomics: From Cottage Industry to Industrial Revolution. *Nature*, 408: 273–274.

Gerstein A E et al 2003 Structural Genomics: Current Progress. *Science*, 299: 1663.

Gerwin V 2012 Microbes en Masse: The sequencing machine. *Nature*, 487: 156–158.

Gieryn T F 1999 *Cultural Boundaries of Science: Credibility on the Line*. Chicago: University of Chicago Press.

郷原信郎 2005『コンプライアンス革命――コンプライアンス＝法令遵守が招いた企業の危

機』文芸社.

Godelier M et al 1978 Infrastructures, Societies, and History [and Comments]. *Current Anthropology*, 19(4): 763-771.

ゴドリエ M 1986『観念と物質──思考・経済・社会』法政大学出版局.

Goffman E 1974 *Frame Analysis: An Essay on the Organization of Experience*. Cambridge, Mass.: Harvard University Press.

ゴッフマン E 1974『行為と演技──日常生活における自己呈示』誠信書房.

ゴールドスミス M・マカイ A 1969『科学の科学──科学技術時代の社会』法政大学出版局.

Goldstein D 1998 An Unacknowledged Problem for Structural Genomics. *Nature Biotechnology*, 16(8): 696.

グーズナー M 2009『新薬ひとつに1000億円!? ──アメリカ医薬品研究開発の裏側』朝日新聞出版.

後藤俊夫（編）1983『動的天然物化学』講談社.

Green J & Armstrong D 1993 Controlling the 'Bed State': Negotiating Hospital Organization. *Sociology of Health and Illness*, 15(3): 337-352.

Gross M 2010 *Ignorance and Surprise: Science, Society, and Ecological Design*. Cambridge, Mass.: MIT Press.

Guston D 2000 *Between Politics and Science: Assuring the Integrity and Productivity of Reseach*. Cambridge: Cambridge University Press.

Guston D 2001 Boundary Organizations in Environmental Policy and Science: An Introduction. *Science, Technology, & Human Values*, 26(4) : 399-408.

Hackett E J et al (eds) 2008 *The Handbook of Science and Technology Studies, Third Edition*. Cambridge, Mass.: MIT Press.

ハッキング I 1986『表現と介入──ボルヘス的幻想と新ベーコン主義』産業図書.

ハッキング I 1998『記憶を書きかえる──多重人格と心のメカニズム』早川書房.

萩原正敏 2005「序：ケミカルバイオロジーとは？」『細胞工学』24(11): 1158-1160.

萩原正敏 2008「ケミカルバイオロジー概論」『日薬理誌』132: 4-6.

箱嶋敏雄 2008「X線構造生物学の専門家から」月原・中村（編）: 652-654.

浜田寿美男 2004『取り調べ室の心理学』平凡社.

半田宏（編）2005『ケミカルバイオロジー・ケミカルゲノミクス』シュプリンガー・ジャパン.

Hanna B et al 2005 *The Bhopal Reader: Remembering Twenty Years of The World's Worst Industrial Disaster*. Lanham, ML: Apex Press.

Hanstad D V et al 2008 The Establishment of the World Anti-Doping Agency: A Study

of the Management of Organizational Change and Unplanned Outcomes. *International Review for the Sociology of Sport*, 43(3): 227–249.

Haraway D J 1999 *How Like a Leaf: an Interview with Thyrza Nichols Goodeve / Donna J. Haraway*. London: Routledge.

ハラウェイ　D J 2000『猿と女とサイボーグ――自然の再発明』青土社.

Hardman A 2002 Evaluating Changing Sport Technology: An Ethnocentric Approach. *Research in Philosophy and Technology*, 21: 135–155.

橋田浩一 1994『知のエンジニアリング――複雑性の地平』ジャストシステム.

Hatch M J 1997 *Organizational Theory: Modern, Symbolic and Postmodern Perspectives*. Oxford: Oxford University Press.

Hay C 1998 The Tangled Web We Weave: The Discourse, Strategy and Practice of Networking. In, Marsh D (ed): 33–51.

早川純貴ほか（編）2004『政策過程論――「政策科学」への招待』学陽書房.

林春男ほか 2008『組織の危機管理入門』丸善.

林成之 1995『脳低温療法――重症脳障害患者の新しい集中治療法』総合医学社.

林裕子 2006「日米のヒトゲノム計画に見る日本の科学技術政策決定過程に関する媒介機能とその課題」『研究技術計画』21(2): 202–213.

Hayek F 1982 *New Studies in Philosophy, Politics, Economics and the History of Ideas*. London: Routledge & Keagan Paul.

ハイエク　F A 1987『法と立法と自由1――ルールと秩序』春秋社.

Heclo H 1974 *Modern Social Politics in Britain and Sweden: From Relief to Income Maintenance*. New Haven, CT: Yale University Press.

Heidegger M 1968 *What is a Thing?* Chicago: H. Regnery.

Heinemann U 2000 Structural Genomics in Europe: Slow Start, Strong Finish? *Nature Structural Biology*, 7: 940–942.

Hilgartner S 2013 Constituting Large-Scale Biology: Building a Regime of Governance in the Early Years of the Human Genome Project. *BioSocieties*, 8(4): 397–416.

Hine C 2006 Databases as Scientific Instruments and Their Role in the Ordering of Scientific Work. *Social Studies of Science*, 36(2): 269–298.

Hine C 2008 *Systematics as Cyberscience: Computers, Change, and Continuity in Science*. Cambridge, Mass.: MIT Press.

Hine C (ed) 2006 *New Infrastructures for Knowledge Production: Understanding E-Science*. PA: Information Science.

Hirschhorn L 1984 *Beyond Mechanization: Work and Technology in a Postindustrial Age*. Cambridge, Mass.: MIT Press.

ホブズボウム E・レンジャー T（編）1992『創られた伝統』紀伊國屋書店.

Hogle L 2005 Enhancement Technology and the Body. *Annual Review of Anthropology*, 34: 695-716.

Hol W 2000 Structural Genomics for Science and Society. *Nature Structural Biology*, 7: 964-966.

Hommels A 2005 *Unbuilding Cities: Obduracy in Urban Sociotechnical Change*. Cambridge, Mass.: MIT Press.

Hopkin K 2004 Elvis, Nixon, and Stuart Schreiber, *The Scientist*, 13 September: 56-57.

Horrobin D F 2003 Modern Biomedical Research: an Internally Self-consistent Universe with Little Contact with Medical Reality? *Nature Review Drug Discovery*, 2: 151-154.

Hughes T 1983 *Networks of Power: Electrification in Western Society* 1880-1930. Baltimore, MA: Johns Hopkins University Press.

ヒューズ T 1996『電力の歴史』平凡社.

Hunsinger J et al（eds）2010 *International Handbook of Internet Research*. Drotrecht: Springer.

Hutchins E 1995 *Cognition in the Wild*. Cambridge, Mass.: MIT Press.

伊倉光彦 2008「科学と大型予算――ビッグサイエンスが生み出したもの」『蛋白質 核酸 酵素』53(5): 648-651.

稲垣保弘 2002『組織の解釈学』白桃書房.

稲村典昭ほか 2007「微生物の復権――小分子の宝庫」『バイオインダストリー』24(7): 63-70.

伊佐治真樹史 2009『科学プロジェクト批判の要因――タンパク3000プロジェクトを例として』早稲田大学政治学研究科修士論文.

ISGO 2013 Homepage. http://www.isgo.org/（2013年4月1日閲覧）

Istvan E S & Deisenhofer J 2001 Structural Mechanism for Statin Inhibition of HMG-CoA Reductase. *Science*, 292(5519): 1160-1164.

Ito Y 2005 Science Lessons: Japan must Learn from its Mistakes in the Human Genome Project. *Nature*, 433: 107-108.

伊藤美千穂ほか 2007「天然物化学の新展開」『ファルマシア』43(7): 663-668.

伊藤泰信（編）2009『ラボラトリー＝スタディーズをひらくために――日本における実験系研究室を対象とした社会科学研究の試みと課題』JAIST Press:

岩木一巳 2008「医薬品開発における資源調達マネジメント」『国際プロジェクト・プログラムマネジメント学会誌』3(1): 169-178.

Jasanoff S 1990 *The Fifth Branch: Science Advisors as Policy Makers*. Cambridge, Mass.: Harvard university Press.

Jasanoff S 2004 *Ordering Knowledge, Ordering Society*. In, Jasanoff S (ed): 13-45.

Jasanoff S 2005 *Designs on Nature: Science and Democracy in Europe and the United States*. Princeton, NJ: Princeton University Press.

Jasanoff S (ed) 2004 *States of Knowledge: The Co-production of Science and Social Order*. London: Routledge.

Jasanoff S et al (eds) 1995 *Handbook of Science and Technology Studies*. Revised Edition. Thousand Oaks, CA & London: SAGE.

Jefferey P 2003 Smoothing the Waters: Observation on the Process of Cross-Disciplinary Research Collaboration. *Social Studies of Science*, 33(4): 539-562.

Jeffrey R 1979 Normal Rubbish: Deviant Patients in Casualty Departments. *Sociology of Health and Illness*, 1(1): 91-107.

Joerges B & Shinn T (eds) 2001 *Instrumentation between Science, State and Industry*. Alphen aan den Rijn: Kluwer Academic Publishers.

Joerges B & Shinn T 2001 A Fresh Look at Instrumentation: An Introduction. In, Joerges B & Shinn T (eds): 1-13.

Johnson A 2013 The Athlete as Model Organism: The Everyday Practice of the Science of Human Performance. *Social Studies of Science*, 43(6): 878-904.

梶雅範 2011「眞島利行と日本の有機化学研究伝統の形成」金森修（編）: 185-241.

掛谷秀昭ほか 2007「微生物代謝産物由来の小分子ライブラリーの利用技術──スクリーニングとケミカルバイオロジー研究」『バイオインダストリー』24(7): 48-54.

神沼二真 2003「次年度の研究講演会主題の探索──「ゲノム創薬」から「創薬のためのゲノム」研究へ」『情報計算化学生物学会広報誌』10: 1-3.

金井千里 2012「ケミカルゲノミクス情報を用いた in silico screening」『日本化学会情報化学部会誌』30(4): 69-72.

亀井利明 2002『企業危機管理と家庭危機管理の展開』危機管理総合研究所.

金森修 2000『サイエンス・ウォーズ』東京大学出版会.

金森修（編）2011『昭和前期の科学思想史』勁草書房.

金森修・中島秀人（編）2002『科学論の現在』勁草書房.

柄谷行人 2015『世界史の構造』岩波書店.

笠木実央子ほか 2009「本邦における救急医療システムの多様性とその問題点に関する考察──北米 ER 型システムとの比較から」『日救急医会誌』20: 349-360.

Kastor J A 2010 *The National Institute of Health 1991-2008*. Oxford: Oxford University Press.

加藤直樹・太田文雄（編）2010『危機管理の理論と実践』芙蓉書房出版.

Kay L E 2000 *Who Wrote the Book of Life: A History of the Genetic Code*. Stanford: Stan-

ford University Press.

Keating P & Cambrosio A 2003 *Biomedical Platforms: Realigning the Normal and the Pathological in Late-Twentieth-Century Medicine*. Cambridge, Mass.: MIT Press.

Keating P & Cambrosio A 2012 *Cancer on Trial: Oncology as a New Style of Practice*. Chicago: University of Chicago Press.

慶応義塾大学ビジネス・スクール 2011『聖路加国際病院──地下鉄サリン事件への対応』KBS ビジネス教材.

Kelly M P & May D 1982 Good and Bad Patients: A Review of the Literature and a Theoretical Critique. *Journal of Advanced Nursing*, 7: 147-156.

木所昭夫 2001「本邦における救急医療の現況」『順天堂医学』47(3): 302-312.

Kiesling L L 2006 Fostering Major Breakthroughs. *ACS Chemical Biology*, 1(1): 1-2.

Kikuchi K & Kakeya H 2006 Meeting Report: A Bridge between Chemistry and Biology. *Nature Chemical Biology*, 2(8): 392-394.

Kim S H 1998 Shining a Light on Structural Genomics. *Nature Structural Biology*, 7: 643-644.

Kingdon J W 2003 *Agendas, Alternatives, and Public Policies*, 2nd edition. New York: Addison-Wesley Educational Publishers.

木野亨ほか 1995「免疫抑制剤 FK506（タクロリムス）の発見と開発──農芸化学技術賞受章講演要旨」『日本農芸化学会誌』69: 471-473.

岸宣仁 2004『ゲノム敗北──知財立国日本が危ない!』ダイヤモンド社.

Klein J T 2001 *Interdisciplinarity: History, Theory, and Practice*. Newcastle upon Tyne: Bloodaxe Books.

Kleinman D L 2003 *Impure Cultures: University Biology and the World of Commerce*. Madison, WI: University of Wisconsin Press.

Kneller R 2003 Autarkic Drug Discovery in Japanese Pharmaceutical Companies: Insights into National Differences in Industrial Innovation. *Research Policy*, 32: 1805-1827.

Knights D & Willmott H (eds) 1990 *Labour Process Theory*. London: Macmillan.

ナイト F 2012『フランク・ナイト社会哲学を語る──講義録知性と民主的行動』ミネルヴァ書房.

Knorr K et al (eds) 1981 *The Social Process of Scientific Investigation*. Sociology of the Sciences Yearbook, 4. Dordrecht, Holland: D. Reidel Publishing.

Knorr-Cetina K 1981 *The Manufacture of Knowledge: An Essay on the Constructivist and Contextual Nature of Science*. Oxford: Pergamon Press.

Knorr-Cetina K 1999 *Epistemic Cultures: How the Sciences Make Knowledge*. Cambridge, Mass.: Harvard University Press.

Knorr-Cetina K & Cicourel A (eds) 1981 *Advances in Social Theory and Methodology*. London: Routledge and Kegan Paul.

小林敏明 2010『〈主体〉のゆくえ——日本近代思想史への一視角』講談社.

神戸医療産業都市 2012「神戸医療都市パンフレット」http://www.city.kobe.lg.jp/information/project/iryo/img/iryou.pdf (2014年8月20日閲覧)

コーン L ほか (編) 2000『人は誰でも間違える——より安全な医療システムを目指して』日本評論社.

小池龍之介 2010『考えない練習』小学館.

小島廣光 2003『政策形成と NPO 法——問題, 政策, そして政治』有斐閣.

駒林邦男 1974「ソビエト発達心理学における児童の心理学的可能性の研究——「知能のシンクロファゾトロン」計画」『岩手大学教育学部研究年報』34: 233-273.

コーンバーグ A 1991『それは失敗からはじまった——生命分子の合成に賭けた男』羊土社.

小坂井敏晶 2008『責任という虚構』東京大学出版会.

古坂正人 2007「第6章　政策ネットワーク論」縣公一郎・藤井浩司 (編)『コレーク政策研究』成文堂.

浦本昌和ほか (編) 2014『探索と探求の日々——理化学研究所抗生物質研究室60周年記念』理研抗生物質研究室60周年記念文集編集委員会.

Kotz J 2007 Chemical Biology at the Broad Institute. *Nature Chemical Biology*, 3: 199.

Kubinyi H 2003 Drug Research: Myths, Hype and Reality. *Nature Reviews Drug Discovery*, 2: 665-668.

Kugawa F et al 2007 Chemical Biology/Chemical Genetics/Chemical Genomics: Importance of Chemical Library. *Chem-Bio Informatics Journal*, 7(3): 49-68.

クーン T 1971『科学革命の構造』みすず書房.

ラカトシュ I 1986『方法の擁護——科学的研究プログラムの方法論』新曜社.

LaPorte T R & Consolini P M 1991 Working in Practice But Not in Theory: Theoretical Challenges of High-Reliability Organizations. *Journal of Public Administration Research and Theory*, 1: 19-47.

Latour B 1988 *The Pasteurization of France*. Cambridge, Mass.: Harvard University Press.

Latour B 1996 *Aramis, or the Love of Technology*. Cambridge, Mass.: Harvard University Press.

Latour B 1998 For David Bloor...and beyond: a reply to David Bloor's Anti-Latour. *Studies in History and Philosophy of Science*, 30(1): 113-129.

Latour B 2005 *From Realpolitik to Dingpolitik or How to Make Things Public'*. In, Latour B & Weibel P (eds): 14-41.

Latour B 2007 Turning Around Politics. A Note on Gerard de Vries' Paper. *Social Studies*

of Science, 37: 811–820.

Latour B 2010 Coming out as a Philosopher. *Social Studies of Science*, 40(4): 599–608.

Latour B 2013 *An Inquiry into Modes of Existence: an Anthropology of the Moderns*. Cambridge, Mass.: Harvard University Press.

ラトゥール B 1993『科学が作られているとき――人類学的考察』産業図書.

Latour B & Woolgar S 1979 *Laboratory Life: The Social Construction of Scientific Facts*. London: Sage.

Latour B & Weibel P (eds) 2005 *Making Things Public: Atmosphere of Democracy*. Cambridge Mass.: MIT Press.

Law J 1986 On the Methods of Long Distance Control: Vessels, Navigation, and the Portuguese Route to India. In, Law J (ed): 234–263.

Law J 1986 The Heterogeneity of Texts. In, Callon M et al (eds): 67–83.

Law J (ed) 1986 *Power, Action and Belief: A New Sociology of Knowledge?* Henley: Routledge.

Lawrence T B & Suddaby R 2006 Institutions and Institutional Work. In, Clegg S et al (eds): 215–254.

リーチ E R 1987『高地ビルマの政治体系』弘文堂.

Lee J-W & Ma E 2012 Body and Enhancement Technology. シンポジウム・プログラム (2012年10月4日～6日, 浦項工科大学)

Lenoir T 1997 *Instituting Science: The Cultural Production of Scientific Disciplines*. Stanford: Stanford University Press.

レヴィ＝ストロース C 1977/78『親族の基本構造』上・下, 番町書房.

Lewis J & Bartlett A 2013 Inscribing a Discipline: Tensions in the Field of Bioinformatics. *New Genetics and Society*, 32(3): 243–263.

リヒトハイム G 1976『マルクスからヘーゲルへ』未來社.

Lievrouw L & Livingstone S (eds) 2002 *The Handbook of New Media: Social Shaping and Consequences of ICTs*. London: Sage.

Lighthill J 1973 Artificial Intelligence: A General Survey. Artificial Intelligence: A Paper Symposium. Science Research Council.

Lindblom C E 1959 The Science of 'Muddling Through'. *Public Administration Review*, 19(2): 79–88.

Lindborg H J 2003『CFT クロス・ファンクショナル・チームの基礎――勝ち残りをかけて変革を目指す組織』日本規格協会.

Liu J et al 1991 Calcineurin Is a Common Target of Cyclophilin-Cyclosporin A and FKBP-FK506Complexes. *Cell*, 66(4): 807–815.

リヴィングストン D 2014『科学の地理学――場所が問題になるとき』法政大学出版局.
リヴィオ M 2015『偉大なる失敗――天才科学者たちはどう間違えたか』早川書房.
ロフタス E & ケッチャム K 2000『目撃証言』岩波書店.
Loland S 2002 Sport Technologies: A Moral View. In, Miah & Eassom (eds): 157-171.
Lowi T J 1972 Four Systems of Policy, Politics, and Choice. *Public Administration Review*, 32(4): 298-310.
ルーマン N 1988『信頼――社会の複雑性とその縮減』未來社.
ルーマン N 1993/95『社会システムの理論』恒星社厚生閣.
ルーマン N 2013『社会構造とゼマンティック（1～3)』法政大学出版局.
ルリヤ A R 1980『失われた世界――脳損傷者の手記』海鳴社.
ルリヤ A R 2010『偉大な記憶力の物語――ある記憶術者の精神生活』岩波書店.
Lynch M 1985 *Art and Artifact in Laboratory Science: A Study of Shop Work and Shop Talk in a Research Laboratory*. London: Routledge & Kegan Paul.
MacKenzie D 1990 *Inventing Accuracy: A Historical Sociology of Nuclear Missile Guidance*. Cambridge, Mass.: MIT Press.
MacKenzie D 1999 Slaying the Kraken: The Sociohistory of a Mathematical Proof. *Social Studies of Science*, 29(1): 7-60.
Madeleine A et al (eds) 2010 *Débordements: Mélanges offerts à Michel Callon*. Paris: Presses des Mines, 381-392.
Magdalinski T 2000 Performance Technologies: Drugs and Fastskin at the Sydney 2000 Olympics. *Media International Australia*, 97: 59-69.
Magdalinski T & Brooks K 2002 Bride of Frankenstein: Technology and the Consumption of the Female Athlete. *Research in Philosophy and Technology*, 21: 195-212.
Malacrida C & Low J (eds) 2008 *Sociology of the Body: A Reader*. Ontario: Oxford University Press.
マーチ J G 1992『あいまいマネジメント』日刊工業新聞社.
マーチ J G・オルセン J P 1986『組織におけるあいまいさと決定』有斐閣.
Marris E 2005 Chemical Reaction. *Nature*, 437(October): 807-809.
Marsh D & Rhodes R (eds) 1992 *Policy Network in British Government*. Oxford: Clarendon Press.
Marsh D (ed) 1998 *Comparing Policy Networks*. London: Open University Press.
Martinez-Almoyna M 1988「フランスにおけるSAMU」『麻酔』37(2): 138-146.
丸川征四郎 1992「SAMUの運営と諸問題」『蘇生』10: 20-27.
丸山工作 1978「抗生物質ひとすじ――梅沢浜夫博士にきく」『化学と生物』16(1): 24-40.
マルクス K 1958-1965『経済学批判要綱（草案）――1857-1858年』大月書店.

マルクス K 2008『ルイ・ボナパルトのブリュメール 18 日』平凡社.

マルクス K・エンゲルス F（編）1969-1970『資本論』岩波書店.

Mary D & Wildavsky A 1982 *Risk and Culture: an Essay on the Selection of Technical and Environmental Dangers.* Berkeley, CA: University of California Press.

Masten A et al 1990 Resilience and Development: Contributions from the Study of Children Who Overcome Adversity. *Development and Psychopathology,* 2(4): 425-444.

増田智子 2002「価値ある解析データをだせるか？」『ニッケイバイオ』11: 10-11.

松本三和夫 1998『科学技術社会学の理論』木鐸社.

松本三和夫 2009『テクノサイエンス・リスクと社会学――科学社会学の新たな展開』東京大学出版会.

松岡清志 2007「第 8 章　政策移転論・政策波及論」縣・藤井（編）: 169-193.

Mayer-Schönberger V 2009 *Delete: The Virtue of Forgetting in the Digital Age.* Princeton, NJ: Princeton University Press.

Mazzucato M 2013 *The Entrepreneurial State: Debunking Public vs. Private Sector Myths.* New York: Anthem Press.

マクファーレン G 1990『奇跡の薬――ペニシリンとフレミング神話』平凡社.

マクレラン D 1985『アフター・マルクス』新評論.

Medvedev Z 1992 *The Legacy of Chernobyl.* New York: W. W. Norton.

Merton R K 1973 *The Sociology of Science: Theoretical and Empirical Investigations.* Chicago: University of Chicago Press.

マートン R K 1961『社会理論と社会構造』みすず書房.

マートン R K 1983『科学社会学の歩み――エピソードで綴る回想録』サイエンス社.

Meyer J W & Scott W R (eds) 1992 *Organizational Environments: Ritual and Rationality.* London: Sage.

Meyers T C et al 2000 Patent Protection for Protein Structures and Databases. *Nature Structural Biology,* 7: 950-952.

Miah A 2006 Rethinking Enhancement in Sport. *Annals of the New York Academy of Sciences,* 1093: 301-320.

Miah A & Eassom S (eds) 2002 Sport Technology: History, Philosophy and Policy. *Research in Philosophy and Technology,* 21.

ミアレ H 2014『ホーキング Inc.』柏書房.

Michael M et al 2007 From Core Set to Assemblage: On the Dynamics of Exclusion and Inclusion in the Failure to Derive Beta Cells from Embryonic Stem Cells. *Science Studies,* 20(1): 5-25.

Middleton D & Edwards D (eds) 1990 *Collective Remembering.* London: Sage.

三木邦夫 2002「大学における構造ゲノム科学・構造プロテオミクス」『蛋白質 核酸 酵素』47(8): 987-990.

Milne R 2012. Pharmaceutical Prospects: Biopharming and the Geography of Technological Expectations. *Social Studies of Science*, 42(2): 290-306.

Mirowski P & Sent E-M (eds) 2002 *Science Bought and Sold: Essays in the Economics of Science*. Chicago: Chicago University Press.

ミトロフ I 2001『危機を避けられない時代のクライシス・マネジメント』徳間書店.

宮野雅司・田中勲 2001「構造解析技術の進歩①——タンパク質 X 線結晶構造解析」横山(編):950-953.

宮田親平 1983『科学者たちの自由な楽園——栄光の理化学研究所』文藝春秋.

水島昭二 1964「農芸化学と化学生物学 "Chemical Biology"」『化学と生物』2(4): 223-224.

Mody C 2011 *Instrumental Community: Probe Microscopy and the Path to Nanotechnology*. Cambridge, Mass.: MIT Press.

Mol A 2002 *The Body Multiple: Ontology in Medical Practice*. Durham, NC: Duke University Press.

文部科学省 2006「タンパク質研究戦略推進作業部会報告書」http://www.tanpaku.org/pdf/evaluation05.pdf

文部科学省 2007「タンパク 3000 プロジェクト評価報告書」http://www.tanpaku.org/about/old_project_protein02a.php (2008 年 8 月 9 日閲覧)

文部科学省 2008「ターゲットタンパク研究プログラム」http://www.tanpaku.org/

Montelione G T 2001 Structural genomics: An approach to the protein folding problem. *PNAS*, 98(24): 13488-9.

森村尚登ほか 1992「フランス院外救急医療システムにおけるメディカルレギュレーション」『日本臨床救急医学会雑誌』2(2): 203-210.

モラン E 1973『オルレアンのうわさ——女性誘拐のうわさとその神話作用』みすず書房.

モシャー S・フラー T 2010『地球温暖化スキャンダル—— 2009 年秋クライメートゲート事件の激震』日本評論社.

村井正俊 2008『日本国内の創薬ライブラリー資源に関する調査報告書』ヒューマンサイエンス振興財団.

村松秀 2006『論文捏造』中央公論新社.

Myers N 2008 Molecular Embodiments and the Body-work of Modeling in Protein Crystallography. *Social Studies of Science*, 38(2): 163-199.

永井浩二・稲本典昭 2007「海外企業における天然物創薬研究の動向と知財」『バイオインダストリー』24(7): 55-62.

長野哲雄ほか 2005「バイオイメージングとケミカルバイオロジー」『細胞工学』24(11):

1187-1191.
長野哲雄ほか 2006「鼎談：日本で誕生！世界初のケミカルバイオロジー研究会」『Bionics』23: 52-55.
長野哲雄ほか（編）2009『融合発展する構造生物学とケミカルバイオロジーの最前線』共立出版.
中岡哲郎 1971『工場の哲学――組織と人間』平凡社.
中岡哲郎 1974『コンビナートの労働と社会』平凡社.
中村桂子 2007「生命研究プロジェクトに求められているのは？」朝日新聞 2007 年 5 月 27 日.
中沢新一 2004『対称性人類学』講談社.
Nathan C 2004 Antibiotics at the Crossroads: Are We Making the Right Choices to Bring New Drugs to the Marketplace? *Nature*, 431(21 Oct): 900-902.
National Inventors Hall of Fame 2012 *National Inventors Hall of Fame Honors 2012 Inductees*. http://www.invent.org/2012induction/2012MayNIHFInductionRelease.doc（2003 年 3 月 4 日閲覧）
Needham R 1975 Polythetic Classification: Convergence and Consequences. *Man*, 10(3): 349-69.
ナイサー U（編）1988/89『観察された記憶――自然文脈での想起』上・下，誠信書房.
Neisser U & Winograd E (eds) 1988 *Remembering Reconsidered: Ecological and Traditional Approaches to the Study of Memory*. Cambridge: Cambridge University Press.
根本祐二 2011『朽ちるインフラ――忍び寄るもうひとつの危機』日本経済新聞出版社.
仁平義明 2014「レジリエンス研究の現在」『児童心理』68(11): 909-916.
日本ケミカルバイオロジー研究会 2006『第一回日本ケミカルバイオロジー研究会要綱集』
日本経済新聞 2007「危ないぞ，科学技術立国」2 月 12 日 19 頁.
日本救急医学界 2011「全国救命救急センター一覧」http://www.jaam.jp/html/shisetsu/qq-center.htm（2012 年 2 月 1 日閲覧）
日本農芸化学会（編）1987『農芸化学の 100 年』http://www.jsbba.or.jp/about/about_history.html（2008 年 11 月 4 日閲覧）
二村友史・井本正哉 2007「微生物代謝産物を用いたケミカルバイオロジー」『バイオインダストリー』24(7): 30-37.
西川渉 2009『ドクター・ヘリ――“飛ぶ救命救急室”』時事通信出版局.
西村善文 2005「NMR による蛋白質構造解析」『蛋白質 核酸 酵素』50(7): 853-861.
西村善文ほか（編）1999『構造生物学のフロンティア――シグナル伝達と DNA トランスアクション』共立出版.
西岡晋 2007「第 7 章　政策アイディア論・言説分析」縣・藤井（編）: 143-168.

野中郁次郎・竹内弘高 1996『知識創造企業』東洋経済新報社.

野中健一（編）2004『野生のナヴィゲーション――民族誌から空間認知の科学へ』古今書院.

Norman M E & Moola F 2011 Bladerunner or Boundary Runner? Oscar Pistorius, Cyborg Transgressions, and Strategies of Containment. *Sport in Society*, 14(9): 1267-1282.

Nurok M 2003 Elements of the Medical Emergency's Epistemological Alignment: 18-20th-Century Perspectives. *Social Studies of Science*, 33(4): 563-579.

Oda M 1998 Maintaining Science Culture in Japan. *Nature*, 391: 431.

Ogata H et al 2014 Ubiquitous Learning Project Using Life-Logging Technology in Japan. *Educational Technology and Society*, 17(2): 85-100.

大泉光一 2006『危機管理学総論――理論から実践的対応へ』ミネルヴァ書房.

大島泰郎 2007「タンパク3000が残したもの――大島泰郎博士に聞く」『現代化学』434: 14-21.

大島泰郎・中村春木 2005「オーバービュー」『蛋白質 核酸 酵素』50(7): 831-835.

大島泰郎ほか 2002「座談会 構造プロテオミクスは何をめざすのか？」『蛋白質 核酸 酵素』47(8): 865-881.

大島泰郎ほか（編）2003『構造プロテオミクス――蛋白質ネットワークの構造生物学』共立出版.

奥村徹 1999『緊急招集（スタット・コール）――地下鉄サリン，救急医は見た』河出書房新社.

奥野恭史 2012「ケモゲノミクス――ゲノムからケミカルスペースへ」『日本化学会情報化学部会誌』30(4): 60.

Oreskes N & Conway E M 2010 *Merchants of Doubt: How a Handful of Scientists Obscured the Truth on Issues from Tobacco Smoke to Global Warming*. New York: Bloomsbury Press.

Ortholand J-Y & Ganesan A 2004 Natural Products and Combinatorial Chemistry: Back to the Future. *Current Opinion in Chemical Biology*, 8: 271-280.

Osada H (ed) 2000 *Bioprobes: Biochemical Tools for Investigating Cell Function*. New York: Springer.

Osada H 2006 The Japanese Society for Chemical Biology. *ACS Chemical Biology*, 1(1): 8.

Osada H et al 2006 The Education System for Chemical Biology in Japanese Universities. *ACS Chemical Biology*, 1(8): 492-494.

長田裕之 2006「ケミカルバイオロジーの潮流――微生物由来バイオプローブの利用」『バイオニクス』23: 26-31.

長田裕之 2006「微生物代謝化合物を基盤にしたケミカルバイオロジー」『現代化学』6: 44-49.

長田裕之 2007「微生物化学の復権」『バイオインダストリー』24(7): 5-11.

長田裕之ほか 1998「座談会――バイオプローブ研究の現状と展望」『バイオインダストリー』15(7): 56-62.

Oudshoorn N & Pinch T (eds) 2003 *How Users Matter: The Co-construction of Users and Technology*. Cambridge, Mass.: MIT Press.

大藪俊志 2007「第9章 政策過程分析モデル」縣・藤井（編）: 195-220.

Park D 2008 Give Me a Laboratory and I Will Raise a Discipline: The Past, Present, and Future Politics of Laboratory Studies in STS. In, Hackett et al (eds).

Parker J N et al (eds) 2010 *Collaboration in the New Life Sciences*. Farnham, Surrey: Ashgate.

Parry B 2004 *Trading the Genome: Investigating the Commodification of Bio-information*. New York: Columbia University Press.

Patel D V & Gordon E M 1996 Applications of Small-molecule Combinatorial Chemistry to Drug Discovery. *Drug Discovery Today*, 1(4): 134-144.

ペギー C 1977『歴史との対話――クリオ』中央出版社.

Pell P O 2006 My Perspective on the History of Emergency Medicine. *Southern Medical Journal*, 99(5): 555-556.

Pellegrini L 2005 No Royal Road to Protein Structure Determination. *Nature*, 436: 174.

Peneff J 1992 *L'Hôpital en urgence :Étude par l'observation participante*. Paris: Métailié.

Perrow C 1984 *Normal Accidents: Living with High-Risk Technologies*. New York: Basic Books.

Perrow C 2007 *The Next Catastrophe: Reducing Our Vulnerabilities to Natural, Industrial, and Terrorist Disasters*. Princeton: Princeton University Press.

Petryna A 2009 *When Experiments Travel: Clinical Trials and the Global Search for Human Subjects*. Princeton, NJ: Princeton University Press.

Pickering A (ed) 1992 *Science as Practice and Culture*. Chicago: Chicago University Press.

Pinch T & Bijker W 1987 The Social Construction of Facts and Artifacts. In, Bijker et al (eds): 17-50.

ピサノ G P 2008『サイエンス・ビジネスの挑戦――バイオ産業の失敗の本質を検証する』日経BP社.

ポラニー M 1980『暗黙知の次元――言語から非言語へ』紀伊國屋書店.

ポラニー M 1985『個人的知識――脱批判哲学をめざして』ハーベスト社.

Pollock N & Williams R 2010 The Business of Expectations: How Promissory Organiza-

tions Shape Technology and Innovation. *Social Studies of Science*, 40(4): 525–548.

Pondy L R et al (eds) 1983 *Organizational Symbolism*. Greenwich, Connecticut: JAI Press.

プロメテウス編集部 1986「科学技術庁 30 年のあゆみ」『プロメテウス』52.

Rajan K 2006 *Biocapital: The Constitution of Postgenomic Life*. Cambridge, Mass.: MIT Press.

Rayner S & Malone E (eds) 1998 *Human Choice and Climate Change*. Columbus, OH: Battelle Press.

リーズン J 1999『組織事故――起こるべくして起こる事故からの脱出』日科技連出版社.

リーズン J 2010『組織事故とレジリエンス――人間は事故を起こすのか, 危機を救うのか』日科技連出版社.

Rheinberger H-J 1997 *Toward a History of Epistemic Things: Synthesizing Proteins in the Test Tube*. Stanford: Stanford University Press.

Ribes D & Polk J B 2015 Organizing for Ontological Change: The Kernel of a Research Infrastructure. *Social Studies of Science*, 45(2): 214–241.

理研（理化学研究所）2005「八十八年史」http://www.riken.go.jp/r-world/info/release/riken88/book/（2007 年 1 月 22 日閲覧）

理研（理化学研究所）2008「ロドプシンの立体構造決定に関する論文が引用回数 2,000 回を突破（2008 年 2 月 21 日）」http://www.riken.jp/~/media/riken/pr/topics/2008/20080221_1/20080221_1.pdf（2012 年 1 月 18 日閲覧）

Rip A & Kemp R 1998 Technological Change. In, Rayner & Malone (eds): 327–399.

Rip A 2010 Processes of Entanglement. In, Madeleine A et al (eds).

李成柱 2006『国家を騙した科学者――「ES 細胞」論文捏造事件の真相』牧野出版.

Roberts K H et al 1994 Decision Dynamics in Two High Reliability Military Organizations. *Management Science*, 40(5): 614–624.

Roberts K H (ed) 1993 *New Challenges to Understanding Organizations*. New York: Macmillan.

Rochlin G 1993 The Negotiated Order of Organizational Reliability. *Administration and Society*, 25(3): 353–372.

Rochlin G 1996a Human Operators as Organizational Trash Collectors. *Technology Studies*, 3(2): 276–282.

Rochlin G 1996b Reliable Organizations: Present Research and Future Directions. *Journal of Crisis and Contingency Management*, 4(2): 55–59.

Roe E & Schulman P R 2008 *High Reliability Management: Operating on the Edge*. Stanford, Calif: Stanford University Press.

Roth J A & Douglas D J 1983 *No Appointment Necessary: The Hospital Emergency De-*

partment in the Medical Services World. New York: Irvington Publishers.

Rydzewski R 2008 *Real World Drug Discovery: A Chemist's Guide to Biotech and Pharmaceutical Research*. Amsterdam: Elsevier.

Sabatier P A（ed）1999 *Theories of the Policy Process*. Boulder, CO: Westview Press.

Sagan S D 1993 *The Limits of Safety: Organizations, Accidents, and Nuclear Weapons*. Princeton: Princeton University Press.

齊藤了文 2003「人工物の責任に関する倫理的な問題領域」『京都大学文学部哲学研究室紀要：Prospectus』6: 1-31.

坂口謹一郎 1974「農芸化学のたどった道とその将来に対する希望」『化学と生物』12(36): 36-40.

坂下昭宣 2002『組織シンボリズム論──論点と方法』白桃書房.

佐々木正人（編）1992『エコロジカル・マインド──生活の認識』至文堂.

佐藤郁哉・山田真茂留 2004『制度と文化──組織を動かす見えない力』日本経済新聞社.

佐藤健太郎 2007『有機化学美術館へようこそ──分子の世界の造形とドラマ』技術評論社.

佐藤健太郎 2010『医薬品クライシス──78 兆円市場の激震』新潮社.

セイヤー A 1979『ロザリンド・フランクリンと DNA ──ぬすまれた栄光』草思社.

Schatzki T R et al（eds）2001 *The Practice Turn in Contemporary Theory*. London: Routledge.

Schrader A 2010 Responding to Pfiesteria Piscicida（the Fish Killer）: Phantomatic Ontologies, Indeterminacy and Responsibility in Toxic Microbiology. *Social Studies of Science*, 40(2): 275-306.

Schreiber S 1991 Chemistry and Biology of the Immunophilins and Their Immunosuppressive Ligands. *Science*, 251(4991): 283-287.

Schreiber S 2004 Stuart Schreiber: Biology from a Chemist's Perspective, Interview by Joanna Owens. *Drug Discovery Today*, 9(7): 299-303.

Schreiber S L & Crabtree G R 1992 The Mechanism of Action of Cyclosporine-A and FK506. *Immunology Today*, 13(4): 136-142.

Schreiber S L & Nicolaou K C 1997a The Best is yet to Come. *Chemistry & Biology*, 3(1): 1-2.

Schreiber S L & Nicolaou K C 1997b What's in a Name? *Chemistry & Biology*, 4(1): 1-2.

Schulman P 1996 Heroes, Organisations and High Reliability. *Journal of Contingencies and Crisis Management*, 4(2): 72-83.

Schulman P R 1993 The Negotiated Order of Organizational Reliability. *Administration and Society*, 25(3): 353-372.

Schulman P R 1996 Heroes, Organizations and High Reliability. *Journal of Contingencies*

and Crisis Management, 4(2): 71–82.

Schwab J M & Berg J M 2006 Chemical Biology and the NIH. *ACS Chemical Biology*, 1(1): 9.

セール M 1990『翻訳〈ヘルメスⅢ〉』法政大学出版局.

Service R 2002 Tapping DNA for Structures Produces a Trickle. *Science*, 298: 948–950.

Shapin S 2008 *The Scientific Life: a Moral History of a Late Modern Vocation*. Chicago: University of Chicago Press.

Sheppard T L 2005 Editorial: A Community of Chemists and Biologists. *Nature Chemical Biology*, 1(1): 3.

清水信義 2000『ヒト「ゲノム」計画の虚と実――日本のトップランナー清水信義が説く』ビジネス社.

新技術振興渡辺記念会（編）2009『科学技術庁政策史――その成立と発展』科学新聞社.

城山英明（編）2008『科学技術のポリティクス』東京大学出版会.

城山英明・細野助博（編）2002『続・中央省庁の政策形成過程――その持続と変容』中央大学出版部.

宍戸昌彦・大槻高史 2008『生物有機科学――ケミカルバイオロジーへの展開』裳華房.

Shogan D 2002 Disciplinary Technologies of Sport Performance. *Research in Philosophy and Technology*, 21: 93–109.

シュック R 2008『新薬誕生――100万分の1に挑む科学者たち』ダイヤモンド社.

ショート D ほか 2014『ミルトン・エリクソン心理療法――〈レジリエンス〉を育てる』春秋社.

Shostak S 2005 The Emergence of Toxicogenomics: a Case Study of Molecularization. *Social Studies of Science*, 35(3): 367–403.

Sleeboom-Faulkner M & Patra P K 2011 Experimental Stem Cell Therapy: Biohierarchies and Bionetworking in Japan and India, *Social Studies of Science*, 41(5): 645–666.

Smaglik P 2000 Genomics Initiative to Decipher 10,000 Protein Structures. *Nature*, 407: 549.

Sommerlund J 2006 Classifying Microorganisms: The Multiplicity of Classifications and Research Practices in Molecular Microbial Ecology. *Social Studies of Science*, 36(6): 909–928.

スペルベル D・ウィルソン D 1993『関連性理論――伝達と認知』研究社出版.

スピーロ G G 2007『ポアンカレ予想――世紀の謎を掛けた数学者，解き明かした数学者』早川書房.

Star S 1999 The Ethnography of Infrastructure. *American Behavioral Scientist*, 43(3): 377–391.

Star S 2010 This is Not a Boundary Object: Reflections on the Origin of a Concept Science. *Technology & Human Values*, 35: 601–617.

Star S & Bowker G 2002 How to Infrastructure? In, Lievrouw L & Livingstone S (eds): 151–162.

Star S & Griesemer J 1989 Institutional Ecology, 'Translations' and Boundary Objects: Amateurs and Professionals in Berkeley's Museum of Vertebrate Zoology, 1907–39. *Social Studies of Science*, 19(3): 387–420.

Star S & Ruhleder K 1996 Steps toward an Ecology of Infrastructure: Borderlands of Design and Access for Large Information Spaces. *Information Systems Research*, 7(1): 111–134.

Stevens H 2013 *Life Out of Sequence: A Data-Driven History of Bioinformatics*. Chicago: Chicago University Press.

Strathern M 1996 Cutting the Network. *The Journal of the Royal Anthropological Institute*, 2(3): 517–535.

須田桃子 2014『捏造の科学者――STAP 細胞事件』文藝春秋.

Suea S C et al 2005 Challenges in NMR-Based Structural Genomics. *Physica*, A350: 12–27.

杉島敬志 1988「ダグラス――直観的な冒険者」綾部編（編）: 274–291.

鈴木昭憲 1987「天然物有機化学――天然生理活性物質の化学」日本農芸化学会（編）: 79–83.

鈴木龍一郎ほか 2005「大規模化合物バンクの構築とケミカルバイオロジー」『細胞工学』24(11): 1171–1175.

スベンスマルク H・コールダー N 2010『"不機嫌な" 太陽――気候変動のもうひとつのシナリオ』恒星社厚生閣.

Swartz L & Watermeyer B 2008 Cyborg Anxiety: Oscar Pistorius and the Boundaries of What It Means to Be Human. *Disability and Society*, 23(2): 187–90.

Swinbanks D 1996 Superconductivity Spurs Japanese Plan for NMR Research. *Nature*, 381(6578): 105.

高木光太郎 1996「記憶――なぜ日常なのか」『児童心理学の進歩』35: 58–81.

高岡雄司 2005「化合物ライブラリーの設計」『ファルマシア』41(2): 134–138.

武本浩 2005「ハイスループットスクリーニングの登場で探索研究はどう変わったか」『ファルマシア』41(2): 129–133.

田中明和 2006『魂をゆさぶる禅の名言――明日からあなたは変わる！』双葉社.

田隅三生 2006「構造生物学ことはじめ」『ライフオブプロテインズ／シャペロン・ニュースレター』15: 51–59.

Terwilliger T C 2000 Structural Genomics in North America 2000. *Nature Structural Bio-*

logy Supplement, 935–939.
東京農工大学 2012「遠藤章特別栄誉教授が「全米発明家殿堂」入りします」http://www.tuat.ac.jp/news/20120305095923/
トゥレーヌ A 1970『脱工業化の社会』河出書房新社.
トゥレーヌ A 1983『声とまなざし――社会運動の社会学』新泉社.
トゥレーヌ A 1984『反原子力運動の社会学――未来を予言する人々』新泉社.
外山滋比古 1986『思考の整理学』筑摩書房.
Traweek S 1988 *Beamtimes and Lifetimes: the World of High Energy Physicists*. Cambridge, Mass.: Harvard University Press.
Triendl R 2001 Staffing Shortage Threatens Japan's Structural Genomics. *Nature*, 410: 724.
月原冨武・中村春木（編）2008「特集 タンパク 3000 プロジェクトの産んだもの」『蛋白質，核酸，酵素』53(5): 597–657.
Turner B 1986 Sociological Aspects of Organizational Symbolism. *Organization Studies*, 7 (2): 101–115.
Turner F 2009 Capturing Digital Lives. *Nature* 461: 1206–7.
Twyman R 2004 *Principles of Proteomics*. New York: Taylor & Francis.
米国議会技術評価局 1990『ヒトゲノム解析計画――遺伝情報を解読する巨大プロジェクトの全容　米国議会技術評価局（OTA）報告書』教育社.
上村大輔 2008「海の化学生態学」『万有生命科学振興国際交流財団報告書』http://www.banyu-zaidan.or.jp/banyu_oldsite/symp/sendai/2008/gist_uemura.pdf（2014 年 9 月 15 日閲覧）
上村大輔 2009「天然物化学の現状と今後の課題――今新しい天然物化学の視点」『化学と工業』62(2): 133–137.
上村大輔・袖岡幹子 2006『生命化学への展開――岩波講座 現代化学への入門 15』岩波書店.
上野彰 2008「長い歴史を持つラボラトリーの組織的知識に関する研究――ラボラトリーの系譜学的検討事例 1」『Discussion Paper No. 50』文部科学省科学技術政策研究所. http://www.nistep.go.jp/achiev/results01.html（2009 年 2 月 4 日閲覧）
上崎哉 2007「第 3 章 歴史的新制度論」縣・藤井（編）: 39–59.
梅澤濱夫 1987「抗生物質研究の過去，現在，未来」農芸化学会（編）: 14–16.
van Dijck J 2007 *Mediated Memories in the Digital Age*. Stanford, CA: Stanford University Press.
van Hilvoorde I & Landeweerd L 2008 Disability or Extraordinary Talent-Francesco Lentini (Three Legs) versus Oscar Pistorius (No Legs). *Sport, Ethics and Philosophy*, 2(2): 97–111.

van Hilvoorde I et al 2007 Flopping, Klapping and Gene Doping: Dichotomies between 'Natural' and 'Artificial' in Elite Sport. *Social Studies of Science*, 37(2): 173–200.

van Lente H 1993 *Promising Technology: The Dynamics of Expectations in Technological Developments*. Doctoral dissertation. University of Twente.

Vann K & Bowker G C 2006 Interest in Production: On the Configuration of Technology-Bearing Labors for Epistemic IT. In, Hine C (ed): 71–97.

Vassy C 2001 Categorisation and Micro-rationing: Access to Care in a French Emergency Department. *Sociology of Health and Illness*, 23(5): 615–632.

Vaughan D 1996 *The Challenger Launch Decision: Risky Technology, Culture and Deviance at Nasa*. Chicago: University of Chicago Press.

Vaughan D 1999a The Role of the Organization in the Production of Techno-Scientific Knowledge. *Social Studies of Science*, 29(6): 913–943.

Vaughan D 1999b The Dark Side of Organizations: Mistake, Misconduct, and Disaster. *Annual Review of Sociology*, 25: 271–305.

Venter J C 2007 *A Life Decoded: My Genome: My Life*. London: Allen Lane.

Vermeulen N 2010 *Supersizing Science: On Building Large-Scale Research Projects in Biology*. Boca Raton. Florida: Universal-Publishers.

Vertesi J 2014 Seamful Spaces: Heterogeneous Infrastructures in Interaction. Science, Technology. *Human Values*, 39(2): 264–284.

Wada A et al 1983 Automatic DNA Sequencer: Computer Programmed Microchemical Manipulator for the Maxam-Gilbert Sequencing Method. *Review of Scientific Instruments*, 54: 1569.

和田昭允 2005『物理学は越境する──ゲノムへの道』岩波書店.

和田昭允 2007「タンパク 3000 プロジェクトの基盤」http://scienceportal.jst.go.jp/news/newsflash_review/review/2007/05/20070518_01.html（2012 年 5 月 23 日閲覧）

和田昭允 2008『生命とは？物質か！──サイエンスを知れば百考して危うからず』オーム社.

ウェイド N 1984『ノーベル賞の決闘』岩波書店.

Walker J S 2006 *Three Mile Island: A Nuclear Crisis in Historical Perspective*. Beakely, CA: University of California Press.

Weick K E & Westley F 1996 Organizational Learning: Affirming an Oxymoron. In, Clegg et al (eds).

Weick K E 1987 Organizational Culture as a Source of High Reliability. *California Management Review*, 29(2): 112–127.

Weick K E 1995 *Sensemaking in Organizations*. Thousand Oaks, CA: Sage.

ワイク K E・サトクリフ K M 2002『不確実性のマネジメント――危機を事前に防ぐマインドとシステムを構築する』ダイヤモンド社.

ワインバーグ R 1999『がん研究レース――発がんの謎を解く』岩波書店.

Wells W 1999 Chemical Biology: the Promise, and Confusion, of Adolescence" *Chemistry & Biology*, 6: R209–R211. http://biomednet.com/elecref~10745521006R0209

Whiteman H 2014 Who Is "Blade Runner" Oscar Pistorius? http://edition.cnn.com/2013/02/14/sport/pistorius-profile/（2014年10月21日閲覧）

Wikstrom M A 2007 Chemical Biology in the USA. ITPS. http://www.vinnova.se/upload/dokument/Verksamhet/Bioteknik/Rapporter_Life_Science/Chemical%20Biology.pdf（2008年8月21日閲覧）

ウィリアムズ R 2002『完訳キーワード辞典』平凡社.

ヴィトゲンシュタイン L 2013『哲学探究』岩波書店.

Wüthrich K 1986 *NMR of Proteins and Nucleic Acids*. New York: Wiley-Interscience.

Wynne B 1987 *Risk Management and Hazardous Waste: Implementation and the Dialectics of Credibility*. Berlin: Springer-Verlag.

山本七平 1983『「空気」の研究』文藝春秋.

山崎茂明 2002『科学者の不正行為――捏造・偽造・盗用』丸善.

山下晋司・福島真人（編）2005『現代人類学のプラクシス――科学技術時代をみる視座』有斐閣.

山内喜美子 2007『世界で一番売れている薬』小学館.

柳田充弘ほか 1999「座談会――構造生物学はなにを目指すのか」西村ほか（編）：614–629.

Yokoyama S et al 2000 Structural Genomics Projects in Japan, *Nature Structural Biology*, 7: 943–945.

Yokoyama S et al 2007 RIKEN Aids International Structural Genomics Efforts. *Nature*, 445: 21.

横山茂之（編）2001「特集　ポストシークエンス時代を担う構造ゲノム科学入門――タンパク質の構造・機能解析から創薬応用まで」『実験科学』19(8).

読売新聞 2009「基礎から分る科学技術予算」12月10日13頁.

吉田稔 1994「分子生物学と有機化学の融合――阻害剤研究のゆくえ」『日本農芸化学会誌』68(10): 1443–1444.

Zahariadis N 1999 Ambiguity, Time, and Multiple Streams. Sabatier P A（ed）: 73–93.

Zink B 2006 *Anyone, Anything, Anytime: a History of Emergence Medicine*. Philadelphia,: Mosby, Elsevier.

ゾッリ A・ヒーリー A M 2013『復活力――あらゆるシステムの破綻と回復を分けるも

のは何か』ダイヤモンド社.

Zucker L G & Darby M R 1997 Present at the Biotechnological Revolution: Transformation of Technological Identity for a Large Incumbent Pharmaceutical Firm. *Research Policy*, 26: 429–446.